영재성 101

영재성 101

Linda Kreger Silverman 지음
김 정 희 옮김

Σ시그마프레스

영재성 101

발행일 | 2015년 2월 28일 1쇄 발행

저자 | Linda Kreger Silverman
역자 | 김정희
발행인 | 강학경
발행처 | (주)시그마프레스
디자인 | 이미수
편 집 | 문수진

등록번호 | 제10-2642호
주소 | 서울특별시 영등포구 양평로 22길 21 선유도코오롱디지털타워 A401~403호
전자우편 | sigma@spress.co.krw
홈페이지 | http://www.sigmapress.co.kr
전화 | (02)323-4845, (02)2062-5184~8
팩스 | (02)323-4197

ISBN | 978-89-6866-223-2

이 도서의 국립중앙도서관 출판시도서목록(CIP)은 서지정보유통지원시스템 홈페이지(http://seoji.nl.go.kr)와 국가자료공동목록시스템(http://www.nl.go.kr/kolisnet)에서 이용하실 수 있습니다.(CIP제어번호: CIP2015004749)

역자 서문

2000년 1월 28일 영재교육진흥법이 공포된 이후 우리나라의 영재 교육은 학부모, 교사, 교육 행정가, 연구자를 포함한 많은 사람들의 관심을 받고 발전해 왔다. 역자도 연구자로서 영재 및 영재 교육과 관련하여 영재란 누구인가? 영재를 어떻게 판별할 것인가? 영재를 어떻게 교육할 것인가? 등의 문제를 중심으로 공부를 했다. 그러나 이 책을 통해서 처음으로 심리학적 한 가지 구성개념으로서의 영재성으로 이 문제들에 접근할 수 있었다.

영재나 영재 교육으로 접근하지 않고 영재성으로 접근하니 이중 특수 아동(학습장애를 가지고 있는 영재), 미성취 영재, 특별한 결과물을 산출하지 못하는 영재, 영재들이 가지고 있는 정서와 발달에 대한 문제를 좀 더 잘 이해할 수 있었다.

또한 영재성의 수준을 더 세분화하여 이해할 필요가 있다는 점도 확인할 수 있었다. 일반적으로 IQ 130 이상을 영재라는 한 가지 이름으로 확인하지만 그 영재들 중에서도 예를 들어 IQ 130과 IQ 190의 차이는 IQ 130

과 IQ 70의 차이만큼 다르다는 점을 생각하고 영재들을 이해하도록 해야 할 것이다. 이 책에서는 극영재(IQ 175 이상), 특수 영재(IQ 160~174), 고도 영재(IQ 145~159), 일반 영재(IQ 130~144) 등으로 구분하여 각 영재의 특성을 설명한다.

영재에 대한 종합적인 평가 방법, 영재아의 능력 개발을 위한 부모의 역할과 교육자의 역할에 대해서도 상세하게 설명한다. 또한 영재아들이 가지고 있는 심리적 특성과 함께 영재성과 관련한 학습장애, 성별의 문제, 사회경제적 지위 등도 다룬다. 그리고 마지막으로 영재 연구와 영재 교육 정책의 방향을 제시하면서 이 책을 맺는다. 이 책은 이론뿐만 아니라 영재개발센터(Gifted Development Center)에서 지난 33년간 평가하고 교육한 약 6,000명의 아동에 대한 누적된 자료를 기반으로 하고 있어 영재성에 대한 이론적인 측면과 실천적인 측면이 조화를 이루고 있다.

영재성에 대한 관심을 가지고 있는 학생, 교사, 연구자, 교육 행정가, 부모를 포함한 많은 독자들이 이 책을 읽고 영재성에 대하여 더 많은 관심을 갖기를 기대한다. 마지막으로 이 책을 출간하기 위해 수고해준 (주)시그마프레스 편집부 직원들에게 감사드린다.

2015년
역자 김정희

들어가는 글

영재성이란 무엇인가? 이 주제는 논란에 휩싸여 있다.

- 그런 것이 있는가?
- 사람들은 어떤 측면에서는 모두 영재가 아닌가?
- 영재라는 말을 아이에게 붙여주면 자만심을 키워주게 되는가?
- 영재는 극성부모에 의해 조기개발교육으로 만들어진 결과인가?
- 영재아를 위한 프로그램은 엘리트주의적이고 비민주적인가?
- 똑똑한 아이가 도움 없이 스스로 영재가 될 수는 없는가?
- 영재가 아닌 아이들은 영재를 결코 따라잡지 못하는가?
- 영재성은 사라지거나 수명을 단축시키는가(일찍 익으면 일찍 썩는다는 속담이 있듯이)?
- 비상한 능력이 있는 사람은 그만한 어떤 장애를 가지고 태어나는가?
- 영재성과 정신이상 간에 연관성이 있는가?
- 영재성이란 개념은 쓸모없는 것인가?

- 영재성 대신에 여러 영역에서의 재능이나 다중지능 혹은 오랜 기간의 노력과 훈련으로 개발되는 전문성에 대하여 이야기해야 하는 것이 아닌가?

위의 문제들은 영재와 그들의 부모들이 싸워 나가야 하는 잘못된 생각들이다. 영재성만큼 강한 반발을 일으키는 주제는 거의 없다. 어떤 사람들이 우리보다 지적 수준이 낮다는 것은 편안하게 받아들이는 반면에, 어떤 사람들이 우리보다 더 똑똑하다는 것은 정서적으로 위협을 느끼게 한다(Persson, 2009). Tannenbaum(1983)은 고도로 지적인 사람들에 대한 '의심과 부정적인 편견의 암류가 흐르는'(p. 3) 분노로 가득찬 역사를 표현했다. 영재들은 오해를 받고 외롭게 살고 있다.

부모에게 '우리는 **모든** 아동이 영재라고 믿습니다'라고 건성으로 말하는 교육자를 흔히 볼 수 있다. 모든 아동은 이 세상에 온 선물이다. 하지만 '모든 아동이 영재'라고 말하면 영재의 의미는 사라져 버린다. 이것은 '우리는 모든 아동이 발달장애가 있다고 믿습니다'라고 말하는 것과 같이 어리석은 일이다. 워비곤 호수 마을*에서는 모든 아동이 '평균 이상'이지만 이 마을 밖의 세상에는 능력의 개인차가 매우 크다. 이 차이는 한 사람이 성인이 될 때까지 사라지지 않는다. 지능이 평균보다 2, 3, 혹은 4표준편차가 낮은 지적 발달장애가 있는 사람들은 특수한 심리적 문제를 가지

---

* 역주 : Lake Wobegon. 1970년대 미국 라디오 쇼인 '프레리 홈 컴패니언'에 나오는 가상의 마을. 이 마을에서 여자는 모두 강인하고, 남자는 모두 잘생겼으며, 아이들은 모두 평균 이상인 허구의 세계다.

고 있다. 마찬가지로 IQ 점수가 평균에서 2, 3, 4표준편차 혹은 그 이상으로 발달이 앞선 사람들도 특수한 심리적 문제를 가지고 있다. 추상적인 추론 능력이 대다수의 사람들보다 유의미하게 뛰어난 사람들은 질적으로 다른 삶을 경험하고 질적으로 다른 심리적 요구를 가지고 있다.

이 책의 목적은 영재성에 대한 신화들을 깨고, 영재성을 비엘리트주의적인 방식으로 정의하고, 영재성이 어떻게 표현되는지 살펴보고, 영재성의 심리적 시사점을 밝혀내고, 영재성을 인정하고 평가하고 개발하기 위한 지침을 제공하는 것이다. 여러 번 언급할 한 가지 중요한 주제는 이중 특수 아동(학습장애를 가지고 있는 영재아)에 대한 개인 평가다. 높은 지능을 탐지하고, 특수한 학습장애를 찾아내고, 높은 지능과 학습장애의 상호작용을 이해하기 위해서는 몇 가지 영역에서의 전문성을 필요로 한다. 심리학자들은 미성취underachievement에 영향을 미치는 요인들뿐만 아니라 또한 영재성이 성별, 성별 선호, 사회경제적 지위, 문화 다양성, 언어적 배경, 장소(도시 대 시골), 창의성, 출생 순위, 성격 유형, 학습 유형과 어떤 상호작용을 하는지에 대해서도 이해해야 한다.

이 책에서는 영재성을 심리적인 현실로 간주한다. 심리학에서는 특이한 사람들에 대하여 항상 관심을 가지고 있었으며 특이한 사람들은 우리에게 인간 능력의 범위를 보여주고 인간 발달의 가능성을 조명해준다. 영재성은 심리학에서 개인차를 분석하기 위한 핵심으로 연구가 시작되었다. 영재성은 1922년 컬럼비아대학교 사범대학에서 최초로 '교육학 254'라는 교과목으로 Leta Stetter Hollingworth에 의해 소개되었다 (Borland, 1990, p. 163). 뉴욕 주의 첫 임상심리학자로서 Hollingworth

는 극영재아들의 마음과 발달에 완전히 매료되었다. 그녀는 이 분야의 첫 번째 교재인 **영재아 : 천성과 양육**(Gifted Children: Their Nature and Nurture, 1926)을 출판하였다. 이 책은 영재의 심리에 대한 내용이 대부분이고 영재의 교육에 대해서는 2개 장만 할애하고 있다. 또 다른 심리학자인 Lewis Terman(1916b)은 일반아들뿐만 아니라 영재아들을 확인하기 위한 특별한 의도를 가지고 인기 있는 IQ 검사를 처음으로 개발했다.

여러 해 동안 영재 연구에서 심리학적 관심은 감소하고 교육학 분야에서 교육과정 및 교수법과 관련한 문제로 스며들게 되었다. 영재들을 확인하고 보살피는 학교심리학자들의 역할이 급속하게 약해졌다. 이 책은 영재성 연구를 심리학의 중요한 영역으로 재정립하기 위해 최선을 다했다. 재능이 있는 사람들에게는 더 큰 성취를 이룰 수 있도록 그 재능을 꽃피워 줄 수 있는 코치가 필요하다. 영재들은 그들의 내면세계의 깊이와 복잡성 그리고 바깥 세상에 적응하기 위해 투쟁하는 그들의 심리를 이해하는 심리학자들을 필요로 한다.

교육은 매우 똑똑한 학생들을 항상 환영하지는 않는다. 특이한 학생은 계획을 망쳐 놓는다. 그들은 수업계획에 따르지 않는다. 그들은 틀에서 벗어난 생각을 한다. 사회의 양면성과 반지성주의를 반영하면서(Tannenbaum, 1983) 영재 교육은 끊임없는 롤러코스터를 탔다. 영재들은 박수를 받고, 공격당하고, 우주 경쟁 기간(러시아의 스푸트니크호 발사 후)에는 국가 자원으로 발굴되고, 무시당하고, 부활하고 그리고 학교 개혁 운동 시기에는 희생양이 되었다.

교육 개혁, 정치적 안건, 예산 축소와 같은 변화의 바람에 따라서 영재교육은 여러 방향으로 휩쓸렸으며 안정적인 기반을 가진 적이 없다. 세계적으로, 영재아들이 학교에서 인정받거나 특별한 서비스를 받아야 하는지에 대해서는 일치된 의견이 없다(Geake & Gross, 2008). 영재성의 정의, 영재의 분포 비율, 확인 방법, 평가 절차, 혹은 영재성 개발을 위한 적절한 조치에 대한 일치된 의견이 없다(Martin, Burns, & Schonlau, 2010; Pfeiffer, 2003). '영재'라는 용어도 만장일치로 승인된 것은 아니며, 종종 정치적으로 더 정확한 단어인 '재능'이나 '능력 있고 야심 있는'으로 대체된다.

이 책은 특별한 요구를 가지고 있는 한 집단의 심리와 발달에 대한 응집된 개념을 제공한다. 이 관점은 50년에 걸친 집중적인 연구를 통해 형성되었으며 초등 영재 학생의 교사, 성인 영재의 상담자, 영재 교육 대학원생을 가르치는 교수, 영재성 평가에 대한 전문 심리학자, 영재 클라이언트의 임상가, 영재 성인에 대한 전문 저널의 창립자 그리고 연구자로서의 경험에서 얻은 결과다. 이 책의 여러 곳에서 언급되는 담화는 1979년부터 영재개발센터에서 평가된 6,000명이 넘는 아동의 자료에서 인용했다.

영재성을 둘러싼 논쟁은 항상 있을 수 있겠지만, Hollingworth(1939)는 영재 집단은 진정으로 특별한 요구를 가진 집단으로 우리의 관심과 지지를 받을 가치가 있다는 것을 사회가 마침내 인정할 것이라는 기대를 갖도록 격려해준다.

우리는 아동들 중에서 비상한 지능을 가지고 있는 아동을 찾아낼 수 있다. … 우리는 타고난 지능이 영구적이라는 것을 안다. … 우리는 학생들의 지능 범위가 상당히 넓으며 학생들의 지능이 성인기에도 그대로 유지된다는 것을 안다.

　… 그들이 가지고 있는 최대 능력이 적용된다면 이 사실들은 신기원을 이룰 것이다. 오랜 기간 사람들은 그들을 믿지 않고 그들을 두려워하며, 그들에게 무엇을 해주어야 하는지 모를 수 있을 것이다. 하지만 그 모든 것이 마침내 활용되고 인간의 삶에 질서를 가져다주면 마침내 그 진실은 밝혀지고 활용될 것이다. (p. 579)

 **차례**

chapter 1

볼 수 없는 선천적 능력

chapter 2

영재성이란 무엇인가?

영재성의 종합적 평가

영재의 최적 발달

우리는 앞으로 어디로 갈 것인가

영재성 101

1

볼 수 없는 선천적 능력

발견되고 육성되는 선천적 능력들은 우연히 발견되는 귀중한 암석의 노두에 불과하고 방대한 양의 인간의 재능은 그 아래에 묻혀 있다.

– John W. Gardner

"아무도 내가 영재인 것을 몰라준다면 나는 영재라고 할 수 있는가?" 어떤 놀라운 업적을 이루어서 인정을 받아야만 영재가 될 수 있다고 사람들은 말할 것이다. 하지만 여우는 다음과 같이 말한다. "매우 간단한 나의 비밀은 바로 이것이야. 정말 중요한 것은 눈에 보이지 않기 때문에 마음으로 보아야만 볼 수 있는 거야."(Saint-Exupery, 1943, p. 87)

눈에 보이지 않지만 선천적 능력은 존재한다. 그것이 깊이 숨어 있을 경우에는 그 사람은 물론 세상의 그 누구도 그것의 존재를 모를 수 있다. 만일 그것이 환경으로부터 영양분을 섭취하지 못한다면 업적의 열매를 맺지 못할 수 있다. 선천적 능력은 시들어 죽어버리고 마는가 아니면 발견될 때까지 동면하면서 기다리고 있는가?

잠재력은 인정과 지원 없이는 열매를 맺지 못한다. 잠재적 능력을 가진 피아노 연주자에게 피아노가 없다면 연주회 무대에 오르는 것은 불가능할 것이다. 재능을 개발하기 위해서는 전문가의 지도와 헌신적인 연습이 필요하다. 우리는 발견되지 않고 개발되지 않아 손실된 재능이 얼마나 많은지 알 수도 없고, 결과적으로 사회적 손실이 얼마나 큰지 평가할 수도 없다. 작곡되지 못한 음악, 발견되지 못한 의료 방법, 전쟁을 막을 수도 있었을 정치적 전략 등이 수없이 많을 것이다. 발굴되지 않은 능력은 사회적으로는 큰 손실이고 개인적으로는 측정할 수 없는 고통이 된다.

> 아주 순수하고 차분한 빛을 지닌 갖가지 보석들을
> 깊이를 가늠할 수 없는 어두운 바다의 동굴이 품고 있고,
> 보아주는 이도 없이 곱게 피어난 갖가지 꽃들은
> 황무지 허공에 달콤한 꽃향기를 헛되이 날린다.
>
> Thomas Gray(1751/1949)

타고난 비범한 능력들이 수없이 낭비되고 있다. 타고난 능력을 인정받지 못하고 개발하지 못한 사람들에게는 어떤 일이 일어나는가? 갈망, 수치, 회의, 반목과 같은 말로 표현하기 어려운 감정들을 가지게 될 것이다.

잠자고 있는 용

어떤 사람들에게는 눈에 보이는 것 이상의 것이 있다. 유심히 살펴보면 예기치 않은 곳에서 예기치 않은 방식으로 나타나는 영재성을 찾을 수 있다. 우울한 낙서그림, 숙제를 안 한 것에 대한 영리한 변명, 정말 좋은 농담, 매혹적인 질문, 독특한 표현, 대단한 과제 집착력, 호박의 바깥 모양이 아닌 속 모양을 그린 그림, 열정, 약자에 대한 배려, 혼란 속에서의 침착함 등으로 영재성이 나타난다. 만일 한 아이에게 특별한 무엇이 있다는 것을 발견하고 인정하는 눈빛을 보낸다면, 그 아이의 내부에서 잠자고 있던 용이 깨어나 그의 영혼에 불을 지필 것이다.

상담자, 심리학자, 심리치료사를 위한 훈련 프로그램에서 영재성이 다

루어지지 않고 있으며(Amend & Beljan, 2009), 교육 분야에서도 거의 다루어지지 않는다(Kane & Fiedler, 2011). 그 이유는 무엇인가? 교육청에서는 영재아들을 검사하기 위한 충분한 돈이 없다고 말하면서 영재 프로그램을 없앤다. 영재성에 대한 기본적인 이해를 하는 사람이 거의 없고 사회에서 영재들을 아웃사이더로 취급하고 인정하지 않으려 한다(Geake & Gross, 2008). 그리고 많은 교육자와 학자들은 눈에 쉽게 보이는 학업 성취에만 관심이 있다. 영재성은 용을 믿는 사람만 알아볼 수 있는 용과 같다. 이 세상에는 용의 존재를 믿지 않는 사람들이 많다. 나는 '당신은 꽃들이 노래하는 것을 들을 수 있습니까?'라는 Deirdre Lovecky(1986)가 발표한 논문 제목이 매력적이라고 생각한다. 나는 그녀가 분명히 꽃의 노래를 들었다고 생각한다. 영재성을 믿는 사람들은 식료품점이나 공항에서도 영재성을 알아본다. 그들은 믿지 않는 사람들이 놓치는 분명한 반짝임을 볼 수 있다. 영화 속에서 그런 순간이 표현되는 것을 볼 수 있는데, 영화 휴고(Hugo)에서 보면 휴고가 고장 난 장난감을 수리하는 비상한 능력이 있다는 것을 장난감 전문가가 알아보는 장면이 나온다.

만일 대다수의 사람들이 영재성을 인정하지 않거나 높은 지능을 부정적으로 생각한다면, 많은 영재들은 살아남기 위해 자신의 실체를 속여야 할 것이다(Colangelo, 2002). Coleman(2012)은 젊은 영재가 영재성의 오명에 대처하기 위해 사용하는 몇 가지 대처 방법을 발견했으며 '보이지 않게 하는 것이 가장 흔히 사용되는 전략'(p. 378)이라고 했다. 자신이 아닌 사람으로 가장하는 것은 정서적 비용이 많이 들고 자기소외self-alienation를 일으킬 수도 있다. 자신의 뛰어난 능력이 드러나는 것이 위험하기 때문에 대부분의 영재 아동과 영재 성인은 남의 눈에 띄지 않도록 숨는다. 그들은 그들의 존재를 인정하고, 그들이 누구인지 이해하고, 그들의 기이함과 독특함을 포용하는 사람만 믿는다. 이런 이유 때문에 영재를 이해할 수 있는 전문가들이 절실하게 필요하다. 이런 전문가들은 용들이 안심하고 자신들을 드러낼 수 있는 안식처를 제공할 수 있다.

집단 규범을 근간으로 하는 학교에서 영재가 환영받기는 어렵다. 수업 계획과 무관한 질문을 하면 전체적인 수업의 흐름이 뒤틀리게 된다. 어떤 교사는 대답할 수 없는 어려운 질문을 하는 학생이 있거나 자신보다 더 많이 알고 있는 영재 학생이 있으면 화를 낸다(Kane & Fiedler, 2011). 문제는 교실보다 운동장에서 더 심각할 수 있다. 영재아는 종종 게임의 규칙에 이의를 제기한다. 게임 규칙을 정교하게 변화시키면 영재아들에게는 더 재미있지만 다른 친구들에게는 너무 어렵게 된다. 영재아가 거부당하는 것은 흔한 일이다. 게임을 함께하지 못하고, 혼자 밥을 먹고, 생일 파티에 초대받지 못하는 것은 고통스럽다. 남들과 다르다는 것이 정서적인 문제가 될 수 있다.

영재아들은 자신이 남들과 다르다는 것을 숨기기 때문에 집단 속에서 영재성을 좀처럼 드러내지 않는다. 그들을 집단에서 멀리 떨어져 있게 하면 다른 모습을 하고 있는 용의 모습을 쉽게 알아볼 수 있다. 그렇기 때문에 심리학자가 중요한 역할을 할 수 있다. 심리학자는 그들을 개인적으로 상대하며, 마치 할아버지나 할머니와 같이, Carl Rogers(1961, 1969)가 말한 무조건적인 긍정적 존중을 충분히 제공해줄 수 있다. 심리학자는 영재들을 조형하기보다는 지켜보고 이해하려고 한다. 심리학자의 방에서는 집단 규범으로부터 자유로울 수 있기 때문에 집단 속에서 숨기고 있던 비밀을 안심하고 드러낼 수 있다.

영재성에는 의무가 포함되어 있는가? 영재 교육을 실시해야 한다고 주장하는 많은 사람들은 영재의 사회적 가치에 근거를 두고 있으며, 영재 교육을 미래의 지도자를 길러내기 위한 투자라고 생각한다. "최근에는 영재성과 교육에 대한 활용적 가치에 대한 생각이 팽배하고 선천적 능력의 내재적 가치에 대한 생각은 사실상 전무하다"(Besjes-de Bock & de Ruyter, 2011, p. 205). 활용성을 강조하는 측면에서 보면, 영재에게 사회적인 투자를 하는 이유는 영재가 사회적으로 이익이 되는 결과물을 산출할 것으로 기대하기 때문이다. 영재의 내적인 삶에 대해서는 관심이 거의 없으며 "정서는 별로 중요하지 않다"(p. 199). 어떤 영재아는 학교생활에서는 높은 점수를 받기 위해 애쓰고 성인이 된 후에는 사회적으로 성공했다는 평판을 받는 것을 갈구하는 반면에, 어떤 영재아는 그들 자신의 북소리에 맞추어 행진한다. 한 어머니는 다음과 같이 말했다 ─ "사람들은 A가 다른 고수의 북장단에 맞추어 행진하지 않는다고 말하지만 그는 그 자신의 밴드를 가지고 있다."

영재아는 일반 아동과는 다른 열정과 호기심을 가지고 있기 때문에, 그들에게 관심이 없는 과목에 대해서도 지속적으로 높은 점수를 기대하면 분개할지도 모른다. 이 아동들은 학교에서 스타가 되기보다는 '미성취아'라는 이름을 갖게 되거나 간과된다.

이렇게 숨어 있는 보물을 어떻게 발견할 것인가? 국가론에서 플라톤(n.d./1944)은 금광맥을 찾기 위해 젊은이의 정신을 검사하라고 말했다.

검사는 불편한 주제다. 공리주의적 관점에서 보면 IQ 점수가 영재성을 나타내는 충분한 증거라고 생각되지 않는다. 겉으로 나타나는 수행만 IQ 점수로 계산되기 때문이다. 지능을 숫자로 값과 순위를 매기는 것에 대한 반대가 많음에도 불구하고, IQ 검사를 통해 소중한 자산－비범한 정신－을 드러낼 수 있다. 비범한 정신을 가지고 있는 아동은 자극적이지 않은 환경 속에서는 자신의 진정한 능력을 잘 표현하지 않는다. 우리에 갇힌 치타와 같이, 그들의 총체적인 잠재력을 보여줄 기회가 없었던 것이다 (Tolan, 1996). 학교에서 흔히 그렇듯이 그들이 산출할 수 있는 것에 대해서만 중요하게 생각하지 말고, 그들이 누구인지 그리고 그들의 생각과 감정이 보통 아이들에 비해서 어떻게 다른지에 대하여 중요하게 생각하고 존중해줄 필요가 있다.

숨어 있는 영재들

학교가 높은 학업 성취도만으로 영재성을 판단한다면, 다양한 배경을 가진 수많은 영재아들을 간과하게 된다.

특수 영재

이상하게도 간과되는 아이들 중에는 특히 지능이 높은 아이들이 많다. 1942년에 Hollingworth는 다음과 같이 말했다.

> IQ 140인 아동은 일반 초등학교에서 수업 시간의 반을 허비한다.
> IQ 170 이상인 아동은 거의 모든 시간을 허비한다. 이런 아동이 교

실에서 공부할 것이 거의 없는데 어떻게 지구력, 과제에 대한 관심,
혹은 꾸준히 공부하는 습관을 개발할 수 있겠는가? (p. 299)

지난 70년간 고도 영재아highly gifted children, 특수 영재아exceptionally gifted children, 그리고 극영재아profound gifted children들의 교육에는 거의 변화가 없었다. '힘껏 공부할 수 있는 기회를 지속적으로 빼앗긴' 고도 영재 학생들에게 "적절한 교육을 받을 기회가 가장 부족했다"(Kane & Fiedler, 2011, p. 73). 고도 영재 학생을 인정하거나 서비스를 제공하는 사례가 거의 없었다. 이 아동들은 연습, 반복, 미칠 것 같은 답답함, 기다리기, 수년 전에 이미 숙달한 내용을 숙제로 제출하기, 참기 힘들 정도로 느리게 제시되는 지루한 자료, 서로 통하지 않는 급우 등을 견디기 힘들어한다. 그들에게 하늘로 날아오를 수 있는 기회를 주지 않으면 그들의 영재성은 백일몽 속으로 사라진다. 영재성이 매우 높은 수천 명의 고도 영재아들은 학교에 환멸을 느끼고 홈스쿨링을 선택한다(Goodwin & Gustavson, 2011; Gross, 2009; Lovecky, 2011; Rivero, 2002). 출석부와 학교 선생님들의 마음에서 영재들이 사라져도 거의 감지되지 않는다. 영재들이 학교에서 사라져도 어차피 영재들은 소수이기 때문에 관심을 갖지 않아도 된다는 일반적인 고정관념만 확인시킬 뿐이다.

홈스쿨링을 하는 학생들

눈에 띄지 않는 영재들 중에는 집에서 공부하고 싶어 하는 영재들이 많이 있다. 홈스쿨링을 하는 영재들의 수가 차츰 증가하고 있는 추세다(Goodwin & Gustavson, 2012). 역대 올림픽 최다 메달리스트인 마이클

펠프스도 홈스쿨링을 받았다. 유명한 에라곤(2003)이 포함되어 있는 *Inheritance Cycle* 시리즈의 저자인 Christopher Paolini도 홈스쿨링을 받고 15세에 고등학교를 졸업했다. 에라곤은 그의 20세 생일이 되기 전에 출판되었다. 홈스쿨링 학생 수는 우후죽순처럼 증가하고 있다 (Livingston & Nachazal, 2009). 영재들 사이에서는 부분적으로 홈스쿨링을 받고 일찍 대학교에 진학하는 것이 인기가 있다(Goodwin & Gustavson, 2011). 홈스쿨링을 받는 영재들에 대한 공식적인 통계는 없지만 전국적으로 8,000명 이상의 회원들을 지원하고 있는 홈스쿨링 영재 학생 포럼(Gifted Homeschoolers Forum, GHF; www.giftedhome-schoolers.org)과 같은 단체의 수가 증가하고 있는 것으로 보아 그 추세를 짐작할 수 있다.

> 대중매체에서 긍정적으로 다루는 횟수가 증가하고 있고 인터넷을 통하여 무료로 혹은 적은 비용을 지불하고서 유용한 자원과 홈스쿨 공동체에 접근할 수 있는 용이함 때문에 문화적 배경이나 경제적 지위에 상관없이 많은 사람들이 홈스쿨링을 선택할 수 있게 되었다. (Goodwin & Gustavson, 2010, p. 22)

문화적, 인종적, 언어적, 그리고 사회경제적 다양성

영재 교육을 받는 아동들 중에는 유색 피부를 가진 아동(예 : Bonner, Lewis, Bowman-Perrott, Hill-Jackson, & James, 2009; Ford, Moore, & Scott, 2011; Grantham, 2011; Kitano, 2012; McBee, 2010), 영어가 제2언어인 아동(예 : Esquierdo & Arreguín-Anderson,

2012; Harris, Plucker, Rapp, & Martinez, 2009), 그리고 사회경제적 환경 수준이 낮은 아동(예 : Latz & Adams, 2011; Stambaugh, 2009)의 수가 상대적으로 적다고 보고하는 연구가 많다. 이런 결과에 영향을 미치는 요인들에는 적은 교사 추천, 고정관념, 결핍 중심의 사고나 교육 모델, 부정적인 동료 압력, 그리고 검사 편향 등이 있다(Silverman & N. Miller, 2009).

IQ 검사를 '크고 못된 늑대'라고 하는 한편, 대부분의 영재 프로그램은 성취도를 기준으로 선발하고 있으며, 성취도는 혜택 받은 사람들에게 항상 유리하다(Hollingworth, 1926). 지능 검사를 사용한 연구 결과는 반복적으로 이 모든 집단에서 영재성이 나타나는 것으로 보고했다(예 : Ehrlich, 1986; Kearney & LeBlanc, 1993). 특별하게 뛰어난 추상적 추리력(높은 지능)은 모든 문화에서 그리고 모든 사회경제적 수준에서 나타난다(Dickinson, 1956). 경제적으로 가난한 영재아들이 부유한 영재아들보다 더 많으며(Zigler & Farber, 1985) 가난이 영재성을 가리고 있다. 이런 불균형을 역전시킬 수 있는 가장 좋은 방법은 뛰어난 능력을 일찍 확인하고 지원하는 것이다.

창의성이 높은 아동

사람들은 틀에서 벗어난 생각을 하는 아동을 영재라기보다는 '괴짜'라고 생각한다. 예측가능성을 중요하게 생각하는 교실에서는 이런 아동들이 기대되지 않는 행동을 함으로써 일관성에 도전한다. 이렇게 행동하면 친구들의 인기는 얻을 수 있겠지만(J. Kaufman, 2009), 교사들은 아마도 싫어할 것이다. 바람직하지 않은 창의성 때문에 영재 교육을 받기 위한 교사의 추천을 받지 못할 수도 있다. 확산적 사고가는 "구체적인 결과물을 산출하지 못할지라도 특이하고 일반적이지 않으며 독창적이고 창의적인 반응을 선호한다"(Lovecky, 1991, p. 7). 만일 결과물을 기준으로 영재 프로그램에 들어갈 수 있는 사람을 선발한다면, 창의성이 높은 사람들은 대부분 선발되지 못할 것이다. 많은 영재아들이 창의적이고 상상력이 풍부하다(Albert, 1980; Louis & M. Lewis, 1992). IQ 검사에서 영재들은 검사 도구 개발자를 당황시키는 기발한 반응을 하기 때문에 IQ 검사를 가지고 창의성이 매우 높은 아동을 찾아낼 수 없으며, 창의성 검사에서도 창의성을 다 나타낼 수는 없다. **토런스 창의성 검사**(Torrance Tests of Creative Thinking, TTCT)(Torrance, 1974)는 영재 프로그램 입학을 위한 필수적인 기준으로 사용되었지만 차츰 그 인기가 시들해졌다. 10여 년간 영재개발센터(Gifted Development Center, GDC)에서는 꾸준히 **지능구조-학습능력검사**(Structure of Intellect Learning Abilities Test, SOI-LA)(M. Meeker, R. Meeker, & Roid, 1985)의 확산적 산출 섹션을 실시했지만 이제 더 이상 사용하지 않는다. 우리는 SOI-LA로 측정한 창의성과 관찰된 창의적 행동 간에 상관이 거의 없는 것을 발견했다. 불행하게도, 창의성이 높은 아동들이 영재 교육 선발 과정에서 탈락하는 위험에 처해 있다.

성별과 성별 선호

매우 높은 IQ를 가진 사람들 중에는 소년들만큼 소녀들도 많지만

(Silverman, 1986c), 소녀들은 카멜레온과 같아서 중학교 과정에서 사라지기 쉽기 때문에 일찍 확인하는 것이 매우 중요하다(Silverman & N. Miller, 2009). 성별 편견은 영재 프로그램을 추천하는 교사(Bianco, Harris, Garrison-Wade, & Leech, 2011)와 영재 판별을 의뢰하는 부모의 행동에서 나타난다(Silverman & N. Miller, 2009). 이런 성별 편견이 영재 소녀들의 자아개념을 낮아지게 만드는 원인이 된다(Rudasill, Capper, Foust, Callahan, & Albaugh, 2009). 동성애자, 양성애자 그리고 트랜스젠더 영재 청소년들은 종종 간과된다(Friedrichs, 2012). 그들은 학교에서 참을 수 없는 편견에 시달리고 있으며 학교 안팎에서의 지지가 절실하게 요구된다(Hubbard & Whitley, 2012). 심리학자들이 그들을 제대로 평가하고 지지함으로써 그들의 삶을 구해줄 수 있다.

성격 유형과 출생 순위

내향적인 사람들도 외향적인 학교 시스템 속에서 현저한 불이익을 당하고 있다(Cain, 2012; Olsen Laney, 2002). 그들은 참여하기보다 관찰하는 것을 더 좋아한다. 영재들 중에는 외향적인 성격보다 내향적인 성격을 가진 사람이 더 많다(Silverman, 1998b). 내향적인 영재 아동은 특히 초등학교에서 눈에 띄지 않는 경우가 많다. 그들은 일대일 평가에서 그 모습을 드러낸다. 둘째로 태어난 아동도 마찬가지로 간과될 수 있다. 그들은 종종 그들보다 나이 많은 형제자매의 그늘에서 산다. Cornell(1984)은 학교에서 형제들 중 한 아이만 영재로 판별했을 경우 대개 첫째 아이인 것을 발견했다. 개인 검사에서 형제들의 학업 성취도는 차이가 많이 나타나도 지능은 일반적으로 비슷한 것으로 나타난다(Silverman, 1988).

비도시 영재아

시골에 살고 있는 매우 지능이 높은 아동은 눈에 띄지 않는 경우가 많다
(Lawrence, 2009). 시골에서는 공동체에 동화하는 것이 매우 중요하기
때문에 영재 학생들이 자신의 뛰어난 능력과 특이한 점을 노출하는 것을
꺼릴 수 있다. 하지만 이런 학생들에게 실제로 좋은 서비스를 받을 수 있
는 기회가 더 많을 수 있다. Karen Rogers(2004)는 큰 도시 학교보다
소규모의 시골 학교가 심리 검사 결과에 따라 추천하는 경향이 더 많다
는 것을 발견했다. 시골 학교 교육자들은 그들 학생들이 영재로 판별되
는 것을 더 자랑스럽게 생각하고 융통성 있게 그들의 요구를 충족시켜주
려고 하는 것으로 보인다. 작은 것에 따르는 이점이 있다. "작은 시골 학
교는 사실 다양한 방식으로 쉽게 속진을 실시할 수 있다 — 특히 조기 입
학, 월반, 학년을 구별하지 않는 주제별 수업, 여러 연령으로 구성되는 학
급, 그리고 고등학교와 대학 이중 수강 등"(A. Howley & C. Howley,
2012, p. 128).

미성취아

영재 프로그램은 일반적으로 능력 있고 야망 있는 아이들에게 기회가 주
어진다. 두 번째 요소가 부족한 학생들은 영재라고 할 수조차 없다. 국립
영재협회(National Association for Gifted Children, NAGC, 2011a)의
새로운 정의에 의하면 청소년기에 "어떤 영역에서의 성취와 높은 수준의

동기가 그들 영재성의 주요한 특성이 된다." '과제 집착력'은 Renzulli (1978)의 세 고리 영재 모형의 핵심적인 요소다. 동기가 중심 무대를 차지한다. 검사 점수를 기준으로 영재 프로그램에 들어왔지만 산출물을 내놓지 못하는 학생들은 퇴출당하는 경우가 많다.

아동은 실패에 대한 두려움, 성공에 대한 두려움, 친구들에게 따돌림당하는 두려움, 너무 높거나 낮은 부모의 기대 등을 포함한 여러 가지 이유로 미성취아가 된다(Silverman, 1993a). 이유가 무엇이든 그 결함은 누적된다. 영재아들은 그들의 능력을 충분히 보여주고 개발할 수 있는 기회가 거의 없기 때문에 대부분의 영재아들이 미성취아가 된다고 한다 (Silverman, 2011). 노력하지 않고 쉽게 높은 점수를 받을 수 있는 아이들은 더 높은 학년에서 필요로 하는 학습 습관을 배우지 못한다. 그런 아동은 노력 없이 모든 학습이 가능하다고 믿게 될 수 있다(Rimm, 2009). Dweck(2006)은 학교에 더 많은 책임이 있다고 했지만, 아동에게 똑똑하다고 말해주면 아동의 노력을 약화시킬 수 있다고 말한다. 똑똑한 학생을 위해서는 교육과정이 더 도전적일 필요가 있다고 그녀는 주장한다 (Dweck, 1986). '개인적으로 쉬운 과제에서의 계속적인 성공은 능력에 대한 더 낮은 자신감을 갖게 한다'(p. 1046)는 것을 발견했다. 개인이 노력하는 것과 마찬가지로 학교도 노력해야만 한다.

학교의 관점에서 보면 미성취아는 부과된 숙제를 하지 않는 학생이다. 교사와 부모는 아동이 숙제를 하지 않으면 화를 내게 되고, 모두가 비난하기 시작한다. 아동은 '게으름뱅이'라고 비난받고, 부모는 부모 역할을 제대로 못한다고 비난받고, 교사와 교육과정에 대해서는 '지루하다'는 비난이 쏟아진다. 원인을 밝혀내고 해결방법을 찾기 위하여 갈등 중재를 위한 심리적 서비스가 필요할 수 있다. 학습장애와 미성취는 상당히 중복되기 때문에 모든 미성취 학생들 속에 숨어 있는 학습장애는 일상적으로 배제되어야 한다(Silverman, 1989). 해가 갈수록 회복하기가 어렵기 때문에 미성취 패턴은 가능한 한 일찍 관찰해야 한다. 하지만 회복시키는 것이 불가능한 것은 아니다(Rimm, 2009). Emerick(1992)은 학생들을 진심으로 보살피고, 친구같이 학생들과 의사소통하고, 학습시키고, 학생들의 꿈을 이루기 위해 교육이 왜 필요한지 깨닫게 해주는 교사를 만나는 것이 가장 중요한 요소라는 것을 발견했다.

학습 유형

뛰어난 능력을 확인하는 데 있어서 학습 유형이 장벽이 될 수 있다. 학교는 청각-순차적인 운동장이다. 청각-순차적 학습자는 듣기를 잘하고, 단계적으로 배우고, 때를 잘 맞추고, 조직적이다(Silverman, 2009d). 그런 학생은 교사가 가르치는 방식으로 학습하고, 학업 성취도가 높은 학생이 될 확률이 높다(Silverman, 2002). 시각-공간적 학습자는 이런 중요한 학교 기술이 부족하다. 대신에 그들은 '큰 그림'을 그리면서 생각하며 전체적인 것을 볼 수 있어야 부분적인 것을 이해할 수 있다. 높은 수준의 시각-공간적 사고는 지리, 건축, 의학, 디자인, 컴퓨터 과학, 그 외 많은 분야에서 매우 중요한 요소다(Shah & Miyake, 2005). Eide와 Eide (2011)는 이 아이들을 '건축, 디자인, 그림, 발명, 전자, 컴퓨팅, 과학과 같은 공간적 혹은 기계적인 활동에 큰 관심'을 나타내는 '젊은 엔지니어'라고 이름 붙였다(p. 10).

　　다음 세대의 재능 있는 엔지니어, 발명가, 물리학자를 찾아내기 위
해서 지필 방법을 사용하여 '재능 탐색'을 하거나 긴장된 짧은 시간
에 수학 학습지 문제를 빨리 푸는 사람을 찾아서는 안 된다. 운동선
수를 스카우트하기 위해 축구장과 야구장을 찾아다니는 것과 같이
레고(LEGO) 가게와 하비숍(역주 : 모형공작물 가게)에서 시각적
신동을 찾아야 한다. (Eide & Eide, 2011, p. 73)

　　많은 시각-공간적 학습자들은 학교가 고통스럽다고 생각한다. 그들은
교실에서 그들의 강점에 대한 칭찬은 받지 못하고 그들의 약점에 대한 지
적을 자주 받는다. 이 아동들은 상상력, 통찰, 직관, 정서적 감수성, 3차
원적 지각, 예술적 표현, 발명 그리고 영성과 같은 우뇌가 담당하는 능력
들을 더 잘 표현한다(Silverman, 2002; Taylor, 2006). 이 재능들은 학
교에서 반드시 인정받는 가치를 가지고 있는 것이 아니다. 우리의 우뇌는
비순차적이고 신비하기 때문에 "아하!" 하는 순간을 만들어낼 수 있다
(Lehrer, 2012).

　　해결방법이 나타날 때는 조금씩 그 모습이 나타나는 것이 아니다.
퍼즐이 한 번에 한 조각씩 맞추어지는 것이 아니다. 해결방법은 놀
랍도록 완전한 모습으로 나타난다. 암울해 보이던 문제에 대한 답
이 갑작스럽게 너무도 분명하게 보인다. 어떻게 더 일찍 그 답을 알
아채지 못했을까 자신을 탓할 정도가 된다. (p. 7)

　　청각-순차적인 교육은 25%의 학생들에게 적합한 것으로 보인다

(Haas, 2011). Haas는 공립학교 학생들 중 최소한 2/3의 학생들이 시각-공간적 교수 방법을 선호한다는 것을 발견했으며 나바호족(역주 : 북아메리카 인디언)에서는 그 비율이 더 높았다. Alan Kaufman(1994b)은 나바호족 아동들의 지각 추리력이 그들의 언어성 능력보다 일반적으로 2 표준편차(30점)가 높은 것으로 나타나 시각-공간적 교수 전략의 필요성을 지지하는 것으로 보고했다.

Leviton(2011, 출판 중)은 세 번째 학습 유형인 촉각-운동감각적 학습자에 대해 설명했다. 이 아동들은 움직임과 행동을 통해 학습한다. 높은 검사 점수와 학업 성취를 강조하는 학습 환경은 이 학습 유형을 가지고 있는 아동에게는 비우호적이다. 신체 활동을 많이 필요로 하는 아동에게 하루 6시간 동안 대부분 앉아서 공부하도록 하는 것은 고역이다. 시각-공간적 학습 유형과 촉각-운동감각적 학습 유형을 가진 영재들은 대기만성형이기 때문에, 학교에서 높은 능력을 가지고 있다고 인정받을 가능성이 낮다.

이중 특수 아동

학습 유형과 영재성의 관계에서 살펴볼 때, 더 극단적인 학습 유형은 영재성과 함께 학습장애를 동시에 가지고 있는 이중 특수성이다. Baum (2009)은 특수한 학습장애를 가지고 있는 학생과 주의력결핍/과잉행동 장애(ADHD)를 가지고 있는 학생 모두 "공간적 과제를 선호하는 것 같다"(p. 528)고 한다. 몇몇 연구자들은 읽기장애와 비상한 공간 능력이 함께 있는 것과 같이, 어떤 장애와 재능이 함께하는 것으로 보인다고 말했다(Davis, 2010; Eide & Eide, 2011; Gilger & Hynd, 2008; West, 2009).

IQ 검사를 하지 않을 때, 나타내는 수행을 기초로 아동의 재능을 판별할 때, 유의미하게 낮은 수준의 수행을 하지 않으면 장애로 판별하지 않을 때, 판별 과정에 심리학자들이 참여하지 않을 때에는 대부분의 이중 특수 아동이 발견되지 않는다. 재능과 장애의 공존은 서로를 상쇄하기 때문에, 능력은 더 낮고 장애 정도는 덜 한 것으로 평가받게 된다. 교실에서 말로 논쟁할 때에는 뛰어난 추리력을 보이지만 글로는 제대로 표현하지 못하기 때문에 '똑똑하지만 게으르다'라는 말로 상처를 받는 이중 특수아들이 많다.

많은 영재들이 장애 때문에 고통을 받고 있으며, 재능과 장애 두 가지가 모두 숨어 있을 수 있다(Kennedy & Banks, 2011). 학교에 다니고 있는 이중 특수 아동의 수가 30만 명에서 수백만 명이 되는 것으로 추정된다(Barber & Mueller, 2011; Baum & Owen, 2004; Foley Nicpon, Allman, Siek, & Stinson, 2011; Gilger & Hynd, 2008; Neumann, 2009). 장애의 종류와 정도는 다양하다. 난독증, 난필증dysgraphia, 계산력 장애dyscalculia, 중추청각 정보처리장애, ADHD, 아스퍼거 증후군, 쓰기표현장애 등이 있으며, 여러 장애를 동시에 복합적으로 가지고 있는 경우가 흔하다.

이것은 우리가 꾸며낸 것이 아니다. 실제로 영재성을 저지하는 다양한 문제를 가지고 있는 영재 아동들이 있다. 느린 머리 회전, 감각처리

장애, 불안, 미성취를 나타내는 영재아들이 존재하고 또한 실제로 볼 수 있다. 고도 영재와 고도 성취는 다르다. 고도 영재가 어떤 방식으로 생각하는지가 중요한 것이지 무엇을 산출하는지는 중요한 것이 아니다. 이것을 분명히 기억해야 한다. (J. Merrill, 2012, p. 8)

이중 특수성은 기분장애(예 : 우울증, 불안, 양극성 장애)와 같은 또 다른 모습으로 나타날 수 있다. 또한 신체적 조건 때문에 학교에 다니지 못하고 집에 갇혀 있는 영재아도 있다.

대부분의 경우에 이중 특수 아동은 학교에 입학한 이후 몇 해 동안은 그들의 높은 추상적 추리력 덕분에 최소한 평균 수준의 성적을 유지할 수 있지만(Silverman, 2009c), 학년이 올라갈수록 어려움을 더 겪게 된다. 유급하지 않기 위해 그들은 더 많은 시간을 투자해서 더 열심히 노력해야만 한다. 숙제를 마치기 위해서 쉴 시간도 없을 정도로 노력해야 한다. 그들이 다른 학생들보다 노력해야 한다는 점은 영재 프로그램에 참여하기에는 '충분히 적절하지 않다'고 종종 평가받고 그렇다고 조절하기에는 '너무 좋은' 것으로 생각되기 때문에 진퇴양난이라고 할 수 있다. 이중 특수 아동들이 영재 프로그램에 선발되는 비율이 낮다는 보고가 많다 (Assouline, Foley Nicpon, & Huber, 2006; Morrison & Rizza, 2007; Silverman, 2009b).

내 아들은 지역교육청의 영재 프로그램에 선발되지 못했다. … 괜찮다. 영재개발센터로부터 나의 아들이 전일제 영재 프로그램 교육을 받는 것이 좋다는 확실한 정밀검사 결과를 받았기 때문이다. 공교롭게도, 생각지도 못하게 내 아들이 거기 서 있을 때 교장선생님으로부터 이 결과를 듣게 되었기 때문에, 나는 충분히 논의할 여유가 없었으며 화가 나서 흥분해 있는 아들에게 자동차 안에서 전후 상황을 자세하게 설명해주는 기쁨을 누렸다. 와, 정말 즐거운 오후였다. (J. Merrill, 2012, p. 22)

평균 정도면 괜찮은 것인가? 영재 아동에게 평균이란 미성취에 해당한다. 하지만 평균 학년 성취 수준의 학생에게는 학교에서 개인적인 영재 판별을 실시하지 않는다(Postma, Peters, Gilman, & Kearney, 2011). 영재성과 장애 모두를 판별하기 위해서는 심리적 평가가 매우 중요하다. 검사자는 "이 아동의 수행이 평균에 비해서 어떻습니까?"와 같은 전형적인 질문을 하지 말고 다음과 같은 완전히 다른 진단적인 질문을 해야 한다. "아동의 강점과 약점 간의 차이가 어느 정도 좌절감을 일으키고 아동의 능력을 최대한 개발하는 데 어느 정도 방해가 되는가?"(Silverman, 2009c).

다음 사례가 좋은 예가 된다. 8세 극영재 소년에게 보고서를 쓰라고 했다. 몇 차례 실패한 후에 그는 주제를 '골치 아픈 글쓰기'로 바꾸었다. 그는 글쓰기가 얼마나 힘든지 선생님에게 알려주고 싶었다.

2011-10-17. 숙제에 대한 가장 큰 걱정 중 하나가 글쓰기다. 글쓰는 자체가 문제가 아니라 느리게 쓰는 것이 문제다. 한 단락을 쓰는 데 20분이 걸린다. 어머니는 빨리 하라고 말씀하시지만, 나는 "빨리 쓸 수가 없어요."라고 말한다. 내가 글쓰는 속도가 느리기 때문

에 숙제를 다 하려면 많은 시간이 걸려서 놀 시간이 없다. 숙제가 문제가 되는 것은 느린 글쓰기 때문이다.

2011-10-18. 글을 쓸 때 나는 완벽하게 써야 한다는 생각 때문에 매우 불안해진다. 걱정 때문에 글을 써나가면서 손이 떨린다. 처음으로 스토리를 쓰는 것은 정말 힘들다.

이 소년의 추리력과 글쓰기 속도 간의 차이는 5표준편차를 넘었다(IQ 130과 IQ 55 간의 차이에 해당한다). 자상한 그의 선생님은 이 소년이 머리가 매우 좋고 열심이지만 글쓰기에 대해서는 좌절한다는 것을 관찰할 수 있었다. 504조항(역주 : 장애인이라는 이유로 어떠한 차별을 할 수 없으며 보통 사람과 동등한 기회를 장애인에게 제공해야 한다는 법률 조항)에 따르면 장애아들은 표준화 검사를 할 때 다른 학생들보다 더 많은 검사 시간을 할당받을 수 있도록 하고 있다. 하지만 504조항에 따른 지원을 받기에 그는 자격 미달이었다. 그의 학력 수준이 학년 기준에 미달하지 않았고, 의사결정자들은 그의 영재성을 고려하지 않았다. 심리학자들이 적극적으로 주장하지 않는다면 조정될 가능성이 없어 보인다. 조정하는 데 돈이 많이 드는 것도 아니다. 이중 특수 아동들은 대부분 속도가 느리기 때문에 여분의 시간을 필요로 하며, 그것은 비용이 드는 문제도 아니다(VanTassel-Baska, 2012b).

이중 특수 아동은 그의 취약성을 장점으로 돌리기 위해 초기 중재와 효과적인 지원 시스템이 필요하다. 그들에게 뭔가 잘못된 점이 있고 그것을 고쳐야 한다고 취급해서는 안 된다(Eide & Eide, 2011; Kennedy &

Banks, 2011; Mooney, 2007). "종종 이 학생들은 칭찬에 굶주려 있기 때문에 작은 격려에도 큰 변화를 일으킬 수 있다"(Eide & Eide, 2011, p. 212). 가장 효과적인 중재 방법은 두 가지 특수성을 모두 고려하는 것이다(Yssel, 2012). 중요한 것은 아동의 단점을 처리하기 전에 강점을 먼저 발견하고 그 강점에 초점을 맞추는 것이다(Gilman, 2008a). 장애가 주 무대를 차지하고 아동의 재능이 무시되는 경우가 너무나 많다(S. Schultz, 2012). 이중 특수 아동들은 다른 사람들이 그들이 가지고 있는 능력을 알아봐 주고 그 가치를 인정해줄 때 꽃을 피울 수 있다.

수많은 보이지 않는 영재들

위에서 언급한 요인들을 모두 고려해볼 때 영재성은 잘 보이지 않는다는 것이 분명하다. 눈에 보이는 영재들은 고성취자들이며 그들은 빙산의 일각일 뿐이다. 이 세상에 있는 수백만 영재아들 대다수는 눈에 보이지 않는다. 가정이나 학교에서 인식되지 않고 있는 대부분의 이런 아동은 자신이 특별한 능력을 가지고 있다고 생각하지 않는다. 어떤 아동은 학교 담장 밖에서는 비상한 재능을 발휘하지만, 학교에서는 많은 시간을 들여 공부하면서 마치 '보통 학생'인 것처럼 자신의 모습을 숨기고 있다. 교육과 상담에서 강점 중심의 접근은 다양한 사람들에게 가장 효과적이다(Kitano, 2012). 영재 분야를 연구하려고 하는 심리학자들은 모든 집단 속에서 영재성을 적극적으로 찾는 인재 발굴자가 될 필요가 있다.

변화하는 삶

다양한 연령의 영재들과 함께 일하는 것은 매우 감사한 일이다. 적절한 시기에 개입된 임상적 통찰이 즉시 삶을 변화시킬 수 있다. 심리 검사자들은 특별 프로그램과 장학금을 받을 수 있는 기회를 열어줄 수 있으며, 이중 특수아에게 성공할 수 있는 기회를 잡도록 도와줄 수 있다. 상담자들은 열정의 불꽃을 피울 수 있게 하고 미성취의 패턴을 되돌려줄 수 있다. 그들은 영재 내담자들에게 주는 만큼 영재 내담자들로부터 얻는다. 영재성을 이해하는 옹호자들은 삶의 대본을 바꿀 수 있다.

영재 전문가들은 지면에 드러나지 않는 황금을 한눈에 알아본다. 그들은 영재아를 사랑하고, 영재성의 좋은 지표가 되는 영재아의 어휘, 독특한 유머 감각, 기발한 질문, 놀라운 통찰력에서 큰 기쁨을 느낀다. 그들의 기쁨은 영재들이 가지고 있는 자산의 긍정적인 거울이 된다. 그들은 꽃이 노래하는 것을 들을 수 있다. 그들은 잠자고 있는 용을 깨울 수 있다. 당신의 진가를 알아봐주는 사람과의 짧은 만남이 당신의 내부 세계에 '진입 금지' 푯말로 닫혀 있는 큰 동굴을 열어줄 수 있다. 다음 우화가 그것을 잘 설명하고 있다.

맥스, 점프하는 벼룩

옛날에 맥스라고 하는 작은 벼룩이 있었다. 그에게는 여러 형과 동생이 있었지만 그만큼 높이 점프할 수 있는 형제는 없었다. 그는 며칠에 한 번씩 그와 그의 친척들이 살고 있는 신발 상자에서 점프를 하여 외부 세계로 나가곤 했다. 몸에 많은 상처를 입고 집으로 돌아오면 그는 꾸중을 들고 웃음거리가 되기도 했다.

그의 엄마는 걱정이 되어서 신발 상자 위에 커버를 씌워 버렸다. 맥스는 계속해서 높이 점프하려고 애썼지만 몸에 상처만 입을 뿐이었다. 이제 더 이상 바깥세상으로 나갈 수 없게 되었다는 것을 알고 그는 매우 슬펐다. 그는 그 후 높이 점프해서는 안 된다는 것을 알게 되었고 더 이상 머리를 부딪치거나 상처를 입는 일도 없게 되었다. 마침내 그의 엄마는 덮개를 치워 버렸지만 맥스는 바깥세상을 잊어버렸기 때문에 높이 점프하려고 하지 않았다.

어느 날 모든 벼룩들을 위한 점프 올림픽이 열렸다. 누군가가 맥스의 점프 능력을 기억하고는 맥스에게 점프해보라고 했지만 그는 잘할 수가 없었다. 그는 신발 상자 밖으로 나오려고 몹시 애썼지만 실패할 뿐이었다. 점프하다가 상처를 입었던 맥스를 비웃던 사람들이 이제는 큰 실망을 했다. "맞아. 그렇게 높이 점프하는 것은 어차피 안 돼."

마침내 보이지 않는 낯선 사람이 찾아왔다. 그는 보이지 않는 의자와 책을 맥스 아래에 놓았다. 맥스는 여전히 높이 점프하지는 못했지만 아낌없는 격려를 받으면서 어느 정도 높이 점프할 수 있었다. 그는 다시 세상을 볼 수 있었다! 번쩍하는 밝은 섬광과 같이 맥스는 그 세상을 기억했다. 그는 사기가 충천하고 엄청난 노력을 다해서 평소보다 다섯 배나 더 높이 점프하여 올림픽에서 우승했다.

이 이야기는 9세 극영재 소년이 쓴 것이다. 당신은 이런 큰 영향을 미치는 '보이지 않는 낯선 사람'이 될 수 있겠는가?

영재성 101

2

영재성이란 무엇인가?

특수한 사람이라는 것은 얼마나 영광스럽고 또한 얼마나
고통스러운가.

— Alfred de Musset

　심리학 분야의 학생과 전문가들에게는 다양한 사람들을
이해하는 것이 매우 중요하다. 그래서 대부분은 인종, 성별, 성적 선호,
사회경제적 지위, 장애 등의 심리적 영향을 알고 있다. 하지만 영재라는
한 소수 집단에 대해서는 잘 알지 못한다. '너무 똑똑하다'라는 말에는 정
서적 불안정이라는 의미가 내포되어 있고, 특히 소년들의 경우에는 신체
적으로도 불안정하다고 생각된다. 우리 사회에는 반주지주의anti-
intellectualism가 팽배해 있으며 최고로 똑똑한 구성원들이 타격을 받고 있
다(J. Jung, McCormick, & Gross, 2012). 영재이면서 피부가 검거나,
난독증이 있거나, 동성애자인 경우에는 더 심한 소외를 당하게 된다.

　사람들은 '괴짜!' '공부벌레!' '변종!' '얼간이!'라는 고정관념을 가지고
그들을 배척하고 거리를 둔다. 영재들은 '나는 다른 사람들과 달라. 사람
들이 나를 싫어해. 나에게 무언가 잘못된 것이 있어.'라고 생각한다. 유치
원에서부터 영재아들은 자신에게 결함이 있다고 느끼는 경우가 많다. 그
들은 어떻게 대처할까? 어떤 아동은 다행히 일찍이 자신과 비슷한 사람
들을 만나서 잘 적응한다. 어떤 아동은 친구들을 자세히 관찰하고 그들과
다른 부분이 있으면 제거해 버림으로써 자신이 친구들과 다르지 않다는
속임수를 쓴다. 이렇게 위장하는 것은 근시안적인 해결책일 뿐이며 결국
발달을 방해하고 열망을 약화시킨다. 어떤 영재들은 괴롭히는 사람들의

공격을 피하기 위해 혼자 할 수 있는 독서, 공상, 비디오게임에 빠진다. 어떤 영재들은 적응하는 것으로 보이지만 우울, 학교 공포, 자살성 사고 suicidal ideation, 심신성 질환, 만성 불안 등에 시달린다. 인생 각본은 유아기에 만들어지고, 생의 초기에 뿌리내린 소외감은 전 생애에 걸쳐 따라 다닐 수 있다. 영재들은 그들이 괴로워하고, 의미를 추구하고, 생각이 복잡하고, 예민하고, 강렬하게 느끼는 것을 이해해줄 수 있는 전문가를 필요로 한다. 영재들에게는 그들이 가지고 있는 문제를 이해하고 자기인식을 잘할 수 있게 도와줄 수 있는 전문가가 필요하다.

영재성은 정치적 논쟁거리다. 열렬한 평등주의와 국가적인 수월성 추구 사이에서 흔들리는 추와 같이(J. Gardner, 1961), 영재가 보였다가 보이지 않다가 오락가락한다. 영재 판별에 대한 국가적 가치관이 변함에 따라서 영재아들이 미성취와 권리 박탈의 위험에 처하게 된다. 불경기에는 특별 요구 대상들 중에서 낮은 우선순위를 차지하는 영재들을 위한 예산이 첫 번째로 삭감된다. '영재아들을 검사하기 위한 재정적인 여유가 없다'는 말로 이 집단에 대한 갈등적인 태도를 나타낸다. 영재를 제대로 인정하지 않으면 그들의 타고난 능력을 개발할 수 없고 일반인들과의 차이점이 수치의 원천이 될 수 있다.

심리학 분야에서의 영재에 대한 관심은 현저하게 낮다. 현재 미국심리학회(APA)에는 최소 54개 분야가 있지만, 영재에 초점을 맞춘 분야는 하나도 없다. 심리연구단체들이 연구하는 특수성에 대한 다양한 영역이 있는데 여기에 영재성은 예외다. 심리학 프로그램들에서도 영재성 심리학은 찾아볼 수 없다. 많은 심리학자들은 그들의 대학원 프로그램에서 영재에 대해서는 언급되지 않았다고 말한다(Amend & Beljan, 2009).

학교심리학자들은 학교에서 영재 확인, 평가, 지도에 대한 책임이 있다. 하지만 학교심리학 분야에서조차 영재에 대한 특별한 훈련을 하지 않고 있으며 자격증을 획득하기 위한 필수 조건도 아니다. "학교심리학 인증 기준에서도 영재들의 특별한 요구에 관한 필수 교육과정을 언급하지 않고 있다"(Robertson, Pfeiffer, & Taylor, 2011, p. 787). 최근 학교심리학자들을 대상으로 한 조사에 의하면 응답자 중 94%가 대학원 프로그램에서 '영재 선발과 평가에 대한 훈련을 거의 혹은 전혀 받지 않았다'고 했다(Robertson et al., 2011, p. 790). 특히 이중 특수 학생(학습장애를 가지고 있는 영재아)은 평가 없이는 발견하기 어려운데도 불구하고 이 연구에 참여한 298명의 학교심리학자 중 60% 이상이 이중 특수아에 대하여 거의 혹은 전혀 모른다고 답했다. 만일 모든 심리학 프로그램에서 영재와 이중 특수아에 대한 연구가 다른 다양한 집단의 요구와 함께 다루어진다면 이 숫자는 수정될 수 있을 것이다.

영재성은 타고나는가 혹은 만들어지는가?

자연 대 양육에 대한 논쟁은 영재를 지지하는 사람들 간에 특히 심하다. 의아해할 수도 있을 것이다. 이 문제는 수십 년 전에 해결되지 않았어? 이 두 요인은 서로 밀접하게 연결되어 있어서 그 영향력을 분리할 수 없다고 과학적으로 증명되지 않았어? 그런데 새삼스럽게 무슨 논쟁이야? 문제의 근원은 이념적 갈등, IQ 검사의 가치에 대한 이견, 연구한 모집단의 차이, 영재성에 대한 다른 개념 등에 있다. '자연'은 복잡한 내적 세계, 비상한 지각, '아웃사이더'로서의 고통을 생성하는 선천적인 차이를 의미한다. '양육'은 인정받는 성취를 가능하게 해주는 수행과 환경의 역할에 초점을 맞춘다. "성취 중심의 영재성 개념은 영재성이나 재능을 외부적으로 드러내는 것에 초점을 둔다는 점에서 능력 중심 혹은 지능 중심의 영재성 개념과 다르다"(Bland, 2012, p. 21).

'자연' 지지자들은 사람들의 타고난 능력에는 큰 차이가 있으며 (Gottfredson, 2011) 지능의 80%를 유전이 결정한다고 믿는다. "유전가능성이 변화가 불가능하다는 것을 의미하지는 않는다"(Plomin & Price, 2003, p. 114). 영재성이란 바위에 새겨져 있는 것도 경험의 영향을 받지 않는 것도 아니지만, 유전이 중요한 역할을 한다(Johnson, Nijenhuis, & Bouchard, 2008; Plomin & Asbury, 2005). '양육'을 주장하는 사람들은 그렇게 생각하지 않고, "에디슨, 다윈, 아인슈타인 같은 많은 유명한 천재들도 무언가에 몰두하게된 보통 학생들이었다."고 말한다(Dweck, 2011, p. 1).

성공에 관심이 있는 사람들은 영재성을 명성과 같다고 생각한다. 그들은 "무엇이 이 사람들로 하여금 뛰어난 업적을 이루게 했는가?"에 관심이 있다. 그들은 일반적으로 노력(의도적 연습)이 성공의 열쇠이고, 체계적인 지원뿐만 아니라 지능에 대한 개인적인 믿음의 영향을 받아서 노력을 다하도록 하는 동기가 중요하다는 결론을 내린다(Dweck, 2006; Ericsson, Nandagopal, & Roring, 2009; Gladwell, 2008 참조). 이렇게 주장하는 사람들 중에는 능력에는 개인차가 없다고 주장하면서 유전의 역할을 인정하지 않으며(예 : Dweck, 2011; Ericsson, 2006), 성공은 단순히 노력의 결과라고 주장하는 사람도 있다. 이 관점은 언론의 관심을 받고, 보편적인 문화적 태도("모든 사람에게 공평하게 성공할 수 있는 기회가 주어져야 한다.")를 반영하며, 최근 영재 교육에 대한 시대정신을 뒷받침하면서 교사 훈련 프로그램, 입법, 법적 의사결정, 지원금 계획 등에 영향을 미치게 되었다. 국립영재협회(National Association for Gifted Children, NAGC)는 이 프레임에 맞추어 영재성에 대한 새로운 정의를 제시했다.

> 영재란 한 가지 이상의 영역에서 뛰어난 수준의 적성(뛰어난 추리력과 학습 능력으로 정의된)이나 역량(상위 10% 이내의 수행이나 성취로 증명되는)을 나타내는 사람이다. …
>
> 개인이 아동기에서 청소년기로 성장하면서, 어떤 영역에서의 성취와 높은 수준의 동기는 그들의 영재성에 대한 일차적인 특성이 된다. …
>
> 한 사람의 영재성을 영재성이 관찰되거나 평가되는 수단과 혼동해서는 안 된다. … 높은 IQ 점수가 곧 영재성은 아니다. [그것은] 영재성이 존재한다는 신호일 수 있다. (NAGC, 2011a)

이 '패러다임 변화'는 20년 전 David Feldman(1992), John Feldhusen(1992), 미국 교육부의 국가적 수월성(National Excellence) 보고서(OERI, 1993), Donald Treffinger와 John Feldhusen(1996) 등에 의해서 이미 보고되었다. 이 패러다임에 따르면 영재성 혹은 재능이란 다음과 같다.

a. 모집단의 상위 10%에 해당한다.

b. 영역 특수적이다.

c. 성취 혹은 인정받는 성취를 할 수 있는 잠재력을 말한다.

d. 동기를 필요로 한다.

e. 외적인 표출에 초점을 둔다.

f. 청소년이나 성인에게서 더 잘 관찰될 수 있다.

g. 그 외에, IQ 점수는 영재성의 존재에 대한 충분한 증거가 못 된다.

선천적인 차이를 내포하는 '영재gifted'를 피하고 '재능 발달talent development'이란 용어를 선호한다(OERI, 1993; Subotnik, Olszewski-Kubilius, & Worrell, 2011). "뛰어난 성취나 명성이 영재 교육의 주요 목표가 되어야 한다"(Subotnik et al., 2011, p. 3).

이 주장에 의하면 영재란 존재하지 않고, 특수 영역에서 대성할 잠재력을 가지고 있는 유망한 아동이 있을 뿐이다. 짧게 말해서, 원래 영재로 태어나는 것이 아니라, 노력을 통해서 영재성을 획득할 수 있을 뿐이다. 한마디로 양육이 지배한다.

다른 측면의 자연/양육 논쟁은 비범한 추상적 추론, 과흥분성, 가속 발달을 나타내는 어린 연령의 특수 영재와 극영재의 관찰에 근거를 두고 있다(Columbus Group, 2013; Daniels & Piechowski, 2009; Hafenstein & Honeck, 2011; Kay, Robson, & Brenneman, 2007; Lovecky, 2004 참조). 이 어린 아동들의 발달은 태어날 때부터 다른 것으로 보인다. 일반적으로 초롱초롱하고, 요람 속에서 새롭고 신기한 자극을 원하고, 잠을 적게 자고, 돌봐주는 사람을 일찍 알아보고 웃어주며, 강한 반응을 나타낸다(Gaunt, 1989; Henderson & Ebner, 1997; Maxwell, 1995; M. Rogers, 1986). 태어난 지 48시간 이내에 아기의 영재성을 알아보는 부모들도 있다(Louis & M. Lewis, 1992). 시간이 지날수록 이런 영재아들의 발달 특성은 더 뚜렷하게 나타나고 결국 또래들보다 앞선 발달 단계를 거친다. 일찍이 말하기, 책 읽기와 같은 언어성 능력에서 영재성의 신호가 나타나는 것이 가장 보편적이지만, 상당수의 영재아들은 수수께끼, 레고 블록 쌓기, 이해력에서 또래들보다 앞선다(Silverman, 2002).

이 관점에서 보면 동기, 성취, 외적인 형태로 나타나는 성공이 영재성을 결정짓는 것이 아니라, 영재성은 내적인 것으로 다음과 같은 특징을 가지고 있다.

   a. 추상적 추론, 정서적 민감성, 집중력의 발달에 차이가 있다.
   b. 매우 어린 연령의 아동에게서 관찰될 수 있다.
   c. 일반지능(g)의 측정 결과로 판단할 수 있다.
   d. 평생 지속된다.
   e. 상위 2~3%의 아동에게 나타나며 이런 아동은 일반 아동보다 유의미하게 다른 요구를 가지고 있다.
   f. 질적으로 다른 인생 경험을 하게 만든다.
   g. 이 집단을 취약하게 만드는 독특한 문제들을 일으킨다.
   h. 초기 중재와 조절을 필요로 한다.

James Gallagher(2000)는 "출생 시에 또래들보다 더 빨리 배우고, 더 많이 기억하고, 더 효과적으로 정보를 처리하고, 더 새롭고 신기한 아이디어를 생산하도록 해주는 신경 구조를 가지고 있는"(p. 6) 아이들이 있다고 한다. 그는 신동의 존재를 부정할 수 없다는 점을 들어 선천적인 차이가 있음을 지지한다. "그런 놀라운 재능을 환경적인 요인으로만 설명하는 것은 불가능하다"(p. 6). 어느 아동이 성인기에 유명하게 될지 아무도 예측할 수는 없지만, 지난 100년 동안 심리학자들은 표준보다 유의미하게 다른 발달을 보이고 최적 발달을 위한 특별한 중재를 필요로 하는 아동들이 있는 것을 확인했다.

영재성을 성취와 동일시하는 것은 부모들보다 교육자들의 반향을 불러일으켰다. 한 부모는 다음과 같이 말한다.

1. 영재아는 다른 아이들과 다르다. 그들은 더 강렬하고, 더 호기심이 많고, 모든 것이 더 많다. 오래전 우리가 우리 아들에게 무슨 일이 일어나고 있는지 이해를 못하고 있을 때, 표현할 수 있는 유일한 단어는 '더more' 였다. 그는 바로 더 자체였다.

2. 영재는 고성취를 의미하는 것이 아니다. 나는 그 문장을 티셔츠, 공중 문자 광고, 문신, 자동차 범퍼 스티커, 보석, 파스타, 초인종 등에 새기고 싶다. (J. Merrill, 2012, p. 27)

Jen Merrill과 같이 점점 더 많은 영재아 부모들이 자녀들을 위해 홈스쿨을 선택하고 있는데 그 부분적 이유는 재능 개발에 초점이 맞추어지는 데 있다 — "교육 기관들은 부모들이 원하지 않는 재능 개발 방향으로 가고 있으며, 부모들은 불만의 표시로 퇴장하고 있다"(Goodwin & Gustavson, 2012, p. 8). 거의 70년 동안 영재아와 그 가족들에 대해 연구한 Annemarie Roeper는 "아동의 영재성을 성취와 관련짓는 부모는 거의 없다."고 했다. 그녀는 계속해서 다음과 같이 말했다.

> 영재성을 성취와 관련짓는 것은 사과와 오렌지를 비교하는 것과 같아서 결과적으로는 큰 성공에서 큰 실패까지 모두 맛보게 될 것이다. 영재성은 개인적인 특징으로 환경적 요인에 의해 향상될 가능성이 있는 타고난 것이다. 성취는 종종 외부의 기대에 기반한다. (A. Roeper, 개인적 담화, 2012. 1. 27)

학구적인 심리학자들은 동기와 성취에 대한 강조를 선호하는 반면에, 영재아를 평가하는 실천가들은 종종 영재아들의 발달상 차이점에 더 관심을 갖는다. 그들의 관점은 부모들의 관점과 비슷하다.

재능 개발 관점에서는 영재의 범위를 상위 3%보다 넓혀서 상위 10%로 본다. 영재의 범위를 확대하면 '엘리트' 집단에만 국한해서 보는 것보다 더 많은 사람이 영재에 포함되기 때문에 더 평등한 것으로 보인다. 포괄적인 접근은 더 확대된 범위의 재능과 지능을 인정하고, 검사로 아동의 진정한 잠재력을 판정하기에는 검사가 부정확하다고 주장한다. 포괄적인 접근은 대중의 호응을 더 잘 받을 수 있는 장점이 있고, 다양한 능력과 배경을 가지고 있는 아동들의 요구를 반영할 수 있는 것으로 보인다.

이 접근의 단점으로는 재정 문제와 선별 과정이 있다. 서비스를 제공하기 위한 비용은 서비스를 받는 아동의 수가 많아질수록 증가하고, 여러 영역에서 잠재력을 가지고 있는 아동들을 선발하기 위한 과정은 복잡하고 비용이 많이 든다. 영재의 범위를 더 넓게 보는 관점은 흔히 다중지능의 가설에 근거하지만, 다중지능에 대한 경험적인 지지는 거의 없다 (Simonton, 2009). Gardner(1983)의 다중지능에 기반한 도구를 사용 하여 유치원생들을 대상으로 실시한 대규모 연구(Plucker, Callahan, & Tomchin, 1996)에서 나온 자료를 Pyryt(2000)가 재분석했다. Carroll (1993)이 사용한 절차와 비슷한 고수준 접근법을 사용하여, Pyryt (2000)는 g 요인이 점수의 55.9%를 설명한다는 것을 발견했다.

> Carroll의 연구결과와 일치하는 본 연구의 결과는 수행 중심의 가
> 설적인 다중지능의 측정치들의 상관에서 얻은 순위 요인들 간 상관
> 의 근간이 일반지능 요인이라는 것이다. 이번 연구 분석에 의하면
> 연구자들과 실천가들이 다중지능을 선호하면서 일반지능을 경시하
> 는 것에 신중해야 한다는 것을 보여준다. (p. 192)

Pyryt(2000)의 재분석에 대하여 Plucker(2000)는 원래 연구의 결과는 '명백하게 실망스러운 것이었다'(p. 193)고 지적했다. 전통적인 지능 관 점에 일치하는 언어, 수, 공간의 세 요인만 유의미한 것으로 나타났다.

또 다른 심각한 우려는 방어력이다(Ronvik, 1993). McCoach와 Siegle(2007)은 "영재성의 개념을 확장함으로써 영재 학생들을 위한 특 별한 서비스를 제공할 필요가 있다는 주장을 할 근거가 약화될 수 있지 않은가?"(p. 253) 하는 질문을 제기한다. 학교 교육을 받는 상위 10%의 아동들에게 반드시 특별한 지원을 해야 하는가? 그들의 사회성은 충분히 규준에 근접하고, 그들의 학습 요구와 정서적 요구도 규준에서 유의미한 차이가 있는 것으로 보이지 않는다(J. Gallagher, 2000; Gross, 2009).

상위 10%(상위 33%까지 포함시키자고 하는 사람들도 있다)를 위한 프로그램이 더 큰 차이를 가지고 있는 아동들(예 : 상위 1%)의 요구를 충족시키는가? Gallagher(2000)는 의문시한다.

> 지능 분포에서 매우 높은 수준에 있는 소수의 학생들은, 보통 학생들보다 단지 학습 능력이 조금 더 뛰어난 영재 학생들에게 제공되는 것과는 다른 무엇을 필요로 한다는 것에는 타당한 이유가 있다. 만일 '고도 영재'를 말한다면, 이 극소수의 학생들(대략 전체 1% 이하)은 영재 교육 전문가의 교육을 받도록 해야만 한다고 나는 믿는다. … (p. 8)

동기, 노력, 성인의 성공에 초점을 맞추는 것은 이러한 더 광범위한 집단을 위해 필요하다. 하지만 더 높은 수준의 영재들의 요구는 덤으로 희생되는 것이 아닌가? 평균에서 1표준편차의 차이는 그것 자체의 독특한 도전을 의미한다. 개인의 능력 수준이 평균에서 더 멀리 분포하는 더 소수의 학생일수록 심리적 평가와 지원 서비스를 더 필요로 한다. 3세에 스스로 글 읽기를 터득하는 아동은 고유한 발달 경로를 거친다. 아동의 목표는 인정받는 성취가 아니라 자아실현이며, 친구를 찾는 것이 중요하다.

큰 분수령 : IQ 검사의 역할

영재 교육과 심리학 분야에서의 큰 분수령은 부분적으로는 IQ 검사에 대한 양극화된 관점에서 출발한다(Simonton, 2009). 만일 성인의 인정받는 성취에 대한 연구가 출발 지점이라면, IQ 검사는 누가 지속적인 인정을 받을 것인가 하는 것을 예측하지 못한다고 주장하는 많은 사람들(예 : Feldman, 1984; H. Gardner, 1983; Simonton, 2009; Witty, 1940)이 있기 때문에 IQ 검사에 대한 강한 반대주장을 할 수 있다. 어떤 사람들은 IQ 검사는 누가 영재가 되기 위한 잠재력을 가지고 있는지 말해줄 수 있지만, 그 영재성은 성취를 통해서 입증되어야 한다고 한다. 유치원과 초등학교 아동들은 재능을 확인하기에는 너무 어리다. 성취 지향 관점에서는, 학생들의 성취가 성인기에 더 가까울수록 성인기에서의 성공을 더 잘 예측할 수 있기 때문에 학생들이 더 나이가 들었을 때 재능을 확인하는 것이 더 좋다. 또한 지능 검사는 다양한 집단에 대해 편파적이며 따라서 그들의 성공 기회를 박탈한다는 믿음이 만연하다.

만일 우리가 영아, 걸음마 아기, 유치원 아동에 초점을 맞추어 영재아를 찾아내려고 한다면 발달 수준을 측정하는 것이 중요하다. 보통 아이들과 다른 방식으로 발달하는 아동의 최적 발달을 위해서는 일찍 확인하고 중재하는 것이 핵심적이다. 능력 개발 캠프는 IQ 검사를 사용하여 아동의 특별한 요구를 발견한다. 상당수의 영재 아동이 학습장애를 가지고 있기 때문에, 아동의 높은 지능에 의해 종종 가려져 있는 장애를 발견해내기 위해서는 평가를 실시하는 것이 중요하다. 평가에서 나타난 강점과 약점의 프로파일이 중재와 교육을 위한 기초가 될 수 있다.

IQ 검사에 대해 격렬하게 비판하는 글을 읽어보면 항상 놀란다. 예를 들어 IQ 검사에 대하여 엘리트주의 방식으로 개인적인 가치에 대한 잘못된 척도를 사용하여 우리 사회에서 사람들의 서열을 정한다는 생각은 나에게 충격적이다. 나는 IQ 검사를 보통 아동들과 차이가 나는 아동들의 교육적 요구를 확인하고 그들에게 적절한 교육 프로그램을 개발하기 위해 필요한 정보를 제공하기 위한 수단으로 본다…일반적인 교육 프로그램은 이 아동들에게 잘 맞지 않기 때문이다. (Gilman, 2008a, pp. 59-60)

영재 분야를 선도한 초기 연구자들은 개인 지능 검사에서 유의미하게 뛰어난 수행을 보이는 상위 1%의 일반지능을 가지고 있는 아동을 영재라고 했다(Hollingworth, 1931; Terman, 1925). 이 정의는 간단하고 분명하며 실용적인 장점을 가지고 있었다. 그것은 개인이 추상적 개념과 상징을 처리할 수 있는 힘을 제공하는 서로 관련된 일련의 정신 능력을 일반 지능으로 보는 관점을 기초로 한다. 이 개념은 여전히 지능 연구를 뒷받침하고 있다(Gottfredson, 2005; Snyderman & Rothman, 1990).

지능 검사가 완벽하다는 것이 아니라 오히려 그 반대였다. 지능 검사는 고능력을 가지고 있는 아동을 찾아내는 다른 어떤 방법보다 더 정확한 방법이었을 뿐이다(Terman, 1925). Binet와 Terman 모두 알고 있었듯이, IQ 검사의 가장 큰 단점은 모든 능력을 측정하지 않는다는 것이 됐다. 영재 대상자들을 선발하면서 Terman은 원래 음악, 미술, 손재주, 발명에서 특별한 재능을 가진 아동을 찾아내기 위하여 몇 가지 다른 방법을 시도했다. 그는 마침내 이 시도를 포기했는데, 이런 능력을 측정할 수 있는 타당한 방법이 없었으며 "거의 예외 없이, 분명한 재능을 보이는 아동은 또한 일반지능을 사용했을 때도 마찬가지로 영재 대상자로 선발되었기 때문이다"(Zigler & Farber, 1985, p. 395). 본질적인 제한점이 있음에도 불구하고 지능 척도는 교사 판단, 부모 추천, 학점, 성취 검사, 그 외 다른 측정치보다 아동의 지적 능력에 대한 더 객관적인 그림을 제공한다. Hollingworth(1932)는 "이 영재 아동들을 정확하게 확인하는 유일한 방법은 신뢰할 수 있고 타당한 지능 검사를 적용하는 것이다. 영재를 공식적으로 조사하기 위해 지능 검사를 대체할 수 있는 것은 없다."(p. 241)고 썼다.

우리는 현재 검사에 반대하는 시대에 있다. 영재성 평가에 관여하는 학교심리학자가 거의 없다. 학교심리학자들을 대상으로 한 전국적인 조사에서 응답자 286명 중 6.2%만이 한 달에 한 번 이상 영재 평가를 실시한다고 답했다(Robertson et al., 2011). 예전에는 자격이 있는 전문가(검사자)만이 어떤 아동이 영재인지 아닌지 판별할 수 있었다. 1970년, 공법 91-230은 "영재아와 재능아는 전문적인 자격이 있는 사람에 의해 확인되어야 한다. …"고 명시했다. 그 이후로 영재아 확인에 있어서 심리 검사자의 역할이 서서히 사라졌다. 영재 및 재능아 교육법(Gifted and Talented Children's Education Act, 1978), 공법 95-561, 902조에서 '전문적인 자격이 있는 사람'이 제거되었다. 1993년 교육연구개선국(Office of Educational Research and Improvement, OERI)에 의해 발간된 국가 수월성 정부 문서는 명백하게 IQ 검사를 반대하였고 교육자들에게 조기에 영재성을 확인하지 못하도록 했다.

이 제안은 학교가 유치원생과 초등학생을 영재아와 재능아로 명명해서는 안 된다고 암시하는 것이 아니라 절대 안 된다고 하는 것이

. 다. 대신에, 유치원과 초등학교는 모든 학생을 위한 아동의 강점을 육성하는 교육과정을 개발해야 하며 학교 스태프에게도 마찬가지로 장려해야 한다. (OERI, 1993, p. 28)

주정부 특수교육 법규에 신속하게 규정된 2004년 장애인교육개선법(IDEA, 2004)은 학교심리학자들의 평가 역할을 더 제한했다. 이전에는 특수한 학습장애를 가지고 있는 학생들을 자격 있는 전문가들이 능력과 성취를 전반적으로 평가해서 확인했다. 이제 새 법률하에서는 아동의 수준이 학년 성취 기준에 미치지 못할 때만 평가를 받는 것이 가능하다. 그래서 많은 교육청들이 개인적인 평가를 심하게 감소시키거나 폐지했다. 새 법률의 가장 큰 피해자 중 대표적인 사례가 이중 특수아다(McKenzie, 2010). 이 아동들은 중재반응(Response to Intervention, RTI) 제정법 아래에 감춰져 버렸다(Reynolds & S. Shaywitz, 2009).

객관적인 측정치가 없으면 교실에서의 수행에 기초해서 영재성을 판단하게 되는데, 많은 영재아들은 수행도가 낮다. 이미 숙달한 기술을 배울 때 학습에 흥미를 가지기는 어렵다. 하지만 학습장애아에 대한 무관심과 관련한 법정 소송 사건들이 표면에 나타나면서 변화의 바람이 불기 시작하고(예 : Dixon, Eusebio, Turton, Wright, & Hale, 2011), 인권사무국(Office of Civil Rights)이 개입하게 되었다(Ali, 2012; Shah, 2012). 복합적인 평가를 거부당했던 학생들에게 문이 다시 열리고 있는 것으로 보인다.

지난 100년간 열띤 IQ 논쟁이 계속되었다. IQ 점수로 누가 유명 인사가 될 것인지를 예측할 수는 없지만, 일반 교실에서 제공되는 것 이상의 무엇을 필요로 하는 높은 추리력을 가지고 있는 아동은 잘 예측할 수 있다. IQ 검사만으로 영재아를 다 발견할 수 없다는 것은 사실이다. 하지만 개인 표준화 검사는 다른 어떤 방법보다도 사회경제적 수준이 낮은 아동과 다양한 인종 집단의 아동을 포함한 많은 영재아들을 찾아낼 수 있다 (Ehrlich, 1986; Kearney & LeBlanc, 1993; H. Robinson, 1981). IQ 검사는 인종에 따라 할당된 수만 입학할 수 있었던 학교에 더 많은 이민자 학생들이 입학할 수 있게 해주는 객관적인 방법이었다(Snyderman & Rothman, 1990). 그리고 검사는 다른 방법들보다 더 많은 영재 소녀들을 찾아낸다(Silverman & N. Miller, 2009). 여성은 명성을 얻을 수 있는 평등한 기회를 가져본 적이 없지만, IQ 검사에서는 항상 남자들만큼 혹은 더 높은 점수를 받았다(Hollingworth, 1926; Peter & Stern, 1922; Silverman, 2009a; Silverman & Kearney, 1989). 역설적이게도, 영재 소녀들은 성평등적인 검사가 개발되기 전에도 더 높은 점수를 받았다!

재능 개발 모델과 능력/IQ 중심 모델은 각 모집단의 성격이 매우 다르다. 육성을 중요하게 생각하는 공동체는 성공 잠재력을 가지고 있는 모든 아동에게 재능 개발을 위한 기회를 주기 위해서 넓은 그물망(10~33%)을 던지는 반면에, 천성을 중요하게 생각하는 공동체는 정규분포곡선에서 극단에 있는 선택된 집단에게는 유의미하게 다른 요구가 있다고 생각한다. 역설적으로, 선천적인 높은 IQ 점수를 '엘리트주의적'으로 보는 사람들은 명성으로 영재성을 판단하는 것이 훨씬 더 엘리트주의적이라는 것을 인식하지 못한다. 실은 사회에서 엘리트 수준에 도달하는 사람은 극소수이기 때문이다. 명성으로 영재성을 판단하는 것은 또한 아동-친화적이기보다는 성인-지향적이다.

영재성에 대한 두 가지 관점을 융합하기 위한 시도들이 있다. 1950년 교육정책위원회(Educational Policies Commission)는 두 집단 모두를 만족시키기 위한 정의를 내렸다.

> … '고도 영재'라는 용어는 지적 능력에 있어서 전체 모집단의 상위
> 1%에 해당하는 사람들을 지칭하기 위해 사용된다(즉 대략 IQ 137
> 이상인 사람들). 마찬가지로, '중도 영재'라는 용어는 상위 1%를 제
> 외한 상위 10% 내에 있는 사람들에 해당한다(즉 IQ 120에서 137 사
> 이). (p. 43)

하지만 그 조정은 지속되지 않았다. 그 두 가지 관점은 여전히 이혼 법정에 계류 중이다.

진짜 타고난 영재는 두각을 나타내는 것이 당연할까?

영재성에 대한 정의가 너무 난무해서 살아생전에 명성을 획득한 사람들 중에도 자신이 '진짜 영재'가 아니라고 믿는 사람도 있다. 인정받은 성취에 따라 영재성을 정의할 때에는 어떤 사람의 업적에 대한 질을 그 분야가 판단하여 그 사람에게 영재라는 이름을 붙여준다. 그렇기 때문에 '그는 영재다'라는 말은 타당하지만 '나는 영재다'라는 말은 타당하지 않다. '성공'은 인기 콘테스트이고 대중은 변덕스럽다. 대중은 현재 당신이 가장 훌륭하다고 생각하더라도 내일은 그렇게 생각하지 않을 수 있다. 영재

는 각광을 받을 때만 영재인가? 사후에야 명성을 획득하게 되는 예술가는 어떤가? 한 사람이 성인기에 이룬 업적에 대한 가장 믿을 만한 평가는 그 사람의 사후에 얼마나 많은 전기가 출판되었는가 하는 것으로 결정된다(Goertzel & Hansen, 2004; Piirto, 2009). 하지만 영재성을 사후에 판단하는 관점은 어느 아동이 교육적 혹은 심리적 지지를 필요로 하는지를 알아보는 데는 도움이 되지 않는다. 게다가 전기 콘테스트의 우승자는 영화화되어서 유명세를 탄 경주마 씨비스킷과 같다!

영재성에 대한 가장 널리 인정받는 정의는 유명한 말랜드 보고서Marland Report에 발표된 것이다. 1969년의 초·중등교육법수정(Elementary and Secondary Educational Amendments)(공법 91-230)에 '영재아와 재능아에 관련한 특별조항(Provisions Related to Gifted and Talented Children)'(806조항)이 1970년에 추가됨으로써 영재 교육 역사의 한 페이지를 장식했다. 이로써 영재들이 특별한 요구를 가지고 있는 소수 집단이라는 것을 연방법에서 처음으로 인정받게 되었다. 공법 91-230은 또한 미국교육위원회(U. S. Commissioner of Education)로 하여금 영재 프로그램에 대한 요구를 확인하는 연구를 수행하도록 했다. 1971년에 제안되고 1972년에 승인을 받은 그 보고서는 획기적인 지표가 되었다. 연구와 공청회를 거친 2년 후에 위원장인 Sidney Marland, Jr.(1971/1972)는 다음과 같이 발표했다.

> 영재아와 재능아들은 사실 방치되어 있어서 심리적 상처를 받고 그들의 능력이 영구적으로 손상될 수 있으며, 교육부의 특별한 지원을 받아

야 하는 다른 어떤 집단들만큼 혹은 그 이상의 박탈감에 시달리고 있다. (p. VIII-3, 고딕체는 첨가한 것임)

Marland의 조사에서 응답한 90% 이상의 사람들이 영재들에게 심리 서비스와 진로 상담이 매우 필요하다고 지적했다. 하지만 Marland는 심리학자, 상담자, 교사, 행정가들의 영재 학생들에 대한 적개심이 만연한 것을 발견했다.

말랜드 보고서가 발표되기 전 지역교육청에서 제공하는 프로그램들은 개인 지능 검사에서 상위 1% 혹은 2%의 점수를 받는 아동을 영재로 정의했다. 범위가 너무 좁아서 사회경제적 그리고 다양한 문화적 배경을 가진 아동들이 포함될 수 없었으며, 또한 예술에 재능이 있거나 창의성이 높은 아동들이 차별받는 것으로 보였다. 말랜드 보고서는 영재의 범위를 확대해서 IQ 검사에서 상위 3% 혹은 5%의 학생과 6영역 중 한 가지 이상의 영역에서 성취나 잠재력을 보이는 학생들을 포함시켰다.

영재아와 재능아는 전문 자격이 있는 사람에 의해서 확인된 뛰어난 능력을 가지고 있기 때문에 높은 수행을 보여줄 수 있는 아동이다. 이 아동들은 자신과 사회에 기여하기 위해 정규 학교 프로그램이 제공하는 것 이상의 다른 교육 프로그램이나 서비스를 필요로 한다.

높은 수행을 할 수 있는 아동들은 다음의 한 분야 혹은 여러 분야에서 성취를 나타내거나 잠재력을 가지고 있다.

1. 일반 지적 능력(general intellectual ability)
2. 특수 학문 적성(specific academic aptitude)

3. 창의적이거나 생산적인 사고(creative or productive thinking)

4. 지도력(leadership ability)

5. 시각예술 및 공연예술(visual and performing arts)

6. 정신운동 능력(psychomotor ability)

영재아와 재능아를 확인하기 위해 이 기준을 활용하면 학교 모집 단의 최소 3~5%가 포함될 수 있을 것이다.

영재성과 재능은 여러 가지 방식으로 확인할 수 있다. 이 절차에 는 확인을 위한 핵심적인 요소인 객관적인 측정과 전문가에 의한 평가가 반드시 포함되어야 한다. (pp. ix-x, 고딕체는 첨가한 것임)

전문적인 자격이 있는 사람에 의해 수행되는 객관적인 측정은 '확인을 위 한 핵심적 요소'로 간주되었다. 말랜드 보고서의 영재성에 대한 정의는 널리 수용되었으며 많은 주정부 법률에 삽입되었고 영재 교육에서 의견 일치를 거의 이루어냈다. 하지만 그 합의는 오래가지 않았다.

지배적이던 영재성의 정의에 대하여 6년 후인 1978년 Joseph Renzulli 는 영재 행동의 개념을 소개하면서 도전했다. 영재 행동은 평균 이상의 일반지능이나 특수 능력, 높은 수준의 과제 집착력(동기), 높은 수준의 창 의성이라는 세 가지 기본적인 특성 간의 상호작용이 있을 때 일어난다. 전교 학생의 1/3 학생들에게 적용할 수 있기 때문에 Renzulli의 심화 3단 계 모델(Enrichment Triad Model, 1977)과 학교 전체 심화 모델 (Schoolwide Enrichment Model)(Renzulli & Reis, 2003)은 정규 수업 이나 풀아웃 프로그램pull-out program으로 실시할 수 있었다. 그렇게 많은 영재 학생들을 위한 특별한 전일제 수업은 경제적으로 부담이 크고 이념적으로도 적절하지 않다. Renzulli와 그의 동료들은 학생들이 영재 행동을 나타낼 때에만 영재라고 보는 '회전문revolving door' 모델(Renzulli, Reis, & Smith, 1981)을 제안했다. Renzulli의 접근은 영재성을 상위 1%, 2%, 3%, 혹은 5%의 한정적인 집단에게만 있는 것으로 생각하지 않고 평등주의적으로 보기 때문에 미국뿐만 아니라 해외에서도 큰 인기를 얻었다(Assouline, Foley Nicpon, & Huber, 2006).

영재성의 개념이 연방정부가 정의한 것에서 벗어나면서 다른 학자들도 영재성과 지능을 그들의 방식으로 정의할 수 있는 문이 개방되었다. Howard Gardner가 쓴 마음의 틀(Frames of Mind, 1983)은 IQ에 대한 강한 반대 운동을 펼치기 시작했다. 그는 IQ 검사가 학교에서의 성공은 잘 예측할 수 있지만, "생의 후반에서의 성공에 대해서는 거의 예측하지 못한다"(p. 3)고 주장했다. 하나의 점수로는 지능을 적절하게 대표할 수 없었다. Gardner는 다중지능이 있다고 제안했고 그것은 세상의 박수를 받았다. 원래 그는 언어, 음악, 논리-수학, 공간, 신체-운동, 개인 간, 개인 내 지능을 포함시켰다. 그 후 친환경 지능과 같은 새로운 지능들이 첨가되었다. 각 지능은 영재성이 노출되는 또 다른 길이다. Gardner의 다중지능이론은 인기를 얻게 되었으며, 현재 문헌, 웹사이트, 교육계에서는 영재가 될 수 있는 방법은 여러 가지이며 IQ 점수는 한물갔다고 말하는 것이 일반적이다. 그가 의도한 것은 아닐지라도, Gardner의 다중지능이론은 '모든 우리 아동들은 영재다'라고 주장하는 교육자들에게 그 근거를 제공하게 되었다.

1980년대에 영재에 대한 여러 가지 정의가 주도권을 차지하기 위한 경쟁적 구도로 나타났다. Abraham Tannenbaum(1983)은 영재성이란 성인기에 대단한 수행을 하거나 아이디어를 만들어내는 사람이 될 수 있는 가능성이라고 정의했다. 캐나다 퀘벡에서 Francoys Gagné(1985)는 영재성과 재능을 구분했다. 영재성은 최소한 한 가지 영역에서 같은 연령의 사람들 중 상위 10%에 해당하는 사람들이 가지고 있는 **선천적 능력**이다. 재능은 최소한 한 분야에서 같이 활동하는 같은 연령의 사람들 중 상위 10%의 성취를 보이는 사람들이 나타내는 뛰어난 능력이다. "재능 발달이란 타고난 능력이 재능으로 변해 가는 과정에 해당한다"(Gagné, 2012, p. 5). Gagné의 영재성과 재능의 차별화 모델Differentiated Model of Giftedness and Talent이 국제적인 인기가 높아지고 있는 이유는 영재성과 재능을 통합하기 때문인 것으로 보인다. Gagné는 영재성을 타고난 능력이라고 믿고 IQ 검사를 실시하는 한편, 영재성은 특수한 분야에서 마침내 재능으로 나타나게 된다고 주장한다.

1985년 같은 해에, 예일대학에서 Robert Sternberg(1985)는 영재성에 대한 또 다른 정의를 제안했다. Sternberg의 삼위 이론Triarchic Theory은 (1) 또래들과 비교할 때 상대적인 수월성, (2) 희소가치가 있는 고수준의 기술, (3) 생산성 혹은 잠재적 생산성이 있는 영역, (4) 타당한 평가, (5) 그 사회가 부여하는 가치의 다섯 가지 기준으로 영재를 판단해야 한다고 제안했다.

1978~1985년 사이에 발표된 문헌에서는 Renzulli, Gardner, Tannenbaum, Gagné, Sternberg의 정의가 여전히 인기 있었다. 최근까지만 해도 이 다섯 가지 정의가 영국 국립영재협회(National Association for Gifted Children Britain, 2007)가 인정한 영재에 대한 정의이고 다섯 가지 중 네 가지는 미국의 학교심리학자들에게 가장 잘 알려져 있다. 최근에 전국적으로 학교심리학자들을 대상으로 실시한 조사에서 응답자의 절반 이상이 Gardner의 정의를 평균 이상으로 상당히 익숙하다고 했고, 28%는 Sternberg, 25%는 Renzulli, 11%는 Gagné에 익숙하다고 보고했다(Robertson et al., 2011). 성공이나 유명해질 가능성으로 영재성을 측정하는 것이 타당한가? 정말 그럴까?

성인의 성취 대신에 영재 아동을 대상으로 하는 연구자들은 성취 지향적인 정의에 문제를 제기한다. 그들은 영재 아동이라는 요소가 빠져 있다고 주장한다.

> 어떤 이론가와 연구자들에게는 영재성에 대한 설명이란 뛰어난 성취를 이루어내는 조건을 설명하는 것을 의미한다. '타고난 재능'이라는 의미에 갇혀서, 그들은 영재성이 있다는 것의 가장 중요한 측면은 인정받고 가치 있는 성취로 타고난 재능을 변화시키는 능력이라고 믿는다. …
>
> 영재성의 최대화를 중요하게 보는 모델과 이론은 영재아에 대하여 생각하기를 마치 농부가 개와 돼지에 대하여 더 많은 생산을 기대하듯이 한다. 그들은 영재성이 어떻게 작용하는지, 즉 영재들이 어떻게 생각하고, 느끼고, 경험하는지에 대해서는 기술하지 않는다. (Grant & Piechowski, 1999, p. 8)

'영재들이 어떻게 생각하고, 느끼고, 경험하는가' 하는 것이 Annemarie Roeper(1982)가 내리는 정의의 핵심이다. "영재성은 지각한 것을 지적 그리고 정서적 경험으로 이해하고 전환하는 더 큰 인식력, 더 큰 민감성, 더 큰 능력이다"(p. 21). Roeper는 처음으로 정서적 민감성을 영재의 정의에 포함시킨 사람이다. '정서적 영재성'의 개념을 처음으로 소개했기 때문에(Piechowski, 1991a), Roeper는 이 분야의 실천가들에게 영향력을 가지고 있다. 다른 여성들의 목소리도 또한 1980년대에 나타났다. Whitmore(1980)는 "예외적인 학습 잠재력 그리고 추상적 개념과 사실적 정보를 동화하고, 조작하고, 활용하는 뛰어난 능력"(p. 61)으로 지적 영재성을 정의했다. 1983년 Barbara Clark는 그녀가 쓴 책 속에서 영재성을 인지, 정서, 직관, 신체적 감각을 포함하는 전체적이고 통합적인 뇌의 기능으로 묘사했다. 오늘날 영재 분야의 여성들이 제안하는 정의의 중심은 추상적 추리 혹은 인지적 기능이다(예 : Gilman, 2008a; Lovecky, 2004; N. Robinson, 2005).

여자와 남자는 영재성을 다르게 보는가?

영재에 대한 연구가 왕성했던 1980년대에 영재성에 대한 이분화된 개념은 마치 사회에서의 여성과 남성의 구분된 역할을 보는 것 같이 흥미로웠다(Silverman, 1986c). 자녀의 영재성을 평가받기 위해 영재개발센터와 여러 평가 기관을 찾아오는 사람은 아버지보다 어머니가 훨씬 많았다. 어머니들은 아이의 발달적인 차이를 인식하고 적응 문제를 걱정한 반면에, 아버지들은 영재라는 용어 자체를 거의 믿지 않았고 사회적인 기대 때문에 아동의 유아기를 빼앗기게 된다는 부정적인 의미로 받아들였다. "어머니들은 자녀의 발달이 빠른 것을 진지하게 생각하는 경향이 있는 한편 아버지들은 종종 영재성을 매우 비정상적이라고 생각하며 매우 똑똑하고 재능이 있는 아동들을 '실제로 선천적 재능이 있다고' 생각하지 않는다"(N. Robinson & Olszewski-Kubilius, 1996, p. 428). 믿지 않는 아버지들은 "겨우 다섯 살 아이가 무슨 영재라고 할 만한 행동을 했다고 그래?" 혹은 "그는 결코 아인슈타인이 아니야!"라고 말한다. 어머니들은 발달적으로 영재성을 정의하는 반면에 아버지들은 영재성이 명성을 뜻한다고 생각한다.

이런 어머니와 아버지들이 문헌에도 똑같이 나타난다. Francis Galton(1869)과 같은 남자들은 종종 영재성을 명성이나 잠재적인 명성과 같은 것으로 본다(예 : Feldman, 1984; Gagné, 1985; Renzulli, 1978; Simonton, 2009; Sternberg, 1985; Witty, 1940). Hollingworth(1926)를 시작으로 해서 여성 학자들은 일반적으로 영재성을 추상적 추리력과 유아기에서의 발달적인 차이로 정의했다(예 : Clark, 1983; Hildreth, 1966; Maker, 1986; Roedell, 1989; Roeper, 1982; Whitmore, 1980). Galton은 유명한 남자들을 연구한 반면에 Hollingworth는 영재 소녀와 영재 여성들을 연구한 선구자다.

Hollingworth는 영재성이 명성으로 나타나게 된다는 Galton의 가정에 도전했다. Galton은 남자들의 누나나 여동생은 연구하지 않고 남자들만 연구했다. 그가 설명하는 남자들은 부유한 가정에 태어난 사람들이었다. Hollingworth(1926)는 여자, 가난한 사람, 사회적 지위가 낮은 사람들에게는 명성을 얻을 기회가 주어지지 않았으며 따라서 영재성을 명성을 기준으로 판단하는 것은 불공평하다고 주장했다. 그녀는 영재 소녀를 찾아내는 객관적인 방법으로 IQ 검사를 채택했다. "심리 검사는 영재 소녀들의 존재를 확인했다"(Hollingworth, 1926, p. 347). 거의 100년 전, 독일에서 Peter와 Stern(1922) 그리고 미국에서 Hollingworth는 소녀들의 IQ 검사 점수가 대응하는 소년들과 동등한 결과로 나타났을 뿐만 아니라 소녀들이 평균 점수도 높고 최고 점수를 받는 사례도 많은 것을 발견했다. 오늘날까지 그 결과는 반복된다(Silverman & Kearney, 1989; Silverman & N. Miller, 2009).

IQ 검사를 포기하라는 요구가 유명한 남자들에게서 나왔다. Gardner의 다중지능 개념이 평등을 내세웠지만, Gardner의 일곱 가지 지능을 대표하는 인물들 모두가 남자라는 사실은 거의 주목을 받지 않았다(여성 무용수가 예외로 포함되어 있다). 교육자들은 IQ 검사가 편파적이기 때문에 다양한 인종과 사회경제적 집단을 고려하는 문화적으로 편파성이 없는 영재성에 대한 정의를 주장하지만, 여성을 고려한 성차에 대한 논의는 거의 없었다. 성별에 따른 관점의 차이는 최근에 흐릿해졌다. 성차를 연구한 여성들(예 : Dweck, 1986)조차도 명성 패러다임의 옹호자가 되었다(Dweck, 2011).

여성들은 명성을 획득하기 위한 경주에서 잘하지 못하며 소수자들도 마찬가지다. 1901~2011년 사이의 549개 노벨상 중에서 44개(약 8%)를 여성이 받았으며 그중 2개는 마리 퀴리가 받았다(Silverman, 2012b). 과학 분야에서는 2%밖에 되지 않는다(Charyton, Elliott, Aahman, Woodard, & DeDios, 2011). 노벨상 수상자들을 인종별로 분류한 자료는 없다.

남성에 비해서 여성은 명성을 거의 획득하지 못했다. … 20세기에 노벨상 과학 영역에서 남성이 거의 98%를 수상했고 수학에서는 99%를 남성이 수상했다. …

여성 유색 인종은 이중적인 차별을 받는 표적이 되며, 저명인의 서열에서 여성은 유색 인종보다 대표성이 떨어진다.

영국의 상위 100개 회사에서 고위 간부의 2%만 여성이다.

… 여성과 남성은 성취와 관련하여 다르게 사회화한다, … 남성은 여성보다 자동적으로 지위가 주어지는 경우가 많고, 그리고 … 여성과 남성은 종종 자원에 접근하는 방식이 다르다. … (Lips, 2005, pp. 461-463)

찾기 힘든 명성의 황금 반지가 최근 영재 교육에서 그런 탁월함을 당연한 것으로 받아들이는 것이 당황스럽다. 영재아 중에서 극소수만 유명해진다. 오랜 명성을 갈망하는 대부분의 사람들은 실패한다. 그럼에도 불구하고 미국에서만 7,600만 학생들 중 200만 명(약 2~3%) 이상의 학생들이 그들의 또래들과 유의미하게 다르고 특별한 지원과 심리적 서비스를 필요로 한다.

성취 패러다임에서 거의 주목을 받지 못한 또 다른 유형의 성인기의 성공이 있다. 그것은 다른 사람들을 배려하는 능력이다. 민감성, 동정, 공감, 책임감, 다른 사람의 안녕에 대한 윤리적 관심이 우리 사회에서 중요한 가치다(Roeper & Silverman, 2009). Pramathevan과 Garces-Bascal (2012)은 "인류에 대한 깊은 공감과 민감성과 같은 선천적 재능을 가지고 있는 젊은이들도 인정을 받고 육성되어야 한다"(p. 153)라고 말한다. 사람들은 성공을 명성, 창의적인 공헌, 금전 획득으로 생각하는 경향이 있다. 이런 성공의 징표들은 자기확대self-aggrandizement와 다른 사람에 대한 배려의 부족에서 일어날 수 있으며, 혹은 윤리적 민감성과 동정의 상황 속에서 일어날 수 있다.

'남성적' 관점에서 진정한 능력을 알아보는 방법은 성인기에 그 사람이 성취한 것의 양, 질, 영향력을 검사하는 것이다. '여성적' 관점은 발달적 차이가 아동의 요구에 어떤 직접적인 영향을 미치는지에 가장 큰 관심이 있다(Silverman, 1986c; Silverman & N. Miller, 2009). 영재성에 대한 여성적 관점은 아동 중심적이며(Grant & Piechowski, 1999), 아동의 지능뿐만 아니라 정서도 포함하는 종합적인 관점이다. 아동이 성장하여 성인 역할을 함에 따라서 지적 능력은 작은 부분들에 초점을 맞추게 된다. 아동기의 유동적 능력은 경험을 통해 특수 영역들과 연결되며, 경험이 작용하여 성인기에는 다양한 재능이 나타난다. 성인들은 수천 개의 다른 능력들을 보이기 때문에 성인을 대상으로 연구할 때는 지능을 하나의 개념으로 보기 어렵다. 사람이 많은 경험을 하기 전에는 창의성, 지성, 정서가 상호작용을 하는 응집된 지능의 성격을 훨씬 더 잘 볼 수 있다.

영재성의 발달적 정의

빠른 발달은 지연 발달과 비교될 수 있다. 우리는 9세의 정신연령을 가지고 있는 15세가 겪는 어려움을 이해할 수 있다. 우리는 그런 아동을 확인하기 위하여 심리 평가가 필요하고 가족들을 위한 지원도 필요하다는 것을 알고 있다. 스펙트럼의 정반대 끝에 있는 아동에 대처하기 위해 심리학자들의 역할이 매우 중요하다는 것을 아무도 의심하지 않는다. 9세의 정신연령을 가지고 있는 15세 아동과 마찬가지로, 15세의 정신연령을 가진 9세 아동도 학교에 입학하기 전부터 성인기까지 계속해서 일상적이지 않은 도전에 직면한다.

나는 빠른 발달이 영재성의 핵심이라고 보았기 때문에 교육자들에게 다음과 같은 직접적인 정의를 제안했다 ─ "영재아란 하나 이상의 영역에서 발달적으로 앞서는 아동으로 정의할 수 있으며 따라서 그 아동이 빠른 속도에 맞추어 발달할 수 있도록 해주기 위한 차별화된 프로그램을 필요로 한다"(Silverman, 1986c, p. 58). 이 관점은 Hollingworth의 철학과도 아주 잘 부합한다.

영재성의 발달적 정의는 이미 인정받은 다른 영역의 특수성에 대한 정의와도 일치하는 장점을 가지고 있다. 그 밖에, 성차별적이지 않고 여러 문화적·사회경제적 배경을 가진 아동들, 그리고 학습장애가 있는 영재아들에게 적용할 수 있다는 장점이 있다. 영재성의 발달적 정의는 미성취 영재아들 그리고 교육 시스템 속에서 불이익을 당하고 있는 다른 똑똑한 아이들에게 적용된다.

초기 유아기에, 다른 아동들보다 발달 지표상 더 빠른 속도로 발달하는 것으로 영재성을 관찰할 수 있다. 빠른 발달의 정도를 지능 검사를 통해 알아볼 수 있다. 나이가 몇 살 더 많은 아동과 같은 수준의 정신적 조작을 수행하는 아동은 의심할 여지없이 발달적으로 앞선다 ─ 즉 생활연령보다 정신연령이 큰 차이로 앞선다고 할 수 있다. IQ 점수는 안정적인 경향

성이 있다. 18개월밖에 안 되는 유아기 초기의 IQ 검사에서 영재 범위의
점수를 받은 아동들은 성인이 되어서 빠른 성취와 기술의 숙달을 보인다
(A. W. Gottfried, A. E. Gottfried, Bathurst, & Guerin, 1994).

영재를 발달이 빠르다 혹은 앞선다라고 하는 의미는 학습 속도가 빠르
다는 것만을 뜻하는 것이 아니다. 어떤 연구자들은 같은 또래보다 예를
들어 2배 빠르게 학습하는 능력을 조숙성(precocity)이라고 정의했다
(예 : H. Robinson, 1981). 영재성을 학습 속도로 개념화하는 것은 모든
사람이 같은 학습 경로 위에 있는데 영재아는 '그곳'에 더 빨리 도착한다
고 가정한다. 영재아들은 학습 속도가 빠른 것을 포함해서 발달상으로도
성격, 정서, 경험에 있어서 질적으로 다르다.

수행을 강조하는 성취 중심의 영재성 정의는 잠재된 능력과 수행을 같
은 것으로 보며, 따라서 미성취 영재아를 인정하지 않는다. 행동주의 관
점에서 보면 이 두 가지 개념 간에 차이가 없다. 하지만 발달이론에서는
잠재된 능력과 수행 간의 차이는 매우 중요하다. 잠재된 능력은 한 사람
이 가지고 있는 능력 전체를 말하는 반면에, 수행은 능력들 중에서 관찰
자들이 볼 수 있는 그 일부일 뿐이다. 수행은 잠재된 능력을 반영하는 일
부분일 뿐이며, 기회가 주어졌을 때 능력으로 나타나는 것이다. 높은 잠
재력을 가지고 있는 아동이 항상 잠재된 능력의 최고 수준으로 수행하지
는 않는다. 그와 같은 사례가 이중 특수 학습자와 미성취 영재다. 그들은
지능 검사나 다른 능력 검사의 도움 없이는 발견될 수 없는 경우가 많다.
능력과 성취 간의 불일치는, 보통 수준의 아이들에게서는 그렇지 않지만,
이중 특수 학습자들에게서는 기본적으로 나타난다.

발달 관점에서는 아동의 재능에 대한 사회적인 유용성을 고려하지 않는다. 아동기는 그것 자체로 의미가 있다. 능력에 있어서의 유의미한 차이는 독특한 교육적 그리고 심리적 요구를 필요로 한다는 것을 알려주는 신호다. 장애아들을 확인할 때는 그들의 성인기에서의 잠재적 가치나 그런 잠재적 능력의 부족이 아니라 그들의 아동기에서의 요구를 기준으로 한다. 게다가 특별한 요구를 가지고 있는 아동들에 대한 재정적 지원은 사회에 대한 그들의 잠재적 공헌과 역상관이 있는 것으로 보인다.

발달 차이는 심리학에서 다루는 주요 분야다. 개인차를 처음으로 연구한 사람들은 심리학자들이다. 비전형적으로 발달하는 아동을 확인하고 그들의 사회적, 정서적, 교육적 요구를 충족하기 위한 방법을 설계하는 것이 항상 그들의 중요한 역할이 될 것이다.

비동시적인 발달로서의 영재성

국가적으로 산출물과 수행에 영재성의 초점을 맞추는 경향의 증가에 대응하여 1991년 새로운 영재 개념이 출현했다. 비동시적 발달로서의 영재성의 구인(Columbus Group, 1991)은 실용적이기보다 현상학적이다. 개인의 심리적 조건에 초점을 맞추어, 그것은 개인의 복잡한 사고 과정, 감각의 강도 및 정서와 상상력, 그리고 이런 복잡성 때문에 발생하는 비상한 지각 등을 강조한다. 비동시성은 또한 사회적 규준에서 벗어난다는 느낌뿐만 아니라 비균형적인 발달을 일으키며, 비균형적인 발달은 많은 사람들의 주목을 받았다. 이 모든 요소들은 영재들을 취약하게 만드는 원인이 된다.

영재성은 발달된 인지 능력과 고조된 강도가 결합하여 규준과 질적으로 다른 내적 경험과 지각을 하게 만드는 **비동시적 발달**이다. 이 비동시성은 지적 능력이 클수록 더 증가한다. 영재들의 독특성은 그들을 특별히 취약하게 만들고 그들의 최적 발달을 위해서는 양육, 교수, 상담에서 특별한 관심을 필요로 한다. (Columbus Group, 1991)

이것은 영재성의 발달에서 상담의 중요성을 구체화한 첫 번째 정의다. 그것은 Dabrowski(1964), Vygotsky(1962), Binet(1909/1975), Hollingworth(1931), Terrassier(1985), Roeper(1982)의 연구의 영향을 받은 심리학 분야에 깊은 뿌리를 두고 있다. 아동 중심적인 이 정의는 영재아의 취약성과 도움에 대한 필요성을 분명히 했다. Hollingworth (1931)는 영재아들의 지능, 정서, 생활연령 간의 발달적 차이 때문에 영재아들이 직면하는 어려움을 지적했다.

성인의 지능과 아이의 정서를 가지고 있는 작은 신체에는 어려움들이 따르기 마련이다. 갓난아기 시절 이후 연령이 더 어릴수록 어려움은 더 크며, 어느 시기가 지나면 해가 갈수록 적응이 쉬워진다. 4~9세 사이가 아마도 어려운 문제가 가장 많은 힘든 시기일 것이다. (Hollingworth, 1931, p. 13)

신체 발달보다 인지 발달의 수준이 더 많이 높을수록 아동이 사회적 관계와 교육과정에 관련하여 내적으로 느끼는 '부조화'가 더 커진다. 아동의 IQ가 영재에서 고도 영재, 특수 영재, 극영재로 올라갈수록 비동시성의 영향은 극적으로 증가한다. "행동이 질적으로 성격과 방향이 다르기 때문에 고도 영재들을 취약 집단으로 보아야 한다"(S. Shaywitz, Holahan, Freudenheim, Fletcher, Makuch, & B. Shaywitz, 2001, p. 20). Wasserman(2007)은 "비동시성은 높은 수준의 영재들에게는 너무 흔하기 때문에 그 집단 내에서는 '정상'으로 생각될 수 있다"(p. 61)고 주장한다. 그는 매우 높은 수준의 영재들이 인지 기능, 정서 발달, 생활 기능 기술, 신체적 성숙, 사회적 능력에서 유난히 광범위한 분포를 나타내는 것을 발견했다.

비동시적 발달은 영재 자신들에게도 의미가 있다. 종합적 검사를 하는 동안에 비동시적 발달에 대한 개념을 소개받은 한 10대 고도 영재는 다음과 같이 기록했다.

마지막 하위검사를 끝낼 무렵에 나는 내 주의가 점점 더 가는 체로 밀가루를 치는 것처럼 집중되는 것같이 느껴졌고 체를 움직일 때마다 더 집중하게 되고 그 망을 더 강력하게 의식하게 되었다.

… 하지만 나의 주의를 가장 끌었던 것은 설명하는 문구였다 — 비동시적 발달. 나는 태도 이외에도 달랐다. 나는 지각하는 것도 독특했다.

그 두 단어는 짝을 이루어 거의 주문처럼, 나의 걱정의 핵심을 깨고, 수년간 지속되던 자기의심과 죄의식을 조금씩 진정시키고, 성공하지 못하는 지성은 게으름과 불안이 짝을 이룬 학자인 체하는 것일 뿐이라는 생각을 버리기 시작했다. 해방감이 마치 홍수같이 나의 머리에 밀려들었고, 문을 열고 나가면서 나는 마치 미친 사람이 기뻐하듯 태양을 향해 웃음 지으면서 내가 오랫동안 느끼지 못

한 행복감을 만끽했다. (Gilman, 2008a, p. 90, 고딕체는 첨가한 것임)

Columbus Group의 정의가 출판된 후 20년간, 비동시성이라는 용어는 영재 교육과 심리학에서 일반적인 표현이 되었다. 전국적인 조사에 참여한 학교심리학자들 중 10% 이상이 그 개념에 상당히 친숙하다고 답했다 (Robertson et al., 2011). 이 정의는 브리태니커 백과사전(Asynchrony, 2011), 영재성과 창의성 및 재능 백과사전(Kerr, 2010)에 실렸고, 국립영재협회(What is giftedness? 2011b)의 웹사이트에서도 찾아볼 수 있다. 영재 상담자와 심리학자들은 영재성의 비동시성의 유용성에 대해 자주 논의한다(예 : Alsop, 2003; Barber & Mueller, 2011; Beljan, 2005; Gilman, 2008a; Jackson & Moyle, 2009; Lovecky, 2004, 2009; Neihart, Reis, N. Robinson, & Moon, 2002; N. Robinson, 2008a; N. Robinson & Olszewski-Kubilius, 1996; Sheely, 2007; Wasserman, 2007; Webb, Gore, Amend, & DeVries, 2007). 이 심리학적인 관점은 영재 집단의 독특한 구성과 요구를 이해하기 위한 기반이 될 수 있다. 그것은 또한 이중 특수 아동의 부모들에게 반향을 일으켰다.

나에게 이중 특수아 양육의 가장 어려운 점은 비동시성이다. 어떤 순간에는 내가 어느 연령의 아이를 다루고 있는지 도대체 모르겠다. 당신이 어린 아동이라고 생각하고, 세상이 돌아가는 상태에 대한 강한 절망감을 느끼고, 왜 다른 아이들은 내가 생각하듯이 생각하지 않는지 이해가 안 된다고 상상해보라. 혹은 독해력은 훨씬 높

은 연령의 수준을 가지고 있는데 그 수준의 주제를 다룰 수 있는 성
숙도는 낮다고 상상해보라. 아니면 머리는 빠르게 움직이는데 작
문 기술이 모자라서, 어떤 주제에 대해서 글을 써보려고 애쓰지만
지식이 발을 묶을 때를 생각해보라. 몇 분 동안만 한 아이가 외모는
그의 연령에 맞는 것 같은데, 우주론과 이론 물리학에 대해 깊이 논
의하고, 최근에 그가 좋아하는 록 음악을 악보로 그려내고, 삶의
문제에 대한 답을 구하지 못해 큰 실존적인 실망감을 갖고 있으면
서, 그의 연령의 절반이 되는 아동 수준의 정서적인 성숙도를 가지
고 행동한다고 생각해보라. 그것은 부모에게 충격적인 사건이다.
나는 되돌려준다는 생각으로 장난을 쳤다. 엄마같이 보이면서, 아
기같이 말하고, 10대처럼 옷을 입고, 걸음마 아기같이 행동했다.
(J. Merrill, 2012, p. 63)

영재성에 대한 정의들은 심리적 서비스를 어떻게 설명하고 있는가?

재능 발달에 있어서 심리학자들은 어떤 일을 하는가? 강조점이 생각에서
노력으로 바뀌면서 정신 건강에 종사하는 사람들의 역할이 코치와 비슷
하게 되었다. Wood(2010)는 그녀의 연구에서 학교 상담자들이 리더십,
지속적인 동기 및 학업 수행과 관련된 문제들에 초점을 맞추는 것을 발견
했다. 이것은 코칭과 많이 비슷하게 들리지 않는가? NASA(2012)는 코칭
을 "사람들이 수행 수준 향상이나 성장 혹은 경력 향상의 목표를 달성할
수 있도록 해주는 발달적 전략"(p. 1)으로 정의한다. 또 하나의 비즈니스
모델이 교육에 적용되었으며, 코칭의 목적은 사람들을 현재 위치에서 미
래에 있고 싶어 하는 곳으로 옮겨 주는 것이다. 이것은 목표 설정과 목표

달성이 어려운 사람들을 위한 일종의 책무성을 제공하면서 꽤 인기를 얻고 있다. 코치들은 정신 건강에 관련한 많은 교육을 받아야 하거나 자격증을 필요로 하지 않는다.

어쩌면, 학교 상담자들은 다른 방식으로 재능을 개발시켜줄 수 있을 것이다. 그들은 다양한 배경 출신의 아동들이 공평하게 재능 개발을 위한 기회의 접근이 가능하게 할 수 있을 것이다. 그들은 성공을 위해 매우 중요한 정서지능(Goleman, 1995)을 향상시키기 위한 사회적 기술을 학생들이 개발하도록 도와줄 수 있을 것이다. 그리고 그들은 학업 어드바이저로서 재능 있는 학생들의 교과목 선택, 대학 선택, 진로 발달, 장학금 신청 등을 지도할 수 있을 것이다(Silverman, 2012a).

영재성이 비동시적 발달로 정의되면 영재의 외면에서 복잡한 내면세계로 스포트라이트가 이동하여 영재의 과흥분성, 개인 내적인 그리고 대인 관계에서의 조화롭지 못한 느낌, 예리한 지각, 의미를 추구하는 욕구 등이 관심을 받게 된다. 행동적인 것보다 실존적인 문제에 초점이 맞추어진다. 심리학자, 상담자, 치료사는 영재들이 자신이 누구이고 우주에서 자신의 위치는 어디인지 알아내기 위해 떠나는 험한 여행길의 동반자가 된다.

학교심리학자들뿐만 아니라 학교 상담자들도 그들의 훈련 프로그램에서 영재들의 요구에 대한 표면적 교육만 받고 있는 것으로 나타났다(Assouline et al., 2006; Wood, Portman, Cigrand, & Colangelo, 2010). Wood(2010)는 153명의 영재 청소년들을 대상으로 영재들을 위한 상담이 실제로 어느 정도 잘 실시되고 있는지 조사했다. 학생들의 반응을 분석한 결과 그녀는 학교에서 상담이 제대로 실시되고 있지 않다는 결론을 내렸다. 참여자들 중 반은 학교 상담자들이 그들을 이해하지 못한다고 생각했으며 그들의 관심사가 무시되었다고 지적했다. 상담자들이 가장 이해를 못하는 부분은 '비동시성'(p. 52)이었다.

> 참여자들이 상담 과정에서 자주 경험한다고 언급한 주제 중 주목할 것들로는 참여자의 높은 수준의 일을 할 수 있는 능력, 사회에 대한 공헌, 자신에 대해 가지고 있는 기대, 다른 사람들이 그들에게 가지고 있는 기대 등이 포함된다. (Wood, 2010, p. 53)

Wood의 연구는 학교 상담자들이 영재의 정서적 건강을 향상시키는 것보다는 학업 수행을 높이는 것을 자신들의 주요한 역할로 생각하고 있다는 것을 보여준다.

IQ 검사의 가치가 인정을 받을 때, 영재 확인 과정에 심리학자들의 역할이 더 중요해진다. 심리 검사자는 어린 아동의 빠른 발달의 정도를 객관적인 방법으로 기록한다. 표준화 지능 검사는 성장과 연습으로 나타나는 영역 특수적 재능보다는 추상적 추리력을 측정한다. 5세 아동이 9세 아동 수준의 추리력이 있다면 그 아동은 극영재라고 생각할 수 있으며 전형적인 5세 또래 집단에 적응하기 힘들어할 가능성이 있다. 이 기록은 그 아동이 우정을 키우고 자신의 속도에 맞추어 학습할 수 있도록 초기 중재를 받을 수 있게 하는 튼튼한 기초가 된다.

영재 연구는 심리학에서 시작되었지만 지난 50년 이상을 떠돌다가 교육에 자리를 잡게 되었다. 영재 교육은 교육과정과 교수법이 중심이 되었으며, 영재성과 관련한 대학원 훈련 프로그램의 대부분을 교육과정과 교수법이 차지하고 있다. 이런 상황이 영재 학생들을 위한 진짜 차별화된 교육과정을 탐색하는 데 수십 년을 보냈다. 훌륭한 교육과정 모델들이 개발되었지만 기다리던 교육과정의 답은 결코 발견되지 않았다(Ronvik, 1993). "이것은 모든 아동에게 좋은 것이 아닌가?"하는 질문은 끊임없이 제기되었다. 일주일에 1시간 실시되는 대부분의 영재 프로그램의 실적을 살펴보면 그 답은 불행하게도 '예'이다. 이 슬픈 상황 때문에 많은 교육자들로 하여금 영재아들에게 독특한 요구가 없다는 결론을 내리게 되었다. 차이점은 교육과정에서 발견할 것이 아니라 영재 개인에게서 발견해야 한다. 우리가 영재의 심리적 차이를 알게 된다면 그들이 차별화된 교육, 상담, 양육방법을 요구한다는 것을 이해할 것이다.

재능 개발은 교육적이고 영재성은 심리적이다. 우리가 영재성 대신에 재능을 찾으려고 한다면, 그 렌즈는 그들이 전인으로서 누구인지보다는 무엇을 할 수 있는지에 초점을 맞추게 된다. 이 관점은 영재들의 역동적인 내적 경험을 중요하지 않은 것으로 생각하게 만든다. 초기 심리학자들(예 : Cattell, Hollingworth)은 지능이 개인의 잠재적 능력을 결정하고 환경은 개인이 그 능력을 가지고 무엇을 성취해 내느냐 하는 것에 영향을 미치는 것으로 생각했다. 마찬가지로 능력과 노력의 차이에 대한 주장이 가능하다. 최근에 스웨덴에서 실시한 302명의 영재 성인들을 대상으로 한 연구는 이렇게 나누어 생각하는 것이 많은 영재 성인들의 살아온 경험을 설명하는 것으로 나타났다. "대부분의 참여자들은 본질적인 지능의 자기이론을 인정하면서 또한 자신의 능력을 개발하기 위해서는 노력이 필요하다는 것을 인정했다"(Stalnacke & Smedler, 2011, p. 900).

이 책은 영재에게 도움을 주는 직업에 종사하는 사람들을 위해 쓰여졌기 때문에, 성취 관점보다는 능력 관점을 중심으로 쓰여졌다. 아동과 성인의 영재성은 자격이 있는 전문적인 검사자에 의해 확인되어야 한다. 심리 검사만이 차이의 정도를 정확하게 확인할 수 있으며 그것은 개인의 정신 건강과 안녕감을 위한 중요한 정보다. 강점과 약점 간의 차이를 알아내서 숨겨져 있는 학습 장애를 발견하기 위해서도 평가는 필수적이다. 영재들은 그들을 옹호하고 스스로 자신의 권리를 옹호하는 것을 가르쳐 주기 위한 정신 건강 전문가를 필요로 한다(Neumann, 2009). 영재들은 종종 오해를 받거나 잘못된 판단을 받는 문제점들을 극복해야 한다(Eide & Eide, 2006; Webb et al., 2007). 그들은 그들의 내적 세계를 이해하고 영재성이 그들의 정체성 발달에 미치는 역할을 이해하는 치료사와 상담자를 필요로 한다(Mahoney, 1998). 영재가 가지고 있는 차이점들은 신중하게 고려할 필요가 있다.

3

영재에 대한 편견을
깨기 위한 원정

대중은 대단히 관대하다. 대중은 천재를 제외하고 모든 것
을 용서한다.

- Oscar Wilde

역사적 관점

　　인간의 무한한 다양성은 너무나 놀랍기 때문에 일찍이
과학적 관심사 중 하나가 되었을 것으로 생각할 것이다. 하지만 개인차에
대한 탐구가 시작된 것은 19세기 후반으로 150년이 채 되지 않았다. 이것
은 그때까지 영재아가 없었다거나 영재아의 존재를 아무도 인정하지 않
았다는 의미가 아니다. 오히려 영재들은 항상 우리와 함께 있었으며 과학
이 그 게임에 늦게 진입했을 뿐이다. 만일 인간이 불이나 무기를 만드는
방법을 발견할 수 있는 정도로 충분히 똑똑하지 못했다면, 아마도 우리는
아직 동굴 속에 살고 있을 것이다.

자연의 이상인가 아니면 자연의 실수인가?

고대 중국, 터키, 로마, 그리스 문명들은 그 사회의 가장 똑똑한 구성원들
을 찾아내 지도자로 교육시켰다. Dubois(1970)는 중국 황제가 높은 수준
의 안정을 유지할 수 있었던 것은 관리를 등용하는 과정에서 고전적인 학
식을 강조했기 때문이라고 한다. 정부 관료가 되기를 원하는 사람들은
'음악, 미술, 승마, 글, 수학, 공적·사적 생활의 의례와 의식'에 대한 시
험을 통과해야 했다(Dubois, 1970, p. 3). 중국은 지난 2000년 동안 학자
들을 발굴해서 정치적 지도자로 봉사하도록 했다.

플라톤(n.d./1944)은 **국가론**에서 지도자가 될 수 있는 올바른 속성을 가지고 있는 나이 어린 아동을 가난하건 부자이건 사회의 모든 수준에서 찾을 것을 주장했다. 그는 어떤 아동이 속임수를 알아채고, 미신을 인식하고, 시행착오 학습을 통해 잘 배울 수 있는지 알아낼 수 있는 검사를 하는 것이 좋다고 말했다. 검사를 통과한 '황금' 아동에게는 과학, 철학, 형이상학에 대한 특별 관리 교육을 받도록 했다(Sumption & Luecking, 1960). 이 방법을 통해 플라톤은 지혜로써 통치할 수 있는 '철학자 왕'을 만들고 싶었다. 플라톤은 미래 지도자를 확인하고 길러내는 기초를 마련했다. 서기 800년경에 샤를마뉴 황제는 평민에게 태어난 능력 있는 아동에게 무상교육을 제공했다고 한다(Hildreth, 1966). 거대한 실험이 16세기에 일어났다. 술레이만 대제는 어린 영재들을 교육하고 육성하기 위한 궁중 학교를 세웠다. 그는 사회적 계급에 관계없이 가장 강하고, 가장 똑똑하고, 가장 아름다운 사람들을 찾아내기 위해 정기적으로 터키 제국이 정복한 영토에 사람들을 보냈다. 한 세대가 지나기도 전에 오스만 제국은 예술, 과학, 문화, 전쟁에서 강력한 힘을 가진 나라로 발전했다(Hildreth, 1966; Sumption & Luecking, 1960).

영재에 대해 가장 일찍이 언급된 것들 중에는 성경에 기록된 요셉, 다니엘, 예수에 대한 연대기가 있다. 영재에 대한 사회의 사랑과 증오의 관계는 최소한 성경 시대까지 거슬러 올라간다. 요셉과 유채옷의 이야기를 생각해보라. 요셉은 모든 것을 빨리 배우는 야곱 가족 중에서 영재 아들이었다. 그의 배다른 형들은 아버지가 그를 좋아하는 것을 시기해서 그를 죽이기로 음모를 꾸미다가 대신에 그를 노예로 팔아 버렸다. 꿈 때문에 괴로워하고 있던 파라오가 요셉이 꿈을 잘 해석하고 미래를 예언하는 능력이 있다는 이야기를 듣게 된다. 요셉은 7년의 풍년 뒤에 7년의 흉년이 온다고 예언하고 파라오에게 흉년에 대비해야 한다고 했다. 요셉이 예언한 대로 일이 일어났고 그는 그의 가족을 기근에서 구할 수 있었다. 요셉과 같이 영재들은 사람들의 원망도 받고 존경도 받으며, 같은 사람으로부터 원망과 존경을 다 받기도 한다.

영재들에게 초자연적인 힘이 있다고 생각하는 것은 놀라운 일이 아니다. 비록 **선물 받은(gifted)**이라는 용어의 유래가 애매하지만 그것은 어떤 사람들은 신으로부터 선물로 받았다는 믿음과 관련이 있음이 분명하다(예 : 예언할 수 있는 타고난 능력). 현 시대에도 참고서적들을 보면 영재성을 '천부적 능력'으로 정의하고 있다(예 : American Heritage Dictionary, 2000; Kipfer, 2010).

플라톤과 비슷하게, 토머스 제퍼슨은 1800년대 초에 공적 자금으로 영재 학생들을 확인하고 교육하기 위한 법을 제안했다. 제퍼슨은 영재성은 인정받고 육성되지 않으면 소멸하며, 재능 있는 가난한 사람들이 가장 취약하고 주장했다(Hildreth, 1966). 18세기와 19세기에 유럽에서는 신동에 대한 관심이 컸다. 하지만 이 아동들을 종이 다른 기형적인 사람으로 간주했다(Hirsch, 1931). 이 관점은 벨기에 통계학자인 Adolph Quetelet의 지지를 받았다. 그는 19세기에 평균인은 자연의 이상이며 나쁜 쪽뿐만 아니라 좋은 쪽으로도 벗어나는 것은 자연의 실수라고 하는 '평균인 원칙 doctrine of l'homme moyen'을 주장했다(Boring, 1950). 뛰어난 재능은 부자연스러운 힘 때문이라고 생각하고 특별한 능력을 가지고 있는 아동을 비정상적으로 간주하게 되었다. 가족들은 이런 아동을 가족의 수치라고 생각하고 눈에 보이지 않게 숨기기도 했다.

최근까지 이 어두운 그림을 보편적이라고 생각했다. 그것은 19세기를 살아온 영재들에 대한 열광에 내재되어 있는 약점일 수 있다. Kearney(2009)는 구글 도서검색 서비스를 사용하여 1825년 이후 19세기에 '영재gifted', '고도 영재highly gifted', '조숙한precocious' 아동들과 영재 소녀에 대한 교육, 의학, 종교, 공공정책에 대한 글들을 찾아냈다.

여전히 대부분의 사람들은 아주 극소수를 제외하고 모든 사람은 동등한 지능을 가지고 태어난다고 생각한다. 어떤 사람은 더 많은 지능을 가지고 있고 어떤 사람은 덜 가지고 있다는 주장은 완전한 이단이었으며, 그 논쟁은 계속해서 맹위를 떨치고 있다. 누가 이런 격노할 주장을 했는가? 그는 바로 Francis Galton이다. 많은 사람들이 Lewis Terman을 영재 교육과 심리학의 '아버지'라고 생각하지만, Baska(2009, p. 477)는 조상이라는 명예는 당연히 Galton의 것이며, 그의 업적이 크게 무시되어 왔다고 주장한다. 우리의 이야기는 이 지적 거장으로 시작한다.

Francis Galton(1822~1911)

개인차 심리학은 Galton이 남긴 많은 유산 중 하나다. 그 외에 그가 남긴 유산에는 자연/양육 논쟁, 생물측정학, 추리 통계(상관, 유의미한 차이, 변량 분석, 영가설, 평균으로의 회기 등), 심리측정, 첫 번째 심리 검사, 첫 번째 심리 설문지, 단어 연상 검사, 지문 채취, 공감각 발견, 시각적 심상 연구, 첫 번째 기상도, 기상 패턴을 도표로 그리는 도구, 기상 시스템으로서 최초 고기압 기술, 텔레타이프 프린터, 스톱워치, 광도계, 합성 초상화, 들을 수 있는 최고 음높이를 측정하는 'Galton 호루라기' 등이 있다. 그는 지적 호기심, 기발한 생각, 발명, 영감, 다재다능, 엄청난 생산성, 조숙 등을 포함한 모든 측면에서 천재였다(Boring, 1950). 그의 비상한 능력은 생의 초기부터 나타났다. 2008년 런던에서 Galton의 기록물을 탐색하면서, Ariel Baska(2009)는 Francis Galton이 (그를 가르친) 누나에게 다섯 살이 되기도 전에 쓴 편지를 발견했다.

> 사랑하는 나의 누나 아델에게
> 나는 지금 네 살이고 어떤 영어책이라도 읽을 수 있어. 나는 52행짜리 라틴 시 이외에 모든 라틴어 명사와 형용사와 동사를 말할 수 있어. 나는 어떤 숫자든 더하기를 할 수 있고 2, 3, 4, 5, 6, 7, 8, 9, 10, 11로 곱하기도 할 수 있어. 나는 펜스 계산표도 말할 수 있고, 프랑스어도 조금 읽고, 시계도 볼 줄 알아. (p. 471)

여섯 살이 될 때까지 그의 형제자매들은 호머의 일리아드와 오디세이를 다 읽었고, 라틴어와 그리스어로 글을 쓰기 시작했다. Galton의 조숙성에 기초해서, Terman(1917)은 그의 IQ를 존 스튜어트 밀, 괴테, 라이프니츠 등의 범주인 200에 가까운 것으로 추정했다(Boring, 1950). 많은 조숙한 아동들과 마찬가지로 Galton은 수 세기를 좋아해서 평생 수를 세는 습관이 있었다. 그는 상상할 수 있는 것까지 포함한 모든 것을 세었다. 음악회의 지루함을 측정하기 위해 한 청중이 하품하고 손가락을 만지작거리는 횟수에서부터 그의 초상화를 그리는 화가가 붓질한 20,000번의 횟수까지 세었다(D. Schultz, 1981). 그는 지능을 포함하여 모든 것을 측정할 수 있다고 믿었다.

'일찍 익으면 일찍 썩는다'라는 말은 Galton이 등장하면서 사라졌다. 그는 전 생애에 걸쳐서 계속적으로 놀랄 만한 창의성과 생산성을 보여주었다. 47세에 그의 가장 유명한 책을 썼고, 그에 필적하는 책을 63세에 썼으며, 계속해서 87세까지 유명한 업적을 내놓았다. Galton의 유전적 천재(*Hereditary Genius*, 1869)는 인간의 지능을 처음으로 양적으로 분석한 책이다. Galton의 생각은 그의 시대에 팽배했던 믿음과 아주 달랐다.

> 아기들은 거의 다 비슷하게 태어나고 그 차이를 만드는 유일한 요인은… 꾸준한 전념과 도덕적 노력뿐이라는… 가설에 대하여 나는 참을 수가 없다. 그것은 타당하게 얻은 결과가 아니기 때문에 나는 선천적 평등이라는 주장에 반대한다. (p. 12)

지능이 전부 유전된다는 주장을 뒷받침하기 위해서 Galton은 가족 중에 명성이 높은 사람들이 많은 유명한 영국 사람들의 가계를 추적했다. 그는 한 집단 내에서 개인들의 순위에 대한 백분율을 사용하는 것을 고안했으며, 그 분포가 매우 다양한 모습을 나타내는 것을 발견했다. 가우스 곡선이 지능 분포에 대한 Galton의 모델로 사용되었으며 그것은 심리 검사의 기반이 되었다.

Galton 자신은 대단한 가문 출신이다. 그의 할아버지는 Erasmus Darwin이고 Charles Darwin이 그의 사촌이었다. 사촌인 Darwin은

Galton의 사고에 큰 영향을 미쳤다. Baska(2009)는 Galton이 종의 기원(Darwin, 1859)을 읽은 후에 쓴 편지를 그의 기록물에서 발견했다. "나는 책의 내용을 탐독했고 곧바로 흡수했다. 이것은 유명한 이 책의 저자와 내 자신이 같은 할아버지인 Erasmus Darwin에게서 물려받은 선천적인 사고방식 때문이라고 나는 생각한다"(Baska, 2009, p. 472). Darwin도 또한 Galton의 연구에 감명을 받았다. Darwin은 "바보들을 제외하고 사람들은 열성과 노력에서 다를 뿐이지 지능은 다르지 않다고 항상 믿어 왔는데" 유전적 천재(*Hereditary Genius*)를 읽은 후에 Darwin은 Galton이 "한 반대자를 개종시켰다"고 말했다(Pearson, 1914, Vol. 1, p. 7).

1883년 Galton은 인간의 지능과 그 발달에 대한 탐구(*Inquiries into Human Faculty and its Development*)를 썼으며 그것은 심리 검사의 시초로 간주된다(Boring, 1950). 이 책에서 Galton은 다양한 차별 과제들을 사용하여 지능의 측정 가능성을 철저하게 조사했다(예 : 여러 가지 무게의 경중 차이를 인식하는 능력과 그 반응 시간을 측정). 1년 후에 그는 첫 심리 검사를 만들었는데 그것은 감각 능력을 측정하는 것이었다. 현명하게도 Galton은 런던에서 열렸던 국제건강박람회와 때를 맞춰서 첫 번째 심리 검사 연구실을 만들어 연구비를 충당했다. 그는 청각과 시각의 정확성, 폐활량, 악력, 반응시간, 형태 기억, 색채 감각과 같은 감각 능력을 측정하는 데 3펜스를 받았다(DuBois, 1970). 인체측정 연구실을 6년 동안 운영한 결과 Galton은 5~80세의 남녀노소 9,337명의 자료를 수집했다.

Galton의 연구 결과를 평가하면서, Boring(1950)은 "인간의 개인차에 대한 일반화할 수 있는 중요한 결과가 없었지만, Galton의 잘못된 결론에 유의하지 않는다면, 여성은 모든 능력에서 남성보다 열등한 결과가 된다"(p. 487)고 말했다. 명성에 대한 Galton의 연구에서 여성은 제외되어 있다. Galton의 글에서는 여성에 대한 배려가 현저하게 부족하다. 그리스어와 라틴어를 독학해서 남동생인 Galton을 가르친 누나 Adele 그리고 Galton이 믿고 의지했던 어머니의 지능이나 그의 삶에 끼친 개인적인 공헌에 대해서도 언급하지 않았다(Baska, 2009). "위대한 명성의 반열에 오른 여성이 거의 없지만, 위대한 남성의 여동생과 누나들은 그 형제들과 마찬가지로 같은 조상에서 나온 것은 분명하다"(Hollingworth, 1926, p. 13).

Galton은 성별을 고려하지 않았을 뿐만 아니라 사회경제적 지위에 대해서도 언급하지 않았다. 대부분의 유명한 가문은 예외 없이 부자였지만, Galton은 사회적 이점 때문에 명성을 얻게 되는 것은 아니며 만일 그렇다면 입양아도 사생아와 마찬가지로 쉽게 영예를 획득해야 한다고 주장했다. 인생의 변천이 불공평하게 성취에 영향을 미치지도 않는다 — 뛰어난 사람은 자연스럽게 꼭대기에 오른다. Hollingworth(1926)는 명성은 유전이 아니라 기회의 작용에 달려 있다고 열렬하게 믿었다.

> 저명한 사람들 중 압도적인 대다수가 귀족, 전문가 혹은 성공적인 상인과 같이 평균보다 훨씬 더 높은 사회경제적 조건의 아버지를 가지고 있었다. 육체노동자의 자식이 높은 수준의 명성을 얻는 경우는 극소수다. … 세계 역사에서 정신적인 업적에서 1등을 한 사람

들 중에 포함되는 여성도 극소수다.

　한 가지 가능한 해석은 교육과 기회가 성취를 결정하는 주요 요소라는 것이다. 위대한 사람들 거의 모두가 그 부모들이 최적 조건을 갖추고 있는 안락한 가정에서 태어났다. 만일 기회가 실제로 명성을 결정하는 주요 요인이라면 사회적으로 열등한 부류에 속하는 사람들은 사실상 명성과는 거리가 먼 것으로 생각해야 할 것이다. 이것이 바로 현실이며, 교육받지 못한 사람, 가난한 사람, 하인, 여자들이 명성을 획득하는 사례를 거의 발견할 수 없기 때문이다. (p. 11)

　Galton이 가지고 있는 성편견 때문에 심리학에서의 그의 인기가 감소하지는 않았다. 하지만 백인이 선천적으로 우수하다는 그의 믿음은 현대 과학에서는 용납되지 않는다. 유전적 천재에서 Galton은 인종의 서열도 매겼다. 그는 고대 아테네인이 일반적으로 유럽인보다 우수하고 앵글로색슨인이 아프리카인보다 우수하다는 결론을 내렸다. Galton은 열광적으로 Erasmus와 Charles Darwin의 진화이론을 인종 개량에 적용했다. 그는 우생학 분야를 설립하고 UCL(University College London)에 Galton 우생학 연구소를 기부했다. '유전'이라는 단어는 여전히 우생학과 싸늘한 반사적 연상을 일으킨다.

　영재 심리학에서 자연/양육 논쟁의 양편 모두 Galton에서 유래한다. 자연을 주장하는 사람들은 그의 지능의 다양성, 영재들의 독특한 선천적인 성질, 성격의 유전가능성, 유의미한 차이를 측정하기 위한 지능 검사의 사용 등을 채택했다. 양육을 주장하는 사람들은 Galton의 기치인 명성을 영재를 판정하는 기준으로 사용했다.

> 어떤 재능 영역에서 고수준으로 기능하는 사람들 중에서도 특히
> 상위 끝부분에 분포하는 높은 수준의 수행과 생산성을 나타내는
> 것이 영재성이다. … 명성은 영재성이라는 이름을 붙여줄 수 있는
> 기준이 된다. (Subotnik, Olszewski-Kubilius, & Worrell,
> 2011, p. 7)

자연을 주장하는 사람과 양육을 주장하는 사람 모두 영재성이 전적으로 유전된다는 생각에는 반대한다. 그들 모두가 능력이 결실을 맺기 위해서는 사회에서 기회를 얻는 것이 필수적이며, 문화적으로 다양한 집단이나 사회경제적 수준이 낮은 사람들이나 여성들을 위해 동등한 기회가 주어져야 한다고 생각한다. 만일 지능이 완전히 유전적인 것이라면 개인의 지위를 향상시킬 수 있는 가능성이 거의 없을 것이며 물론 역사도 그렇지 않다는 것을 증명했다. Galton의 관점은 세월의 시련을 견디지 못하고 비판을 받게 되고 그가 초기에 정신 능력을 측정한 것은 완전히 타당하지 않은 것으로 판명이 났지만(Carroll, 1993) 정신 능력의 새로운 분야가 생겨났다.

Galton 이전에는 개인차는 연구 대상이 아니라 제거되어야 하는 연구의 골칫거리로만 인식되었다. 심리학의 선구자들인 과학자/철학자들은 마음이 작용하는 방식의 일반 원리를 정립하려고 노력했으며 피실험자들 간의 차이는 연구를 방해했다. 개인차가 연구할 매우 흥미로운 영역이라는 통찰력을 가진 사람은 Galton이었다. 영재성 연구는 개인차 연구에

서 파생한 것이기 때문에 우리는 Galton에게 많은 빚을 지고 있다고 할 수 있다.

Alfred Binet(1857~1911)

심리 검사의 개념을 소개한 사람은 Galton이지만 그 아이디어를 완벽하게 만든 사람은 Alfred Binet다. Binet는 Galton과는 다른 철학을 가지고 있었다. Binet에게 지능은 불변하는 실체가 아니라 환경의 영향을 받을 수 있고 적절한 교육을 통해 향상될 수 있는 지속적으로 진화하는 과정이었다(Binet, 1909/1975). 그는 지능을 풍부하고, 복잡하고, 여러 측면을 가진 게슈탈트, 즉 역동적으로 상호 관련된 능력들로 보았다.

1887년 Binet는 파리에 살고 있는 학생들을 대상으로 심리 검사를 실험하기 시작했다. 1896년 그의 동료인 Victor Henri와 함께 Binet는 심리 검사에 대한 중대한 논문을 발표했는데, 그것은 복잡한 정신 능력을 측정하기 위해 제한되고 특수한 능력만 검사하는 도구를 사용하는 것에 대해 비판하는 내용이었다. Binet와 Henri(1896)는 기억, 심상, 상상, 이해, 심미적 감상, 운동 기능과 같은 다양한 유형의 '고등 정신 과정'의 검사를 강조했다. 의사인 Theophile Simon의 도움을 받아서 Binet는 1905년에 처음으로 아동을 위한 지능 척도를 개발했다. Binet-Simon 척도는 그와 그의 동료들이 지난 10년간 개발했던 30개 검사를 기초로 개발되었다. 이 척도는 처음으로 복잡한 기능을 종합적으로 측정하기 위한 문항들로 구성된 것이다(DuBois, 1970). Binet와 Simon은 정신연령의 개념을 제안하면서 정신연령을 활용하여 1908년에 그 척도를 개정했다.

정신연령은 평균적인 어떤 연령의 아동이 정답을 맞추는 검사 문항의 수로 정의되었다. 그들은 200명의 아동을 표본으로 해서 연령 규준을 개발했다.

Binet는 발달하는 마음에 큰 관심을 가지고 있었다. 그는 아동의 여러 발달 단계에서 사고 과정의 변화를 관찰했다. 발달 구조는 영재아들의 빠른 속도의 발달을 측정하는 효과적인 방법으로 확인되었다. 영재들을 위한 강한 옹호자인 Binet(1909/1975)는 영재들은 '인류의 발전을 결정짓고… 한 아동의 뛰어난 지능은 허비되어서는 안 되는 자산'이기 때문에 '영재들을 위한 교실을 만들어야 한다'고 주장했다(pp. 85-86). Binet는 특히 계산, 수학, 체스, 글쓰기에 비상한 능력을 가진 아동들에게 관심이 있었다.

1911년 갑작스러운 죽음을 맞이하기 전에, Binet는 Binet-Simon 척도를 성인기까지 확장했으며, 그 척도를 사용하여 처음으로 영재와 일반아 간의 발달차 정도를 측정하는 것이 가능해졌다. Binet(1911)는 영재아 특별 교실을 위한 영재아들을 선발하기 위해 확장된 척도를 사용할 수 있는 방법에 대하여 기록했다. 2011년 영재아와 재능아를 위한 텍사스 협회는 심리학자를 위한 특별 회담을 개최하여 영재성 측정 100년을 기념했다.

Lewis Terman(1877~1956)

Lewis Terman은 Binet에 대한 깊은 존경심을 가지고 있었다. 그는 저서 **지능 측정**The Measurement of Intelligence(1916a)을 "귀납적이고 역동적인 심리

학에 열정과 헌신을 다한, 인내하는 연구자, 창의적인 사고가, 겸손한 학자인 Alfred Binet를 추모하며"라는 글로 Binet에게 헌정했다. Binet와 Terman은 실제로 만나지는 않은 것으로 보이지만 Binet는 Terman이 그의 지능 척도를 개작하는 것을 허락하고 Terman에게 '형식상 1달러'에 미국판을 만드는 권리를 팔았다(Wasserman, 2003, p. 425). Terman과 스탠퍼드대학교의 그의 동료들은 1910년에 스탠퍼드-비네 지능 척도를 개발하기 시작해서 1916년에 완성했다. 그밖에 그들은 군대용 알파 검사, 군대용 베타 검사, 국가 지능 검사, 터먼 집단 정신 능력 검사, 스탠퍼드 성취 검사, 개념 숙달 검사를 포함한 9개의 검사를 개발했다.

Terman은 영재를 이해하고 그들의 능력을 측정하는 데 일생을 바쳤기 때문에 그를 영재 교육의 '아버지'(Gowan, 1977)로 흔히 생각한다. 이 열정은 클라크대학교 대학원에서 표면화되었다. 그는 유명한 심리학자인 G. Stanley Hall과 함께 공부했는데 Hall은 Terman이 영재에 관심 있는 것을 지지하지 않았다. Hall은 심리 검사와 영재성 연구를 모두 격렬히 반대했다(Seagoe, 1975). Hall의 반대에도 불구하고 Terman은 그의 논문 주제를 천재와 바보 : 7명의 똑똑한 소년과 7명의 똑똑하지 않은 소년의 지적 과정에 대한 소고(Genius and Stupidity : A Study of some of the intellectual process of seven "bright" and seven "stupid" boys)로 선택했다. 완전히 혼자 공부를 해서 그는 발명과 창의적 상상, 논리적 절차, 수학 능력, 언어 숙달, 통찰력으로 우화의 해석, 체스를 쉽게 배우기, 기억 그리고 운동 능력을 포함한 40개의 검사를 고안했다. 똑똑한 학생들은 모든 정신적 과제에서 우수했으며 운동 기능 문항에서는 잘하지 못했다(Terman, 1906). 100년이 지났어도, 눈-손 협응을 측정하는 문항은 여전히 영재아와 일반아를 잘 구별하지 못한다(Silverman, 2009a). Terman의 대학원 시절 프로젝트는 지능을 측정하고 '똑똑한' 아동의 능력을 구별하는 그의 전 생애 경력의 출발점이었다.

1921년 Terman은 공익기금재단으로부터 영재에 대한 방대한 연구를 수행하기 위한 상당한 지원금을 받았다. 그 연구의 일부는 300명의 유명인들에 대한 유아기와 발달을 조사하는 것이었다. 이 부분은 Catherine Cox(1926)가 그녀의 박사 논문으로 완성했으며, **천재의 유전적 연구**Genetic Studies of Genius의 제2권이 되었다(Terman et al., 1925~1959). 제2부는 1,528명을 대상으로 처음으로 종단적 방법을 사용하였으며 가장 오랜 기간 수행된 유명한 연구다. 연구 결과는 Terman 생전에 5권으로 구성되어 출판되었다. 그 연구는 선택된 모든 'Terman의 아이들'이 죽을 때까지 계속될 것이다. 이 데이터베이스는 커다란 가치가 있으며 지금은 노인들에 대한 정보를 제공하고 있다.

이 연구를 통해서 Terman은 영재에 대한 신화를 떨쳐버리고 싶어 했다. 그는 **천재의 유전적 연구** 제1권의 서문에서 자신의 연구는 영재들은 "초자연적인 원인의 산출물이며, 인간 행동의 자연법으로는 설명되지 않는 힘에 의해 움직이고, 지적 조숙은 병적이다"(Terman, 1925, p. vii)와 같은 널리 퍼져 있는 영재에 대한 '미신'을 타파하기 위해 시작했다고 말했다. 그 후에 그는 또 다른 이유를 설명했는데 그것은 영재아들은 초기 훈련 프로그램을 통해서 만들어질 수 있다는 것이었다. Terman과 Oden

(1959)은 엄격한 초기 훈련이 영재성을 기를 수 있다는 관점에 대해 입증할 만한 것을 발견하지 못했다. 그들은 신동을 만들기 위해서 어린 아동에게 강제적으로 주입식 교육을 하는 것은 거의 범죄 행위라고 보았다. 대신에, 그들은 아동이 주도하는 대로 따르는 더 반응적인 접근을 추천했다.

Terman은 영재 부모와 교사에게 많은 조언을 했다. 그는 2학년 혹은 3학년이 되기 전에 영재아를 초기에 확인하고 학교 교육을 통해 체계적으로 차별화된 교육을 할 것을 주장했다. 그의 연구에 의하면 영재아들은 연역적 방법보다는 귀납적 방법으로 배우는 경향이 있으며, 자기주도적이고 독립적이며, 논리와 추리를 요구하는 접근에 가장 잘 반응하고, 새로운 아이디어를 가장 좋아하고 훈련과 복습을 가장 싫어하며, 구체적 사실보다는 개념과 원리를 선호한다. 그들의 사회성 발달에 대하여 Terman은 영재아들은 비슷한 능력을 가진 아동들 그리고 연령이 더 많은 아동이나 성인과 어울릴 필요가 있다고 주장했다. Terman은 속진을 강력하게 추천하면서 사회적으로 잘 적응하는 영재아는 고등학교를 마치기 전에는 3년 그리고 박사 과정을 마치기 전까지 2년을 속진하는 것을 제안했다. 그는 16, 17세에 대학에 입학하는 것을 추천했다.

스탠퍼드-비네 척도(Terman, 1916b)는 아마도 Terman의 가장 위대한 유산일 것이다. 그것은 1960년대에 웩슬러 척도가 나오기 전까지 50년 동안 영재 평가에서 황금 표준이었다(Lubin, Wallis, & Paine, 1971). Robert Thorndike(1975)는 그것을 "인지발달에 대한 심리측정 평가에서 가장 많이 사용되는 도구, 다른 인지 능력 검사를 평가하는 표준"(pp.

3-4)이라고 말했다, 스탠퍼드-비네가 처음 소개되었을 때, 뉴욕에 있는 컬럼비아대학교의 Leta Stetter Hollingworth의 주목을 끌었고 그녀의 진로를 변경시켰다. Hollingworh는 영재 교육과 영재 심리학에서 두말할 필요가 없는 선구자다.

Leta Stetter Hollingworth(1886~1939)

Lewis Terman이 서부에서 '처음으로 그 분야의 밭을 쟁기로 갈고 있을' 때에 Leta Hollingworth는 동부에서 '다른 방향에서 그 분야를 경작하기 위해 준비'하고 있었다. "Hollingworth 교수가 그녀의 연구가 나라 반대편에 있는 한 동료의 연구와 비슷하다고 생각하고 종종 이야기한 것을 간단하게 농사로 표현한 것이다"(Pritchard, 1951, p. 47). 두 사람은 직접 만나지는 못했지만 서로의 연구에 대한 변함없는 존경심을 가지고 있었다. Terman은 영재를 기술하고 측정한 반면에, Hollingworth는 그들의 내면세계와 그들의 발달을 촉진하기 위한 계획적인 교육 기회에 대해 연구했다. 그들은 유전의 역할에 대해서는 철학적으로 불일치했다. Terman은 완강한 유전주의자였다. Hollingworth는 유전이 능력을 결정하는 것을 인정했지만, 그녀는 선천적인 능력이 열매를 맺는 것은 사회적인 기회라고 열렬하게 주장했다. 그녀의 모든 연구는 영재성 개발을 지원하는 심리적, 사회적, 교육적 조건들에 초점을 맞추었다.

  Hollingworth는 영재성을 연구하기로 결정하기 전에 또 다른 심리학 분야인 여성심리학의 기반을 닦았다. 대학원 과정에서 그녀는 여성이 남성과 지적으로 동등하다는 것을 실증적으로 증명하기 위한 캠페인을 시작했다. 과학계는 Hollingworth의 지도교수인 E. L. Thorndike(1910)를 포함하여 전적으로 다윈의 변이 가설을 열렬하게 받아들이고 있었다. 1897년 다윈은 2차 성 특징의 변이가 더 크기 때문에 모든 종의 수컷이 암컷보다 진화가 더 앞선다는 결론을 내렸다. 다윈에게는 명성을 얻은 여자의 수가 적은 이유가 분명했다. 여자들은 남자들보다 변화가 더 적었으며 따라서 극히 똑똑하거나 극히 똑똑하지 못한 사람들이 더 적은 것이었다.

Hollingworth는 다윈의 변이 가설을 한 조각 한 조각씩 다 해체했다. 1913년 처음으로 출판된 1,000명을 대상으로 한 그녀의 연구는 극히 똑똑하지 못한 사람은 여성보다 남성이 더 많다고 하는 다윈의 변이 가설의 한 측면을 반박했다. 그다음 해에 그녀는 2,000명의 신생아를 대상으로 더 야심찬 연구를 하고 여아보다 남아의 변이가 더 크지 않다는 것을 보여주었다. 변이가 존재하는 곳에서는 여성을 더 선호했다(Montague & Hollingworth, 1914). Hollingworth는 1916년 박사학위를 받기 전까지 선천적인 남성 우월성에 대해 성공적으로 도전하는 9개의 과학 논문과 한 권의 책을 출판했다. 여성 운동의 과학적인 방벽으로서 선도자 역할을 하며 그녀의 앞으로의 길은 탄탄대로로 보였다. 하지만 1916년 바로 그해에 그녀의 나머지 생을 다 바쳐 전념할 새로운 열정을 태울 사건이 일어났다.

Hollingworth는 컬럼비아대학교 사범대학의 교육심리학 교수직을 받아들였다. 스탠퍼드-비네 척도가 막 출판된 때였다. 그녀는 '보통 이하' 수준의 지능을 가진 아이의 검사 결과를 가지고 그 새로운 검사를 설명해주었으며 대조적인 결과를 그녀의 학생들에게 보여주기 위해 '똑똑한' 아동을 검사하는 것도 좋겠다고 생각했다. '아동 E'의 IQ 점수는 187이었으며 그 당시 가장 높은 점수 중 하나였다(Garrison, Burke, & Hollingworth, 1917). 이 순간부터 Hollingwoth의 미래는 굳어졌다. Hollingworth가 몇 가지 영역에서 고전적인 교재를 출판함으로써 공헌을 했지만 그녀가 가장 큰 공헌을 한 것은 영재성 연구다. Terman의 *Genetics Studies of Genius* 제1권이 1925년에 출판되었고, Hollingworth는 영재성 심리학에 대한 첫 번째 교재인 **영재아들 : 그들의 천성과 양육**을 1926년에 출판했다.

Hollingworth가 1922년 영재성 심리학 과목을 처음으로 개설하고 가르침으로써 공식적으로 이 분야의 연구가 시작되었다. 그녀는 다양한 인종과 사회경제적 배경을 가진 영재아들을 위한 프로그램을 개발했고, 그들의 학업 발달뿐만 아니라 사회성과 정서 발달에 대한 자료도 수집했다. 그녀의 방법론과 교육 원리는 오늘날 여전히 사용되고 있다. 그녀는 영재에 대한 30개의 독창적인 연구를 수행했으며 그 연구들은 영재아들이 신체적으로 허약하고, 외모가 비정상적이고, 괴짜라는 대중적인 신화를 반박하는 데 도움이 되었다. Hollingworth의 업적을 검토하고서 Benbow(1990)는 '오늘날에도 야심적인 모델'(p. 214)이라고 평가했다. Hollingworth는 '수준 이상 검사above-level testing'의 개념을 생각해 냈으며 Julian Stanley(1990)가 오늘날 전국적인 재능 탐색을 시작하도록 영감을 주었다. 그녀의 책 **특별한 재능과 결함**(Hollingworth, 1923)은 학습장애를 가지고 있는 영재를 처음으로 인정했다. 그녀는 처음으로 영재의 정서 발달과 사회성 발달을 연구했다. 그녀는 여러 능력 수준의 아동을 대상으로 사회적 발달에 대하여 집중적으로 연구를 수행했으며 아동의 지능이 평균에서 더 멀어질수록 더 많은 적응 문제가 발생한다는 것을 발견했다. 그녀는 '아동 중심 치료법'을 개발하고 Carl Rogers를 훈련시켰으며, 아동 중심 치료법에서 그의 '내담자 중심 치료법'이 나올 수 있었다 (Kerr, 1990)

역설적이게도, Hollingworth의 책들 중에서 가장 많이 기억되는 책은 그녀가 집필을 완성하지 못한 IQ 180 이상의 아이들 : 원천과 발달 (1942)이다. 이 책은 그녀가 써 놓은 글을 모아 그녀의 남편인 Harry Hollingworth에 의해 완성되었다. 그것은 IQ 180 이상인 아동들을 연구한 가장 종합적인 종단적 연구의 자리를 차지하고 있다. 극영재를 연구하면서 Hollingworth는 극적으로 다른 방식으로 영재성을 이해했다. 그녀는 영재들이 사회 및 학교와 협상하는 문제의 어려움, 어린 나이에 기원과 운명에 대한 철학적 관심을 가지는 문제, 비균형적인 발달, 그들의 상상의 세계, 의미를 추구하는 욕구, 고독감 등과 같은 어려움을 기록했다. 그녀에게는 그들이 성장해서 유명해지거나 유명해지지 않거나 하는 문제는 중요하지 않았다. 그녀는 그들이 성인기로 안전하게 접어들기만을 기도했는데 한 아이가 그렇지 못했다. 그녀는 여성 영재, 사회경제적 조건이 낮은 아동과 유색 아동이 마주치는 장애를 실감했다.

성차와 환경적 요인이 능력에 미치는 영향에 대한 Leta Holling-worth의 연구는 심리 검사에 있어서 성별과 인종의 차이에서 오는 문제에 대한 Terman과 Thorndike의 생각을 변화시켰다(Rosenberg,

1982). 그녀의 연구는 인간 행동에 영향을 미치는 환경에 대한 이해를 고취시키는 데 도움을 주었다. (Fagan, 1990, p. 160)

Hollingworth의 주목받지 못한 두 가지 열정을 연결하여 그녀는 '여성 문제'라고 보았다.

간단하게 설명하면 '여성 문제'는 어떻게 인간을 재생산하면서 동시에 일을 하느냐 하는 것과 개인의 능력에 따라 어떻게 일에 대한 충분한 보상을 성취할 것인가 하는 문제다. 이것은 우선적으로 영재의 문제다. 여성의 일에 대한 불만과 반발은 예외적으로 뛰어난 지성을 타고난 여성들 사이에서 주로 유래한다. (Hollingworth, 1926, pp. 348-349).

Terman(1944)은 만일 Hollingworth가 남자였다면 그녀는 미국심리학회의 회장으로 당선되었을 것이며 국립과학아카데미의 멤버십도 획득했을 것이라고 했다. 그녀의 공헌과 철학이 지금도 관심을 받지 못하고 있는 것은 안타깝다.

신화와 고정관념 파헤치기

약간의 광기를 띠지 않는 위대한 천재는 없다.

– Seneca

고정관념이 미치는 나쁜 영향에 대한 글들은 수없이 많다. 남에게 도움을 주는 직업에 종사하는 모든 사람들은 사회 속의 다양한 집단에 대하여 사람들이 의식적으로나 무의식적으로 가지고 있는 잘못된 믿음과 일반화에 대한 교과목을 이수하는 것이 요구된다. 영재들은 잘 탐지되지 않고 이런 논의에서 제외되어 있다. 영재에 대한 일반적인 고정관념이 형성되어 있고 과거에 영재는 희생양(Silverman, 1992)과 박해(Hollingworth, 1926)의 대상이었다. "영재성은 낙인이다"(Coleman, 2012, p. 376). 어떤 사람이나 단체에 대한 평판이 나쁠 때 오명을 씌우게 되며 그것은 사회적 관계를 방해한다. 영재아의 부모도 또한 '남과 다르다는 것에서 오는 오명에 취약하다'(Alsop, 1997, p. 28).

영재에 대하여 당신은 어떤 말을 들었는가? 그런 말들 속에는 어떤 고정관념적인 메시지가 들어 있는가? 당신은 그런 말들을 믿는가? 영재들은 미신, 잘못된 정보, 적대감에 의해 수 세기 동안 시달렸다. 거의 100년 전에 영재성을 옹호했던 미국 심리학자들은 주로 유럽에서 들어온 19세기와 20세기 초기의 케케묵은 말들과 싸웠다. 그들은 잘못된 생각들을 떨쳐 버리기 위해서 실증적인 연구를 수행했다. 하지만 연구를 통해 근본적인 전제가 잘못된 것임이 밝혀졌는데도 불구하고 뿌리 깊이 자리 잡은 편견은 여전했다. 그리고 높은 지능에 대한 초기 연구를 부정확하게 해석해서 새로운 신화와 왜곡을 양산했다.

영재아들은 실제로 어떤가? 2개의 왼발을 가진 것같이 휘청거리는 왜소한 약골인가? 신체적인 그리고 정신적인 병에 잘 걸리는가? 사회적으로 적응을 못하는가? 일찍이 기운을 소진하거나 요절하기 쉬운가? 특수 영재들은 어떤 장애 조건을 가지고 태어나는가? 아니다. 위에서 말한 그 어느 것도 사실이 아니다. 이 어리석은 이야기들은 계속되어서 옛날이야기가 사라지기도 전에 전혀 새로운 이야기가 나타나 영재 아동과 영재 성인들을 몹시 괴롭힌다. 정신 건강 분야 종사자들이 맨 먼저 해야 할 일은 잘못된 인식들을 바로잡고 영재들이 잘못된 믿음의 짐을 벗을 수 있도록 돕는 것이다. 다음에 설명하는 것들은 영재 성인 및 영재 아동의 부모들과 함께 할 수 있는 유익한 것이다.

초기 신화

영재에 대한 신화는 두 단계에서 일어나는 것으로 보인다. 옛 격언들은 규준보다 발달이 더 빠른 무례한 사람들에 대하여 그들의 성격을 공격하고 암담한 미래를 예언했다.

- "일찍 익으면 일찍 썩는다."
- "5세 어른은 15세 바보."
- "천재성은 광기와 비슷하다."
- "보상의 법칙 : 어떤 특별한 능력도 어떤 결함에 대한 보상이다."

"일찍 익으면 일찍 썩는다." '일찍 익으면 일찍 썩는다'는 말의 유래에는 여러 가지가 있다. 중국이나 스와힐리 속담에서 나왔다고도 한다. 가장 근접한 글자 그대로의 의미는 너무 빠르게 발달하는 아동은 일찍 죽는다는 것이다. 이것을 뒷받침하는 것은 유명한 조숙한 아동들의 조기 사망이다. 그들은 무자비하게도 구경거리로 사람들 앞에 서야 했고 감내할 수 없는 아슬아슬한 재주를 부려야만 했다. 당연히 그들 중 가장 강한 아이만 살아남을 수 있었다(Hildreth, 1966). 이런 '신동' 중 한 아이가 1721

년 독일 뤼베크에서 태어난 Christian Heinrich Heineken이다. 그의 가정교사는 Christian이 태어난 지 14개월 되었을 때 신약성경에 나오는 모든 이야기를 공부했다고 기록했다(Hollingworth, 1942). 그는 4세 4개월에 세상을 떠났는데, 당시 그는 독일어, 프랑스어와 라틴어가 유창했고, 1,500개의 라틴어 속담과 기본적인 수학과 신체 구조를 알았고, 역사에 대한 모든 질문에 답할 수 있었다고 한다(Whipple, 1924). 19세기에 의사와 교사들은 조숙한 아동의 뇌를 혹사하면 일찍 노쇠하고 붕괴된다고 경고했다(Kearney, 2009). Babcock(1895)은 천재들에게 가장 흔히 일어나는 결과는 조기 사망이라고 말했다.

'일찍 익으면 일찍 썩는다'는 말과 비슷한 의미로 '5세 어른은 15세 바보'라는 말이 있다. 이 말은 느린 성숙을 선호하는 사람들의 구호였다(Terman & Oden, 1947). Terman은 위대한 천재는 어릴 때 지진아였으며 따라서 어릴 때 조숙한 사람은 성인이 되기 전에 '에너지를 소진한다'는 만연하던 믿음에 대해 공격했다. '에너지 소진'은 어린 신동에 대한 문헌에 자주 등장하는 것으로 보이는데, 그 이유는 그들이 성인기에 명성을 거의 얻지 못하는 데 있다(Winner, 2000). 느린 성숙이 빠른 성숙보다 우수하다는 믿음은 아리스토텔레스 시대까지 되돌아간다. 아리스토텔레스와 여러 사람들도 여성의 조기 성숙이 여성의 열등성의 신호가 된다고 제안했다.

인간에 있어서 여성 태아는 남성 태아만큼 완전하지 않다. … 태어나서는 그 불완전함 때문에 여성은 빨리 성장하고 성인이 된다. … 모든 열등한 것들은 완전함이나 종말에 빨리 도달한다. …(Aristotle, BC 4세기/1962년 번역, 4권 6장)

잡초는 좋은 농작물보다 항상 더 빨리 자라기 때문에 여아는 남아 보다 말하고 혼자 힘으로 서는 것이 더 빠르다. (Luther, 1533/1967, p. 187).

더 품위 있고 더 완전할수록 더 나중에 그리고 더 천천히 성숙기 에 이른다. … 그것이 바로 여성이 죽을 때까지 아이로 남는 이유 다. … (Schopenhauer, 1851/1914, p. xxvii)

"천재성은 광기와 비슷하다." 20세기를 맞이하기 전에는 천재와 정신 이 상의 관련성은 과학적 사실로 정립되어 있었다. 그것은 이탈리아의 Lombroso(1888/1905), 영국의 Nisbet(1893), 미국의 Babcock(1895)에 의해 굳어졌다. Nisbet은 아리스토텔레스를 인용했고 다른 사람들은 플 라톤과 세네카를 인용했다. 하지만 Schlesinger(2009)는 '광기'는 그리 스어로 '영감과 깨달음을 의미하며 두려워할 것이 아니라 바람직한 상 태'라고 했다(p. 63). Lombroso(1888/1905)는 영재들은 작고, 수척하 고, 말을 더듬고, 절뚝거리고, 외모가 이상하고, 등이 굽은 사례가 흔하 다고 결론 내렸다. Nisbet(1893)은 천재성이 뇌와 신경계의 건강한 평 형을 어지럽힌다는 생리적 근거와 사례 연구들을 제공했다.

오늘날까지 문헌에서는 유명인들의 '비정상적인 뇌 발달'에 대한 논의 가 계속되고 있으며(예 : Mrazik & Dombrowski, 2010), 태아가 높은 수 준의 테스토스테론에 노출되면 범죄자가 될 수 있다고 했다. Babcock

(1895)은 천재성을 조기 사망, 범죄, 정신 이상 등의 열등한 유전적 자질을 물려받은 신호라고 생각했다. Nisbet(1893)은 자녀의 영재성에 대해 자녀에게 이야기하면 정신 이상을 전해줄 수 있다고 영재 부모들에게 경고했다. 이것은 오늘날 그런 논의를 하면 자녀가 자만심을 갖고(자신을 다른 사람보다 우수하다고 생각하는), 태만하고, 완벽주의가 된다고 생각하는 것과 비슷하다. '미친 천재'라는 말에는 아직까지 묘한 매력이 있기 때문에 의사, 사회복지사, 심리학자, 결혼 및 가족치료 전문가를 대상으로 미국의료교육기관(American Institute of Medical Education, AIMED)이 주최하는 '창의성과 광기' 회의가 큰 인기를 끌고 있다. 1982년 이후 AIMED는 이 주제를 가지고 세계적으로 120번의 회의를 개최했다. Schlesinger(2009)는 그것을 보상의 법칙의 항구적인 유산으로 본다.

> '미친 천재'는 천재들의 신비를 벗기고 더 쉽게 다가갈 수 있게 해주는 낭만적이고 강렬한 개념으로 수 세기 동안 문화적 아이콘으로 간직되어 왔다. … 미친 천재라는 개념은 또한 그들의 능력에 대한 부러움을 중화한다. 왜냐하면 만일 우리가 그들의 재능을 공유할 수 없다고 해도 적어도 우리는 그들이 가진 문제는 가지고 있지 않기 때문이다. (p. 62)

"보상의 법칙" '보상의 법칙'과 '천재성은 광기와 비슷하다'는 유사한 뜻을 가지고 있다. "위대한 재능은 큰 값을 필요로 한다는 원칙은 너무나 많은 사람들이 인정하기 때문에 그것의 타당성을 의심하려는 사람은 거의 없다"(Schlesinger, 2009, p. 62). 그것은 모든 타고난 재능에는 결함이 함께 있다는 것을 가정한다. 한 영역에서의 강점은 균형을 잡기 위해 다른 영역에서의 약점을 필요로 한다. 20세기에 들어서면서 사람들은 이 '보상의 법칙'을 중력의 법칙을 믿듯이 확고하게 믿었다.

> 거인이 불임과 상대적으로 약한 근육과 정신으로 큰 몸집에 대한 무거운 몸값을 지불하듯이, 큰 생각이라는 거인도 퇴화와 정신병으로 지적인 힘을 보상한다. 따라서 미친 사람들보다도 천재에게서 쇠퇴의 신호를 더 흔히 찾아볼 수 있다. (Lombroso, 1888/1905, p. 42)

Lombroso는 창의성과 기분장애 간에 뗄 수 없는 관련성이 있다고 주장하는 사람들에게는 여전히 신뢰성 있는 근거로 인용된다(예 : Andreasen, 1987). 우리는 평등성에 대한 믿음을 가지고 있는데 우리 눈으로 특별히 대단한 능력을 가지고 있는 사람들을 보게 되고, 이 두 가지를 어떻게 조화시킬 수가 없기 때문에 이런 신화가 탄생했을 것이다. 우리 마음속에서 그 영재들에게 어떤 핸디캡을 주면, 영재성은 바람직하지 않은 것이 되고 우리는 그 불평등성을 묵살할 수 있다.

연구에서는 무엇을 말하는가?   Terman(Terman & Oden, 1947)은 영재 아들이 비정상적이고, 신경과민이고, 아동기에 사망하기 쉽고, 어른이 되어서는 바보가 되거나 정신 이상이 되기 쉽다는 것으로 묘사하는 논문의 수가 증가하는 것을 발견하고 혼란스러웠다. 부모들은 아동이 지적 자극을 받지 않도록 하고 똑똑한 신호를 보이면 억제시키라는 주의를 받았다. 이런 배경 속에서 그는 이 폄하하는 신념을 세상에서 영원히 뿌리 뽑겠다는 희망을 가지고 1,528명의 영재에 대한 연구를 시작했다.

Terman의 연구 대상자들은 모두 키, 몸무게, 빠른 신체 발달, 체격, 일반적인 건강, 정서 안정성, 사회 적응, 도덕성, 그리고 학업 성취를 포함한 모든 영역에서 평균 이상의 수준이었다. 집단 내에서는 큰 차이가 있었지만 전체적인 연구 결과에서는 개인적 수행을 반영하지 않았다(Terman, 1925). 이 영재아들이 중년이 되었을 때 연구한 결과는 그들이 일반 사람들보다 정신질환, 자살, 이혼, 심리 기능 퇴화에 대해 덜 취약한 것으로 나타났다(Terman & Oden, 1947, 1959). 정신 능력은 중년 연령까지 증가하는 것으로 나타났고, 특히 성취 수준이 높은 남성들은 일찍 죽는 것이 아니라 건강하게 살고 있었다. "지적으로 조숙한 아이가 약하거나, 작거나, 신경이 불안정하다는 널리 퍼져 있는 생각을 지지하는 털끝만한 증거도 없었다"(Terman, 1925, p. 634). 영재에 대한 편견을 논파하기 위한 Terman의 원정군에 Cox(1926), Witty(1930), Hollingworth(1926), 그리고 많은 다른 연구자들이 참여했다.

천재성과 광기는 같다는 주장은 최근 문헌에서는 반복적으로 반박되었지만(예 : Rothenberg, 1990; Schlesinger, 2009), 설득력이 있다고 보는 사람들도 있다(예 : Panter, 2009; Simonton, 2009). Simonton (2009)은 '천재성'과 '광기' 간의 관계를 '이란성 쌍생아'(p. 121)로 묘사한다. Martin, Burns와 Schonlau(2010)는 거의 대부분의 영재의 정신 이상에 대한 문헌에서 일반 아동의 비교 집단이 포함되어 있지 않은 것을 발견하고 놀랐다. 그들은 영재 청소년과 일반 청소년 간의 양극성 장애나 ADHD 비율을 비교한 연구를 발견하지 못했다. 그들은 영재 프로그램에 등록한 아동과 통제 집단의 일반 아동을 비교한 9개의 연구를 메타분석한 결과 우울증이나 불안 혹은 자살성 사고의 차이가 없는 것을 발견했다.

아동 발달과 지능에 대한 최근 연구는 '보상의 법칙'을 철저하게 부정한다. 반대로, "보상이 아니라 상관이 발달에서의 법칙이다"(Lefrancois, 1981, p. 88). 발달에는 일반적으로 일정한 속도가 있으며, 하나의 정신 영역에서 높은 적성을 나타내는 사람은 모든 정신 능력도 높은 경향이 있다(Gottfredson, 2003; Lefrancois, 1981). 영재 연구에서 이 원리에 대한 많은 경험적인 증거가 있다. Nancy Robinson(1993)은 방대한 양의 연구들을 조사하고 "발달된 능력은 빠른 발달 속도를 유지하는 경향이 있다. 이것은 일찍 영재성을 보이거나 발달 속도가 빠른 것은 또한 그 이후의 발달 속도를 예측할 수 있다는 주장을 입증한다"(p. 511)고 결론 내렸다. 130명의 1세 아동들을 성인이 될 때까지 6개월마다 23회에 걸쳐서 추적한 풀러턴 종단 연구는 좋은 예가 되고 있다. "영재아와 일반아는 1.5세부터 유의미하게 차이가 나서 그 이후로 계속되었다"(A. W. Gottfried, A. E. Gottfried, Bathurst, & Guerin, 1994, p. 56).

> 영재 IQ 집단과 그 대응 집단 간의 유의미한 차이는 1.5세부터 지능의 감각운동 심리측정 검사에서 나타나기 시작했다. 두 집단 간의 차이는 연구가 계속되는 과정에서 그대로 유지되었다. … 실제로 8

세에 영재로 판정된 모든 아동은 유아기에 발달 지표 점수가 130 이상이었으며… 일찍 인지가 발달하고 그 속도가 빠른 것을 보여주었다. 부모들도 아동의 인지 발달 속도가 빠른 것을 관찰했다. (A. W. Gottfried, A. E. Gottfried, & Guerin, 2006, p. 441)

하지만 신화는 계속 살아남고 또한 새로운 신화를 탄생시키는 것으로 보인다.

새로운 신화

새로운 신화는 옛날 신화만큼 심리적인 해를 공공연하게 끼치지는 않지만, 영재성의 존재를 부정하고, 부모가 관심을 가지는 것을 부정하고, 아동들의 차이점을 무시하는 것을 합리화하고, 요구를 무시한다. 부모들은 그들의 영재아에 대한 사방에서 쏟아지는 잘못된 정보에 노출되어 있다 (Alsop, 1997). 교사, 의사, 친척, 이웃, 언론, 그리고 정신건강 전문가들이 부모들을 혼란스럽게 하는 부정적인 고정관념을 이야기하고 있다.

- "모든 아동은 영재다."
- "영재성은 실제가 아니다. 아이 주위를 맴도는 헬리콥터 부모들에 의한 조기 교육 아닌가?"
- "모든 부모는 자기 자녀가 영재라고 생각한다."
- "아이가 아직 읽지도 못한다면 그가 '보통'이라는 사실에 기뻐하라."
- "아이를 왜 검사받게 하고 싶은가? 검사는 아이로 하여금 자신이 다르다고 생각하게 만들 뿐이다."

- "영재아는 스스로 할 수 있으며 특별한 주의를 필요로 하지 않는다."
- "일찍 글을 읽는 것은 대단한 것이 아니다. 다른 모든 아이들이 3학 년이 될 때까지 따라잡을 것이다."
- "당신의 아이를 영재 프로그램에 넣지 마라. 영재 프로그램은 아이 에게 실세계에 대한 준비를 시키지 않는다."
- "월반은 아이의 사회성 발달을 해칠 것이다."
- "당신의 아이가 사회적으로 잘 적응하는 것을 원하지 않는가?"
- "그는 강해질 필요가 있다. 그는 너무 예민하다."
- "영재 프로그램은 엘리트주의적이다."

영재성에 대한 이런 틀에 박힌 태도는 개인차를 무시하고 모든 아동이 똑같다고 생각하는 것이다. 부모들은 그들 아동의 특별한 요구를 분명하 게 알아보기 위해 전문가에게 도움을 얻는 것이 중요하다. 영재아들과 어 른들은 대대로 '진실'이라고 전해지는 여러 가지 편견을 떨쳐 버리기 위 한 도움이 필요하다. 가장 대표적인 신화 몇 가지를 아래에서 논의한다.

"모든 아동은 영재다."

칼리의 어머니는 선생님에게 칼리(5세)가 3세 생일이 되기 전에 글 을 읽었다고 말해주었다. 그녀는 또한 칼리가 자기 수족관에 넣을 물고기를 선택하는 것과 같은 분석력과 공룡의 멸종에 대한 다양한 이론에 대한 이해력이 있다고 말했다. 칼리의 어머니는 그런 행동 은 매우 특이하다고 인정하는 교사의 표정을 보고 싶었지만 교사의 표정에는 전혀 반응이 없었다. 그래서 그녀는 "내 아이가 영재라고 생각하지 않으세요?"라고 물었다. 교사는 미소를 지으면서 "우리는 우리 학교의 모든 아동이 영재라고 생각합니다."라고 대답했다.

'모든 아동은 영재다'라는 말은 모든 아동이 같다는 의미를 내포하고 있으며 교육적으로 차별화해야 할 특별한 차이가 없다는 의미다. 이것은 모든 아이들이 특별하게 느끼도록 만들어 주고 싶어 하는 교사의 바람을 전달하기 위한 의도로 한 말이지만, 사실 그것은 무관심한 말이고 불쾌한 말이다. (Cole & DellaVecchia, 1993, p. 8)

영재의 부모가 살면서 받는 스트레스 중 하나는 무시당하는 것이다. 영재아가 걱정이 되어서 학교 교장을 찾아갔는데 거만한 목소리로 "우리 아이들은 모두 영재입니다."라는 말을 듣게 된다면 충격적일 것이다. 모든 아동이 특별하지만 모든 아동이 특수교육을 받을 자격이 있는 것은 아니다. 지적으로 평균보다 유의미하게 낮은 아동은 법적으로 특별한 지원을 받을 수 있다. 지적으로 평균보다 유의미하게 높은 아동도 마찬가지로 특별한 요구를 가지고 있다는 인정을 받을 필요가 있다.

부모들은 자녀를 '특별 대우'를 받도록 하려다가 비웃음을 사는 경우가 흔하고 교사들을 이런 부모들의 청원을 무시하라는 충고를 받는다 (예 : George, 1988, 1992). 영재들을 위한 지원이 성공을 위한 경주에 도움이 되는 것이 아니며, 그것은 배우는 방식이 다른 아이들을 위한 중요한 조절방법이다. 한때는 영재들의 요구를 충족시키는 것에 대한 저항이 "우리는 다중지능을 믿는다. 우리는 모든 아동의 타고난 재능을 개발한다."라는 다중지능의 언어로 표현되었다. 이런 환경에서는 차별화의 갈

길이 거의 보이지 않는다.

"모든 부모는 자기 자녀가 영재라고 생각한다." 이 진부한 표현은 부모를 그 자녀에 대한 합당한 정보원이 결코 못 된다는 의미로 사용되지만 그것은 진실이 아니다. 장애아의 부모에게는 이런 멸시하는 표현을 생각할 수 없을 것이다. 영재성은 우리 사회에서 부정적으로 인식하기 때문에 (Coleman, 2012) 부모들은 "나는 장애아가 있어."라는 말보다 "나는 영재아가 있어."라는 말을 더 적게 한다. '뽐내기' 하는 것처럼 보이는 것에는 너무 많은 위험이 따른다.

부모가 영재아를 정확하게 판단한다는 것은 여러 연구에서 밝혀졌다 (예 : Alsop, 1997; A. W. Gottfried et al., 1994; Louis & M. Lewis, 1992; N. Robinson, 2008b; M. Rogers, 1986; Silverman, Chitwood, & Waters, 1986). Martin Rogers(1986)는 영재아와 보통 아동의 발달 특성에 대한 비교 연구를 했다. 많은 부모들은 자녀의 초기 발달에 대한 상세한 기록을 했다.

> 모든 부모들이 자녀를 영재로 여긴다고 생각하는 것과 반대로, 이 연구는 보통 아동의 부모들이 그들 아동의 발달을 보는 것은 영재아 부모들과는 달랐다. 그밖에 영재아의 부모들은 그들 아동의 능력을 고평가하기보다 저평가하는 경향이 있었다. (M. Rogers & Silverman, 1988, p. 5).

유아기부터 영재아와 일반아의 발달에 대한 풀러턴 종단 연구에서도 같은 결과가 확인되었다(A. W. Gottfried et al., 1994). "부모들은 자녀의 능력을 정확하게 평가했고⋯ 일찍이 유아기부터 자녀의 발달 수준을 알고 있었다. 이것은 객관적인 발달 검사 자료와 일치하는 것으로 나타났다"(p. 83).

또 하나의 종단적 연구가 Dickinson(1956)에 의해 수행되었으며, 그는 영재 판정을 받은 아동 중 50%의 부모들만 그들의 자녀가 특별한 능력이 있다고 생각했다. 부모들은 아이의 영재성을 인식하지 못한 경우, 아이의 발달을 위한 기회를 제공하기 위한 노력을 하지 않았다. 몇 개의 종단적 연구가 Nancy Robinson과 그의 동료들에 의해 수행되었다. 그들의 연구 결과에 의하면 아동의 영재성에 대한 부모들의 생각은 정확하며, 표준화 검사 결과는 실제 행동과 상관이 있고, 어린 아동의 표준화 검사 결과는 미래의 수행을 예측한다.

> 이 연구 결과는 아동의 행동에 대한 부모의 기록이 정확하다는 것을 확인한다. 그것은 학교에서 그런 행동이 관찰되었든 관찰되지 않았든 관계없이 아동의 행동 발달이 앞서 있다고 생각하는 부모를 믿으라고 말해준다. 하지만 연구들은 또한 다른 면들도 지적하고 있다. 표준화 검사의 결과는 집에서의 아동의 진짜 실제적인 행동과 강한 상관이 있다는 것이 연구에 의해 확인되었다. 뿐만 아니라 위의 연구 모두 2~5년의 종단 연구였으며, 각 사례마다 모두 처음에 아동이 획득했던 점수가 시간이 흐른 미래를 잘 예측했다. (N. Robinson, 2008b, p. 168)

Feldhusen(1998)은 "사실 그들의 자녀가 영재라고 생각하고 아이에게 영재 이름을 붙여주고 싶어 하는 부모는 거의 없다"(p. 194)고 했다. 아이의 능력을 과대평가하고 있는데 나중에 바보가 되지 않을까 걱정이 되어서 부모들은 혹시나 영재일 가능성을 탐색하기 전부터 많은 양의 조숙성의 근거를 수집해야 한다고 생각한다(Seeley, 1998). Assouline, Foley Nicpon과 Huber(2006)는 "거의 대부분의 사례에서 아이의 능력에 대한 부모의 직감이 정확하고 그 아이의 교육적인 결정에서 고려할 가치가 있기 때문에 부모에게 귀를 기울이는 것은 필수적이다"(p. 22)라고 했다.

"당신은 모든 것에서 영재여야 한다." 초기 연구자들이 만연했던 신화를 깨뜨리기 위해 너무나 열성을 다하여 노력한 나머지 영재들을 슈퍼스타로 보는 의도하지 않았던 새로운 환상을 만들게 되었다(Clark, 1983; Whitmore, 1980). 교사들은 한 아동이 한 영역에 영재성이 있다면 그는 모든 영역에서도 영재성이 있어야 하며(Sankar-DeLeeuw, 2004; Webb, Gore, Amend, & DeVries, 2007), 행동도 완벽해야 한다고 믿기 시작했다. 이 신화를 믿는 교사들은 "너는 영재라면서 어떻게 복도에서 뛰어다닐 수 있니?", "왜 운동화 끈을 못 묶어?", "왜 모두 A학점을 못 받아?", "철자도 잘 모르는 학생을 어떻게 영재라고 말할 수 있어?"와 같은 말을 한다. 이것은 영재아들에게 모욕을 주고 그들의 지능을 부정하는 말이다. 이 신화는 이중 특수 아동을 확인하는 것을 어렵게 만들었다.

"영재아는 혼자 해낼 수 있다." 크림은 결국 위로 떠오르기 마련이라는 말을 재해석하자면 영재아들은 어떠한 특별한 지원도 필요로 하지 않는다는 것이다(Assouline et al., 2006). 연구에 의하면 영재들이 항상 혼자 해내는 것은 아니다. 영재들 중에서 학교를 중퇴하는 학생의 수가 1~5% 정도로 추정되며(Matthews, 2009; Renzulli & Park, 2000) 전국적으로 최소한 200,000명 정도 된다. 특수 영재와 극영재는 학교를 중퇴할 위험성이 더 높다(Gross, 2009). 우울증과 자살 생각은 영재들에게 드물게 나타나는 것이 아니다(Jackson & Peterson, 2003). 미성취도 영재들에게서 흔히 볼 수 있는 문제다(Rimm, 2008). 이중 특수 아동의 수는 증가하고 있다(Silverman, 2009b). 영재아들은 그들의 영재성이 발견되지 않고 육성되지 않으면 영재성은 사라지고 결국 재능을 잃어버리게 된다(J. Gallagher, 1979; M. Lewis & Louis, 1991).

"영재가 아닌 아이들도 결국 따라잡을 것이다." 많은 사람들은 아동기 초기에 발달이 빠르고 입학 전에 이미 글을 읽을 수 있어도 다른 아동들이 결국 '따라잡을' 것이라고 믿는다. 다시 말하지만 그 반대가 맞다. 적절하게 교육할 때 영재와 그 영재와 같은 연령의 일반아와의 간격은 나이가 들수록 더 커진다(Martinson, 1974; Silverman, 1998a). 영재아는 또래 일반아들과는 다른 발달 경로를 가지고 있다. 그들의 마음은 새로 나온 고성능 컴퓨터와 같아서 더 빠른 속도로 더 많은 양의 정보를 처리하고, 자료를 더 효율적으로 조직하고, 정보와 정보를 더 체계적으로 통합하고, 정보를 더 쉽게 인출한다. 새 컴퓨터가 오래된 성능이 낮은 컴퓨터만큼 성능이 있다는 것을 보여주는 유일한 방법은 그것이 가지고 있는 기능의 일부만을 사용하는 것이다.

교육과정의 목표는 모든 학생들에게 같은 것이 아니다. 어떤 학생은 성인이 되었을 때 예산에 맞는 생활을 할 수 있기 위해서 기본적인 수학을 충분히 숙달해야 하는 한편 또 다른 학생은 새로운 에너지원을 발견할 수 있는 고등 수학을 잘 이해할 필요가 있다. 만일 한 학생의 교육목표가 책을 읽는 것이고 다른 학생의 교육목표는 책을 쓰는 것이라면, 이 학생들 모두가 같은 수준의 수업을 할 필요가 없다. 이것은 빠른 학습자의 자연적인 속도를 방해하고 느린 학습자를 좌절하게 만든다.

"속진은 사회적으로 해롭다." 교육계는 속진 때문에 사회적 문제가 생길 수 있다는 이유로 속진에 대해서 심하게 반대한다(Geake & Gross, 2008; Jones & Southern, 1991). Wilson(1956)이 아웃사이더(*The Outsider*)에 잘 묘사된 '아웃사이더의 심리적인 불편함…'은 많은 교사들이 영재아들의 속진에 반대하는 가장 큰 이유로 '사회적 부적응'을 드는 것과 일관성이 있다(Geake Gross, 2008, p. 226). Sankar-DeLeeuw (2002)는 그녀의 연구에서 93%의 교사들이 사회성과 정서 발달을 염려하기 때문에 조기 입학에 반대한다고 보고했다. 최근의 한 조사 연구에서 학교 상담자들의 71%가 속진이 사회성과 정서 발달에 미치는 영향 때문에 속진을 추천하는 것을 조심스러워한다고 했다(Wood, Portman, Cigrand, & Colangelo, 2010).

실제로 같은 연령의 친구보다 구만리 앞서 있는 아이를 학업적 요구나 사회적 요구를 전혀 충족시키지 못하는 친구들과 같이 있게 가둬 두는 것은 사회성에 해롭다(Gross, 2009; Neihart, 2007; Wood et al., 2010).

발달이 너무 앞선 아동은 학우들이 꺼린다. 영재아들은 종종 더 나이 많은 친구를 가지고 있다. 그들은 그들의 정신연령과 비슷한 연령의 친구를 사귀기를 좋아하는 경향이 있다(Hollingworth, 1926). 영재들에게 더 나이 많은 아동과 함께 배울 수 있도록 하면 친구를 더 잘 사귀고 사회적 고립감이 줄어든다(Colangelo, Assouline, & Gross, 2004). "이전에 사회적 고립감을 경험한 사람들은 처음으로 월반한 후에 그것이 사라졌다고 말한다"(Gross, 2006, p. 416).

20세기 전반에는 영재아들을 그들보다 한두 살 더 나이 많은 아동들과 함께 공부하도록 하는 것이 일반적이었다. Terman(1925)은 학급에서 가장 나이 어린 아동이 교사가 확인해주는 아동보다 영재일 확률이 높다는 것을 발견했다. '속진'이라는 말은, 오늘날에는 '급진적 속진'이라고 할 수 있는, 3년 이상 앞설 때만 사용했다. 속진은 영재들의 요구를 수용하는 '가장 많이 기록되고, 지원을 받고, 비용 효율적인 방법'이었다(Wood et al., 2010, p. 169). 지난 80년 동안 속진의 효과에 대하여 상당히 많은 연구가 수행되었다(Boazman & Sayler, 2011; Colangelo et al., 2004; Gross, 2006; Lee, Olszewski-Kubilius, & Peternel, 2010; N. Robinson, 2004). 그 연구의 결과는 모두 학업적으로뿐만 아니라 사회적 발달을 위해서도 성공적인 방법으로 나타났다. 그밖에 그들은 더 야망적이고, 더 많이 대학원에 진학하고, 더 높은 성취를 하고, 더 도전적이고, 덜 지루해하는 경향이 있었다(Wood et al., 2010)(더 많은 정보는 http://www.nationdeceived.org/참조).

고려해야 하는 한 가지 중요한 기준은 그 아이가 속진하기를 원하느냐는 것이다. 학년을 뛰어넘기를 간절히 원하는 아동은 더 발달이 앞선 동료 집단을 필요로 한다. 사회적 적응의 어려움은 일반적으로 아동에게 월반할 선택권을 주지 않을 때 일어난다. 많은 연구들이 급진적인 속진 아동도 훌륭하게 사회적 적응을 하고 있다고 지적하는 반면(예 : Boazman & Sayler, 2011), 영재아들이 또래 일반아들과 같이 있을 때 사회적 적응을 더 잘한다는 것을 보여주는 연구 결과는 없다.

"영재아는 사회화를 필요로 한다."   영재아들은 사회 부적응자라는 신화는 Terman(1925)에 의해 깨졌다. 수많은 최근 연구는 Terman의 연구 결과를 확인했다.

> 사춘기 이전 아동에 대한 많은 연구들을 살펴보면… 영재아들이 더 믿을 수 있고, 정직하고, 사회성이 있고, 자신에 대한 자신감과 편안함이 있고, 예의 바르고, 협동적이고, 안정적이고, 유머가 있으면서도 또한 뽐내고, 비행을 저지르고, 공격적이거나 철회적이고, 오만한 경향도 적은 것으로 나타났다. (N. Robinson & Noble, 1991, p. 62)

대부분의 이 연구들이 수행된 환경에서는 특수 학급이나 속진과 같은 영재들을 위한 어떤 형태의 특별한 지원이 제공되었다는 것이 흥미롭다. 분명히 이런 지원은 사회적 발달에 해가 되지 않는다. 많은 아동들은 진정한 우정을 가질 수 있게 된 것이 이번이 처음이라고 말했다.

일반적으로 영재아들은 잘 적응한다. 하지만 친구를 사귀는 것은 아동의 능력이 평균에서 더 벗어날수록 더 어렵게 된다. IQ 160 이상인 아동은 표준에 조금 더 가까운 IQ 130인 아동보다 사귈 친구를 찾기가 더 어렵다. Hollingworth(1942)는 125~145 정도의 IQ를 가진 아동은 동년배와 어휘 및 관심사가 비슷한 경향이 있기 때문에 이 범위의 IQ를 리더십의 '최적' 수준으로 보았다. 최근 연구에서도 Hollingworth의 주장과 일관되게 영재 스펙트럼의 더 낮은 범위가 지능의 최적 수준이라는 결과가 나타났다(S. Shaywitz et al., 2001). 고도 영재, 특수 영재, 극영재 아동들이 실제로 사회성이 발달되어 있을 수 있지만, 그들은 동년배 일반 아동들과 공유할 수 있는 것이 거의 없다. 정신 능력 수준이 같고 흥미와 가치관을 공유할 수 있는 진정한 동료들과 함께하는 프로그램에 배치된다면, 그들은 친구를 쉽게 사귀고, 우정을 오래 유지하고, 지도자로 선출되고, 사회적 의식을 보여주고, 긍정적인 인간관을 갖게 될 것이다.

"특수 프로그램은 엘리트주의적이다." 가장 감정적인 격론을 불러일으키는 신화는 영재아들을 집단화하는 것은 엘리트주의적이라는 주장이다. 엘리트주의는 우리의 민주주의 기본 정신에 어긋난다. 하지만 영재 프로그램이 엘리트주의를 조장한다는 것을 뒷받침하는 연구는 없다(Marland, 1971/1972; Newland, 1976; Silverman, 1992). 그리고 이 프로그램들은 부유한 사람들에게만 유익한 것이 아니다(McCoach & Siegle, 2007). 비록 부유한 학교에 다니는 영재 학생들의 비율은 높겠지만, 가난한 사람들이 부자보다 훨씬 더 많기 때문에, 경제적 수준이 낮은 배경을 가지고 있는 영재아들의 수가 훨씬 더 많다(Zigler & Farber, 1985). 영재아는 '엘리트주의자'라는 이유로 영재에게 제공하는 지원을 하지 않는다면, 가난한 사람들이 가장 고통을 받게 된다. 부자들은 다른 선택을 할 수 있기 때문이다.

영재아를 다른 영재아들과 함께 배치하는 것보다 일반 동년배들과 배치하면 엘리트 의식이 더 생긴다. 12년 동안 계속해서 반에서 가장 똑똑하고, 책을 펴보지도 않고, 숙제를 집에 가져가서 하지 않고, 시험공부를 하지 않아도 전 과목 1등인 학생은 흔히 세상에서 자신이 제일 잘났다고 생각한다. 그들은 자신이 항상 1등할 것이라고 생각하며, 최고 자리를 두고 경쟁하는 것을 어려워한다. 그들은 정서적인 준비가 되지 않은 채 최고 대학에 가서야 자신이 가장 빛나는 하늘의 별이 아니라는 것을 발견한다. 이 학생들은 대학에서 좌절하고 자살을 시도할 위험성이 크다.

영재들을 학급에 함께 배치하면 그들은 자신이 '그 누구보다도 잘한다'라는 결론을 내리지 않는다. 대신에 자신보다 더 많은 것을 알고 있는 동료들을 발견함으로써 **겸손해진다.** Hollingworth(1930)는 "자신과 같은 많은 친구들을 매일 만나는 경험을 함으로써 자만심이 생기는 대신에 자만심을 고치게 된다"(p. 445)고 했다.

위에서 말한 것들은 영재들에 대한 지원과 관련한 수많은 신화 중 일부일 뿐이다. 이 신화들은 정확하지 않을 뿐만 아니라 파괴적이다. 그것들은 영재들을 이해하고, 인정하고, 학교 제도적으로 서비스를 받을 수 있도록 하는 것을 막고 있다. 어떤 것들은 영재아에게 모욕을 주고 어떤 것들은 소홀히 하기 위한 구실로 사용된다. 부모들의 의견을 신중히 받아들일 필요가 있다. 고맙게도 21세기 부모들은 인터넷을 통하여 서로 연결할 수가 있으며 그들이 당면하는 편견을 이해하는 다른 사람들로부터 현실적인 정보를 얻는다. 영재아들에게 건강한 방법으로 지원을 제공하기 위해서는, 정신 건강 분야 종사자들이 그들 자신의 편견, 언론의 편견, 사회에서 일반화된 오해에 대한 감시를 해야 한다.

영재성 101

4

극단에서의 삶

세상은 팔을 활짝 펴고 재능을 받아들일 준비가 항상 되어
있다.
하지만 천재를 어떻게 대해야 하는지 모를 때가 많다.
— Oliver Wendell Holmes

앞 장에서는 영재성을 둘러싼 신화를 논의하고 그것을 타파하기 위해 노력한 역사를 살펴보았다. 이 장에서는 영재성에 대한 이런 많은 연구와 새로운 연구를 바탕으로 빠른 지적 발달과 지연된 지적 발달 간의 유사점, 구성 원리로서의 영재성, 영재성의 여러 수준, 전 생애를 통해 나타나는 일반적인 특성, 빠른 발달을 가능한 한 일찍 발견해야 하는 이유 등을 살펴본다.

영재성을 연구한 선구적인 심리학자들은 양극단에서의 이례적인 발달에 관심이 있었다(예 : Binet, Stern, Goddard, Terman, Hollingworth). 그들은 발달 차이의 광범위한 심리적 시사점을 이해했다. 하지만 20세기에 걸어온 노란 벽돌 길은 이 분야를 점점 심리학에서 멀어지게 방향을 전환시켰다. 교육자들은 영재들의 발달에 꼭 필요한 심리학자들의 역할을 잊어버렸고, 심리학자들은 영재들을 포기했다. 21세기는 영재 교육을 영재 교육의 심리학적 뿌리와 다시 연결하는 것을 기대하게 한다. 심리학이 잃어버렸던 아이를 다시 찾아야 할 때가 되었다.

양극단의 유사점
영재성은 심리적 현실이다 — 정신장애의 진단 및 통계 편람(Diagnostic

and Statistical Manual of Mental Disorders, DSM-5)(American Psychiatric Association, 2013)에서 지적발달장애라고 하는 스펙트럼의 반대다. 지적발달장애는 DSM-IV에서 정신지체로 분류되던 것이 이름이 바뀐 것이다. DSM-5에 의하면 문화적으로 적절하고 심리측정학적으로 타당한 검사를 개별적으로 실시했을 때 또래들에 비해서 최소 2표준편차 이상 낮을 때(약 IQ 70 이하) 지적발달장애로 판정한다.

DSM-5에 의하면 또한 의사소통, 사회화, 독립심과 같은 적응적인 기능에 심각한 손상이 있어야 한다. 이 제한점들 때문에 일상적인 활동을 하기 위해 지속적인 지원이 필요하다. 지적발달장애는 생의 발달 시기에 시작된다.

DSM-5에서는 IQ 평균에서 2표준편차 이상 떨어져 있는 사람들의 심리적 차이를 강조한다. IQ의 개념과 IQ 검사에 대해 끊임없는 논쟁이 있지만(A. Kaufman, 2009), IQ는 지능 분포의 양극단에 있는 사람들을 인식하고, 이해하고, 지지하기 위한 기본적인 중요한 자료다. 평균에서 어느 방향이든 2표준편차를 벗어난 사람들은 이론적으로 모집단의 약 2.28%에 해당하며, 분포 곡선의 양극단을 합하면 약 5%를 차지한다. 증가하고 있는 인구 중에서 300만 명 이상의 미국인과 약 7,000만 명 이상의 세계 시민이 고도 영재 수준 이상(백분율 99.9)의 영재들이다. 그리고 고지능을 가진 사람들은 평균에 가까운 지능을 가진 사람들보다 정신 건강 서비스를 자발적으로 더 많이 찾는 것으로 보인다. 높은 방향이든 낮은 방향이든 평균에서 더 멀어질수록 심리적인 차이가 더 크고, 특별한 요구가 있는 집단과 효과적으로 일할 수 있는 특별한 훈련을 받은 전문가들을 더 많이 필요로 한다.

소외감은 양극단에서 모두 심각한 위험요소지만, 상위 극단의 사람들은 더 예민하기 때문에 소외감을 느끼는 정도도 더 강하다. 두 방향의 특수성 모두에 대한 선도적인 교재를 집필한 Hollingworth는 그들의 유사한 사회적 어려움들에 대해 설명했다. "어떤 방향이든 관계없이 평균에서 더 많이 벗어난 능력을 가지고 있을수록 이 세상에 그 사람과 비슷한 사람이 존재할 확률은 더 낮아진다"(Hollingworth, 1942, p. 5). 1940년 그녀는 심리적 소외는 평균보다 30점 이하에서는 다른 사람들이 부적절함을 느낄 때 일어나고, 평균보다 50점 이상에서는 그 자신이 부적절한 느낌을 경험할 때 일어나는 경향이 있다고 지적했다. 고도 영재의 사회적 적응에 대한 최근 연구는 Hollingworth의 초기 연구 결과를 확인했다(J. Cross, 2012; Dauber & Benbow, 1990; Gross, 2009; N. Robinson & Noble, 1991).

이 집단의 사회적 소외감은 정서장애라기보다 적절한 또래 집단의 부족에서 온다(Gross, 2009; Hebert, 2011). 다른 사람들의 인정을 받는 고도 영재아들도 진정한 또래가 없어서 고독감을 느낀다.

> "엄마, 모든 닭들이 나와 놀고 싶어 하는데 나는 오리인 것 같아. 다른 오리들은 모두 어디 있어? 나는 닭 게임을 얼마든지 할 수 있고 재미있기도 한데 그들은 내가 하고 싶어 하는 것을 몰라."라고 그는 말했다. 패트릭처럼 많은 고도 영재 아동들은 어울리기 위해 닭인 것같이 가장하고, 물 밖의 오리같이 느낀다. (Lovecky, 2011, p. 147)

지능이 매우 높은 아동들이 가장 큰 위험에 처해 있다(Hafenstein & Honeck, 2011). 개인의 IQ가 더 높을수록 정체성, 의미, 관계에 대한 고민을 더 많이 한다.

지적발달장애의 정의에는 의사소통, 사회적 적응, 학교나 직장에서의 기능, 독립심에 제한이 있는 심각한 적응의 어려움이 포함되어 있다. 이 어려움들은 결국 지속적인 지원이 필요하다.

적응의 어려움은 더 높은 영재성의 범위에서 더 분명하게 나타난다(J. Cross, 2012; Lovecky, 2011; S. Shaywitz et al., 2001). 의사소통의 실패는 어떤 사람의 어휘나 유머를 급우나 동료들이 이해하지 못할 때 일반적으로 일어난다. 고도 영재아들은 사람들이 기피하는 경우가 많고 따라서 그들의 사회적 참여가 제한된다. 교사가 가르치는 것을 틀렸다고 수정해주는 학생은 학교에서 성공하기 어려울 것이다. '지나치게 똑똑하다'는 인상을 주는 영재 성인은 직장을 구하기가 어려울 수 있을 것이다. 어떤 영재들은 학생의 역할이 편한 반면에 협상하는 능력이 없어서 사회생활을 두려워하여, 독립하지 못하고 더 오랜 기간 학교에 남는다.

초기 심리학자들은 영재들이 사회적 적응을 긍정적으로 하고 있다는 것을 증명하기 위한 많은 연구를 했지만, 특수 영재아들이 동년배 또래와의 대인관계 발달에서 경험하는 걸림돌을 무시할 수 없었다. Terman (1931)은 다음과 같이 말했다.

조숙성은 불가피하게 사회적 적응을 어렵게 한다. 여덟 살인데 정신적으로는 열두 살이나 열네 살인 아동은 불가해한 어려운 상황에 직면하게 된다. 정상적으로 적응하기 위해서 그런 아동은 균형이 특별히 잘 잡힌 성격을 가지고 있어야 하고 거의 사회적 천재라야 한다. IQ가 더 높을수록 그 문제는 더 심각하다. (p. 579)

IQ 160 이상은 사회적 적응이 위험하다. Hollingworth(1939)는 이 IQ 범위의 아동은 '사회적 접촉의 어려움을 대부분 극복할 수 없기 때문에'(p. 588) 다른 아동들과 거의 놀지 않는다고 했다. IQ 180 이상인 아동은 더 큰 걸림돌을 만난다. '매우 우수한 지능을 가진 아동의 특별한 사회 적응 문제'에서 Hollingworth(1931)는 이런 아동들 중 1/6만 다른 아동들과 좋은 관계를 맺는다고 보고했다. 나머지 5/6는 "항상 게임에서 어떤 희귀하고 엄격하게 목적을 찾아가는 복잡한 규칙을 만들기를 좋아하기 때문에 동년배 친구들에게 인기가 없었다"(p. 7)고 보고했다.

Wasserman(2007)은 어떤 특수 영재아들은 '사회적 역량' 뿐만 아니라 '기능적인 생활 기술'에서도 어려움이 있다고 지적했다(p. 61). 이 이슈는 성인기까지 지속될 수 있다. 자기 생각에 너무 몰두한 나머지 목욕, 양치질, 그리고 화장실 물 내리는 것을 잊어버리거나, 다른 사람들의 기분은 생각하지 않고 자기 말만 옳다고 주장하거나, 급한 성격을 폭발하고, 저녁 식사에 초대한 손님들을 집에 남겨두고 말도 없이 나가거나, 사람들이 관심이 없어 하는데도 생각 없이 자기 말만 하는 똑똑한 성인들에 대한 이야기들이 있다.

'발달 초기에 시작된다' 라는 말은 또한 양극단의 스펙트럼에 적용된다. 양 방향에서 발달 차이는 18개월'이 될 때까지 분명하게 나타나며(A.

W. Gottfried, A. E. Gottfried, Bathurst, & Guerin, 1994) 전 생애에 걸쳐 꽤 안정적이다. 풀러틴 종단 연구에서 1세에 반응적 언어 능력에서 최초의 영재성 지표가 나타났다(A. W. Gottfried, A. E. Gottfried, & Guerin, 2006). 다른 연구들은 영재아가 태어난 지 1년 이내에 부모들이 빠른 발달을 관찰한다고 보고했다(Alomar, 2003; Gogel, McCumsey, & Hewett, 1985; Kaufmann & Sexton, 1983; Louis & M. Lewis, 1992).

아동의 발달 수준이 더 극단으로 이동할수록 부모 교육과 상담의 중요성이 더 증가한다. 평균보다 표준편차가 2, 3, 4점 혹은 그 이상 더 높거나 낮은 능력을 가진 아동들은 가족생활과 부모 기대에 대한 적응을 필요로 한다. "고도 영재아 양육이 힘든 경험이라는 것을 부모들의 응답에서 알 수 있다"(S. Shaywitz, 2001, p. 20).

> 이 생활은 내가 기대한 것이 아니다. … 강렬함, 만족할 줄 모르는 호기심, 고집, 민감성, 비동시성, 감각적 문제, 과흥분성, 사사건건 질문하기, 몸이 피곤할 정도로 요구하는 것이 많고… 그밖에 집 밖에서 따라다니면서 돌봐야 하는 일들이 너무도 많다. (J. Merrill, 2012, p. 43)

자식이 재능이 있다는 것을 알게 되면(예 : "America's Got Talent!") 부모들은 기뻐하지만, 영재아 부모들은 일반적으로 불안을 경험한다. 대부분의 특수 영재아 부모들은 검사 결과에 대해 '당황스러움'을 느낀다고 보고한다(Silverman & Kearney, 1989).

어떤 특별한 것을 배우듯이 부모들은 적응기를 거친다. 그들은 자녀가 정규 교실에서 편안하게 보살핌을 받을 수 있는 '정상적인' 아이라고 생각했던 환상이 깨지는 것을 애도한다(Meckstroth, 1991, p. 98). 부모들은 종종 자녀가 필요로 하는 것을 충족시킬 수 있는 적절한 준비가 되어 있지 않다고 느끼고 정보도 부족하다. 그들은 '뭔가 그들에게 더 해주어야 할 것 같고, 자신들이 감당할 수 있을까' 걱정을 한다. "그들 자녀가 뛰어난 능력이 있는 것으로 판정을 받았기 때문에, 부모의 역할이 이제는 더 진지해야 한다고 느낀다"(Meckstroth, 1991, p. 98).

> 고도 영재아의 양육은 모든 것이 더 어렵게 보인다. 너무 복잡하고 아이를 위해 충분히 잘하지 못하고 있다는 두려움이 항상 있다. 나는 아이에게 학교에 잘 다녀오라는 키스만 하고 학교에 보낼 수가 없다. 나는 아이의 요구가 최대한 충족되는지 살피기 위해 모든 면에 관여해야 한다.

이 정보가 우리 가족에게 어떤 영향을 미칠까? 나머지 형제자매들에게는 어떤 영향을 미칠까? 우리 아이들에게 뭐라고 설명해야 하나? 친척들에게는 이것을 어떻게 설명할 것인가? 우리 아이의 선생님에게는 어떻게 설명할 것인가? 학교 문제는 어떻게 해야 하는가? 특별 프로그램에 대한 추가적인 경제적 부담을 어떻게 해결할 것인가?

> 어머니들은 울고 아버지들은 검사 결과의 타당성을 의심하는 경우가 많다. 모든 부모들은 이런 아이들에 대한 감당하기 어려운 책임감을 느끼며, 그들의 요구를 충족시키는 일에 대하여 불편함을 느

끼는 부모들도 있다. … 보통 경제적 부담이 가장 큰 걱정이다.

어떤 부모들은 곧바로 문제를 해결하려는 반응을 보인다. … 어떤 부모들은 그 결과에 대해 당황스러워한다. 검사를받도록 아이들을 데리고 오는 대부분의 부모들은 집 가까이에 있는 학교에서 자녀의 요구를 충족시킬 수 있는 서비스를 제공받을 수 있기를 기대하는데, 천문학적인 검사 점수가 나오면 그 가족의 모든 계획을 뒤엎을 수 있다. 한 어머니는 이 상황을 너무 걱정한 나머지 궤양에 걸렸다.

특별한 요구를 가지고 있는 아이가 있다는 정보를 받아들이기 위해서는 적응 기간이 필요하다(Dirks, 1979). 어떤 가족에게는 그 아동의 자극에 대한 더 큰 요구, 나머지 가족 구성원들의 요구, 그리고 경제적 문제를 균형적으로 해결하기 위하여 길고 지루한 적응 기간이 필요할 수 있다. (Silverman & Kearney, 1989, pp. 48-49).

능력과 요구에 대한 자료를 구하고, 부모들에게 자녀의 발달 차이를 이해하도록 돕고, 어디에서 필요한 것들을 찾을 수 있는지 알려주고, 서비스를 받기 위한 복잡한 행정적 문제를 처리할 수 있도록 안내하고, 학교에서 효과적인 의사소통을 할 수 있도록 돕고, 가족 역동성에 잘 대처하도록 도와줄 수 있는 심리학자들의 지원이 필요하다. 부모들은 자녀들뿐만 아니라 자신들을 돌봐주고 부모의 어려움을 이해해주는 상담자를 필요로 한다. "그는 우선 아이라는 것을 기억하라."는 조언을 들을 필요가 없다.

심리학자가 좋은 의도를 가지고 "영재성은 특별하다는 것을 인정합
시다."라고 말하는 것을 많은 부모들이 들었다. 아이의 키를 모르고
서 바지를 살 수는 없는 것과 마찬가지로 영재성을 가진다는 것에
는 어려움이 따른다는 것을 부정할 수 없다. (Amend & Beljan,
2009, pp. 133-134)

영재아 부모는 자녀에게 "놀기만 해."라고 가르치라는 충고를 받아서는
안 된다. 대신에, 다른 특수 아동의 부모들과 마찬가지로, 자녀의 요구를
충족시키기 위해 교사들과 함께 효과적으로 대처할 수 있는 협상 도구를
갖추어야 한다.

양극단에 있는 아동들을 위하여 특수성의 정도를 확인하고, 장점과 단
점을 기록하고, 개인적인 교육에 대한 계획을 하고, 가정과 학교에 필요
한 권고를 하고, 계획대로 실시되는 것을 감시하고, 가족을 지도하고, 학
교에서 학생을 옹호하고, 특수한 적응 기술과 사회적 기술을 가르치기 위
해 심리학자와 상담자들이 필요하다. 스펙트럼의 낮은 끝 쪽에 있는 아동
이 적응하기 위한 어려움에 대처할 수 있도록 하기 위하여 그 아동과 부
모를 위한 특별한 도움이 지원되고 있다. 상위 극단에 있는 아동들의 고
독과 소외를 예방하기 위해서도 그 아동과 부모를 위한 지원이 필요하다.
양극단에 있는 성인들에게도 사회의 아웃사이더로서 직면하는 특수한
문제들에 대처하기 위한 심리적 서비스가 지속적으로 필요하다.

양극단이 가지고 있는 공통점은 기금 및 법적 권리 문제와 관련해서는
달라진다. 게다가 심리학 분야는 평균보다 유의미하게 아래에 있는 사람
들에게 훨씬 많은 관심을 가져 왔다. "지적 연속체의 낮은 극단에 아낌없

이 모아졌던 관심은 여전히 계속되고 있다. 척도의 반대편 극단에 있는 지적 영재성의 신비함을 풀기 위해서는 여전히 그만한 노력을 기울이지 않고 있다"(Zigler & Farber, 1985, p. 388).

구성 원리로서의 영재성

영재성을 알기 위해서는 지적 스펙트럼의 반대편 극단을 우리가 어떻게 보고 있는지 자세히 살펴보면 많은 지혜를 얻을 수 있다(Zigler & Farber, 1985). **지적발달장애**는 비정형적인 특성을 가지고 있는 독특한 발달 경로를 의미하는 한 가지 구성 원리이다. DSM-IV는 "만일 정신지체가… 있다면, 일반적으로 이 문제와 관련이 있는 어려움들이 **훨씬 많다**"(American Psychiatric Association, 1994, p. 58, 강조해서 '훨씬'을 덧붙였다)[1]고 하였다. 영재아들에 대해서도 이와 같은 주의점을 고려해야 한다(Amend & Beljan, 2009). 만약 영재성을 구성 원리로 이해한다면, 영재의 행동을 보통 범위 내에 있는 사람들과 비교해서 '괴짜'로 생각하지 않고 비슷한 능력을 가지고 있는 사람들과 비교하는 조건에서 인식할 것이다. "그렇게 창피스럽던 이 특성들이 영재들에게는 보통이라는 것을 알게 되고 매우 씁쓸할 것이다"(Wallach, 1995, p. 37).

학교심리학자들은 이 집단을 확인하는 중심적인 역할을 했던 것을 다시 회복해야 한다고 강력하게 주장할 것이다. 지금까지 이 확인 과정에서 그들의 역할이 서서히 사라지는 것에 대해 사실상 침묵해 왔다. 평균보다 2표준편차 아래(IQ 70 이하)인 아동들은 연방정부와 주정부의 법에 따라 보호를 받았다. 그들은 자격이 있거나 검증된 전문가가 실시하는 '표준화된, 문화적으로 편파적이지 않은, 심리측정학적으로 타당한 검사를 개인적으로' 받아야만 한다(American Psychiatric Association, 2013). 상위 2%는 IQ 점수가 평균에서 대략 2표준편차 아래인 집단의 분포에 해당한다. 백분위 점수 98%, 99%, 혹은 99.9%에 해당하는 학생들도 정통한 전문가에 의한 사정을 받도록 해야 한다.

사람들이 심각한 지적장애를 크게 극복하지 못하듯이 영재도 영재성을 벗고 '자라지' 않는다. 이 집단이 유아기에 경험했던 이슈들은 성인기에 새롭게 변형될 뿐이다. 적응은 여전히 문제다. 어휘력의 앞선 발달은 여전히 의사소통에 방해가 된다. 권위에 대처하는 어려움은 감소하기보다 증가한다. 어떤 영재 성인들은 다른 사람의 기분을 다치게 하지 않기 위해 '선의의 거짓말'을 할 줄도 모른다. 의도적으로 진실을 왜곡하려는 것보다 논리적인 일관성을 유지하려는 그들의 욕구가 더 강하다.

영재들의 일반적인 특성인 내향성, 완벽주의, 민감성, 복잡성, 정서적 강렬함, 직관, 불의에 대한 분노, 권위에 대한 불편함은 정상적이라고 보게 될 것이다. 영재에 대한 잘못된 진단은 일반적이다(Amend & Beljan, 2009). "영재성이 부인되거나 무시되면 영재는 영재성을 포함시켜서 자신이 누구인지 이해할 수가 없다"(Amend & Peters, 2012, p. 594). 아마도 영재의 특성 중 가장 많은 오해를 받는 것이 완벽주의일 것이다. 완벽주의는 많은 장애의 용의자로 보이기 때문에 심리치료사는 그것을 치료하려고 한다. 그러나 영재아들에게 완벽주의는 자기실현 욕구와 연결되어 있다(Maslow, 1971)(이 주제에 대해서는 5장 참조).

영재들이 가지고 있는 우울도 또한 다르게 볼 수 있으며 해결방법도 의

학적인 도움에만 갇혀서 생각하지 말고 찾아야 한다. 예를 들어 매우 창의적인 사람이 에너지를 다 쏟아서 창의적인 작업을 마친 직후에 경험하는 전형적인 허탈감을 묘사하기 위하여 '산후 우울증'이라는 용어가 사용된다(Gowan, 1980). 그것은 심신을 휴식한 후에 또 다른 힘든 프로젝트를 맡음으로 해서 흔히 해결될 수 있다. 10대 영재들은 불공평함으로 가득한 세상에서 그들이 개선할 수 있는 것이 없다고 느낄 때 종종 우울하게 된다. 이것을 내인성 우울증과 혼동해서는 안 된다. 영재들의 이런 우울증에는 약물치료보다 사회적 활동을 위한 아동 지침(The Kid's Guide to Social Action, B. Lewis, 1998)과 같은 책이 더 효과가 있을 수 있다.

Schechtman과 Silektor(2012)는 "고독은 영재아들과 관련한 가장 공통적인 특성들 중 하나"(p. 63)라고 했다. 그들은 영재 프로그램에 등록한 이스라엘 영재아들을 일반 학생들과 비교했으나 고독 척도에서 점수차가 없었다. 그 연구의 시사점 중 하나는 고독과 소외에 대한 치료법은 관계를 맺을 수 있는 진정한 또래를 발견하는 것이다. 학교심리학자나 상담자들은 영재들이 친구를 찾는 것을 도와줄 수 있다.

영재 특성들이 흔히 잘못 판단되기도 하고 영재의 심리적 장애가 발견되지 못하는 경우도 있다(Amend & Peters, 2012). 잘 알려져 있지 않지만, 판단을 잘못하는 것보다 판단을 놓칠 때 위험이 더 크다. 높은 수준의 지능은 장애를 감출 수 있으며, 영재들은 종종 해석하기 힘든 비정형적인 모습을 나타낸다. 양극성 장애를 가지고 있는 어떤 고도 영재 성인은 조증이 있는데도 불구하고 울증만 느낄 수 있다. 조증 단계는 에너지가 넘치고, 열정적이고, 창의성이 높고, 새로운 프로젝트에 도전하고, 잠을 적게 자는 기간으로 보인다. 하지만 우울 단계가 오면 프로젝트를 진척시킬 수가 없고 무기력에 빠진다. 미성취가 전형적이다. 이 사이클을 깨고 주요 조증 에피소드를 예방하기 위해서는 약물치료가 필요할 수 있다. 매우 창의적인 사람들은 종종 감정의 기복을 경험한다. 만일 사이클이 눈에 띄게 나타나거나 자살 사고를 할 경우에는 반드시 조울증 치료를 해야 한다.

주의력결핍장애는 영재들에게서 과도하게 진단되는 것으로 생각되지만(예 : Probst & Piechowski, 2012) 또한 놓칠 수 있다. 영재들에게는 ADHD의 전형적인 증상인 미성취가 나타나지 않을 수 있다. 주의력결핍과잉행동장애(ADHD)를 가지고 있다고 해도 영재들은 흥미를 가지고 있는 것에 대해서는 믿을 수 없을 만큼 오랫동안 집중할 수 있다. "그밖에, ADHD 진단을 받은 사람들은 특히 심리적 통제를 거의 필요로 하지 않고 즉각적인 피드백을 제공하는 활동에 과한 집중을 하는 경향을 보인다"(Mika, 2006, p. 239).

ADHD를 가지고 있는 영재아는 무언가 열중해서 하지 않을 때에만 주의력결핍 문제를 경험한다. 영재성의 특성과 ADHD의 특성이 중복되는가 아니면 오진일 가능성이 있는가에 대한 끊임없는 '양자택일의' 논쟁은 이중진단으로 더 크게 생각하면 해결될 수 있을 것이다. 진단을 할 경우에는 영재성과 다양한 장애 간의 상호작용 효과를 이해할 수 있는 영재성의 특성에 대한 기초지식이 필요하다. 영재성을 고려하지 않고 영재에게 나타나는 증상만으로 어떤 장애를 치료하려고 한다면 그 치료는 종종 비효과적이다(Amend & Peters, 2012). 하지만, 한 개인의 영재성에 초점을 맞추면 어느 정도 효과가 있기는 하나, 두 가지 문제를 동시에 가지고 있는 경우에는 두 가지 모두에 초점을 맞추는 것이 더 효과가 있다 (Mika, 2006).

발달장애를 보는 방식대로 영재성을 구성 원리로 본다면 전문가들이 쉽게 장애 증상과 영재성의 발현을 구분해서 볼 수 있을 것이다. 최근에는 학교심리학자와 심리치료사들이 이런 복잡한 변인들의 관계를 이해할 수 있는 영재아들의 특성에 대한 훈련을 받지 않는다(Amend & Beljan, 2009). "영재에 대한 지식이 제한되거나 없는 선의의 전문가들이 영재아들 사이에서는 '전형적인' 행동을 볼 수 있는 프레임워크를 가지고 있지 않기 때문에 영재의 행동에 대한 잘못된 해석을 한다"(Amend & Peters, 2012, p. 586). 영재들은 그들의 전형적인 반응이 성격 결함으로 보일 때 말할 수 없는 상처를 입는다. 그밖에, 높은 지능에 의해 가려진 심각한 장애가 인식되지 않고 처치를 받지 못할 때 생명을 잃을 수도 있다. 영재들은 사회의 규범이 아니라 그들 집단의 규범에 따라 비교되어야 한다. 이 중요한 사항이 DSM-5에서 언급될 것으로 생각되지는 않는다. 하지만 영재들과 함께 일하는 훌륭한 지식을 갖춘 학교심리학자와 심리치료사들은 '이 증상은 영재 집단에서 볼 수 있는 전형적인 특성에 비교할 때 심한 것인가?'라고 질문할 수 있을 것이다.

영재성의 수준

영재가 될 수 있는 방법에 대한 글들은 많지만, 영재성의 여러 수준에 대해서는 거의 관심을 가지지 않았다. 몇몇 교육청에서는 아동들을 영재 집단과 비영재 집단으로 나누고 영재 집단의 아동들을 모두 비슷한 것으로 취급한다(Gross, 2009). 영재성은 그 수준에 따라 다르다. 영재성의 수준을 고려하는 것은 장애의 수준을 고려하는 것만큼 중요하다. "IQ 상위 1%에 해당하는 IQ 135에서 IQ 200 이상의 범위는 2% 점수에서 98% 점수의 범위만큼이나 넓다"(Gross, 2009, p. 338). 영재성의 한계와 지적장애의 한계에 대해서는 논쟁의 여지가 있지만, 가장 극단에서 더 큰 차이가 있는 것은 분명하다. 완전하게 숨어 있지 않는 한, 4세 이전에 책을 읽는 아이와 4세가 될 때까지 의사소통을 하지 못하는 아이는 쉽게 주목을 받는다.

그 논쟁의 핵심은 어느 지점에 특수성을 인정하는 선을 그을 것인지다. 가벼운 지적장애 프로그램에 소수 인종 아동과 다중언어 아동이 많은 것은 지속적인 관심거리다. 영재 프로그램에는 문화적으로 다양한 집단, 영어가 제2언어인 아동과 사회경제적 지위가 낮은 아동이 적은 문제도 또한 관심을 받고 있다(예 : Esquierdo & Arreguín-Anderson, 2012; Ford, Moore, & Scott, 2011; Latz & Adams, 2011).

영재 프로그램을 위한 선발 기준을 확장해도 집단의 대표성이 눈에 띌 만큼 개선되지 않았다. '영재'를 '재능'으로 바꾸고 상위 5%를 상위 10%로 선발 기준을 바꾸어도 그 분포가 마법같이 변할 것 같지는 않다. 영재 분류 기준이 1%에서 2%, 그리고 3%, 다시 5%로 확대되었지만 인종, 언어, 사회경제적 지위에 따른 불공평한 분포는 여전하다(Matthews & Kirsch, 2011). "소수 집단 학생들에 대한 배치비율이 높은 주에서는 백인 학생들의 배치비율도 높은 것으로 나타났다"(National Research

Council, 2002). 모든 비율이 임의적이다. 학교에서 수행이 하위 10%인 학생들을 '지적발달장애'를 가지고 있다고 한다면 그것은 터무니없는 사건일 것이다.

지적장애에 여러 수준이 있는 것은 널리 알려져 있다. 지적장애의 다양한 수준에 따라 용어를 정하면 그 용어들이 빠른 속도로 경멸적인 의미로 변해 버리기 때문에 계속해서 새로운 용어를 정해야 했다. DSM-IV (American Psychiatric Association, 1994)는 정도에 따라 **경도, 중도, 고도, 심도**로 대략 평균에서 벗어난 표준편차 점수에 따라 구분했다.[1] 표준편차 점수는 지적 기능과 적응 기능에서의 수준 차이를 나타내며 편차 점수가 클수록 지원의 기간과 방법이 더 강화되어야 한다.

여러 수준의 지적 능력을 말해주는 일관성 있는 용어 체계가 없다. 수십 년간, IQ와 성취 검사 매뉴얼에서는 120~129를 '우수$_{superior}$', IQ 130 이상(평균보다 2표준편차 이상)에 '매우 우수$_{very\ superior}$'라는 용어를 사용했다. 이 용어들에는 부정적인 뜻이 내포되어 있고 또한 논리적 결론은 반대 스펙트럼에 있는 아동을 '열등$_{inferior}$'(Dai, 2009)하다고 보게 되지만 여전히 그대로 사용되었다. 하지만 1999년에 스탠퍼드-비네 지능 척도 5판(SB5)의 프로젝트 책임을 맡으면서 John Wasserman은 20명 이상의 영재 교육 분야 전문가들로 구성된 국제 협의회에 영재성의 여러 수준에 대한 용어 체계를 정해 달라고 요청했다. 1년을 숙고한 후에 기술하는 용어들이 만들어졌다(Wasserman, 2003, 2007). 표 4.1은 영재성의 여러 수준에 따른 심리측정적 명칭, IQ 점수 범위, 평균에서의 표준편차를 보여준다. 이 명칭들이 새 IQ 검사 매뉴얼에 전문용어로 표준화되어

표 4.1 지적 영재성의 수준

기술하는 용어	점수 범위	정상분포곡선 점수 범위
극영재(profoundly gifted)	175 이상	+5 SD 이상
특수 영재(exceptionally gifted)	160~174	+4~4.99 SD
고도 영재(highly gifted)	145~159	+3~3.99 SD
영재(gifted)	130~144	+2~2.99 SD
우수(advanced, superior)	120~129	+1.33~1.99 SD
고평균(high average)	110~119	+0.67~1.32 SD
평균(average)	90~109	−0.67~0.66 SD

주 : SD는 표준편차이다. 기술하는 용어와 그에 해당하는 범위는 검사에 따라 다르다. 이 표는 규준 평
균이 100이고 표준편차가 15인 검사를 기준으로 했다.

출처 : Wasserman(2007, p. 60).

사용된다면 도움이 될 것이다.

　일관성이 없는 전문용어는 심각한 문제다. '극영재'라는 용어가 최소
IQ 180, 혹은 175, 160, 145 이상에 마음대로 사용될 수 있기 때문이다.
극영재와 특수 영재 아동의 사고 과정은 보통 수준의 영재 아동의 사고
과정과 매우 다르다(Gross, 2009; Lovecky, 1994).

> 극영재와 특수 영재의 놀라운 특성은 두 세트의 정보를 동시에 병
> 렬적으로 처리하는 능력을 말하는 '이중 처리' 능력이다. … 이 처
> 리 방식을 선호하고 잘하는 것은 IQ 175 이상의 아동에게서 유의미
> 하게 더 많이 나타난다. (Gross, 2009, p. 339)

나는 IQ 237 이상인 9세 소년을 검사했다. 그는 비상한 수학적 마인드를
가지고 있었다. 나를 만나자마자 그는 내가 몇 살인지 그리고 가장 IQ가

높은 사람은 몇 점을 받았는지 물었다. 그의 어머니는 그의 유치원 시절에 다른 아이들과 잘 놀면 대학교 물리학 교재 중 한 장을 읽어주는 것으로 보상했다. 수학 문제를 어떻게 푸는지 물어보았더니 그는 두 가지 수학적 조작을 동시에 할 수 있고, 잘되는 날에는 세 가지를 동시에 할 수 있다고 대답했다. 그의 마음은 IQ 145인 아동의 마음과는 상당히 다르다.

영재 집단을 대상으로 하는 연구에서 표본은 거의 대부분 영재 프로그램에 배치된 사람으로 한정된다. 영재 프로그램의 선발 기준으로는 IQ 115~140, 혹은 지능을 무시하고 대신에 성취검사, 포트폴리오, 체크리스트, 학점, 혹은 추천서 등을 사용하고 있다. 따라서 한 연구에서의 영재 집단은 다른 연구에서의 영재 집단과 비슷한 점이 거의 없기 때문에 결과적으로 갈등적인 연구 결과와 혼란스러운 해석이 생기게 된다.

> 영재에 대한 정의, 그 정의들을 해석하는 방법, 그렇게 정의된 기준에 따라 영재를 확인하는 방법 등의 일관성이 없기 때문에 연구된 영재 모집단 간에 상당한 이질성이 나타나게 되고 결과적으로 연구 결과를 일반화하기가 어렵고 연구 결과가 반복적으로 나타나지 않는 어려움이 있다. (Martin, Burns, & Schonlau, 2010, p. 33)

최근까지만 해도 고도 영재, 특수 영재, 극영재를 구분하는 용어에 대한 필요성을 느끼지 못했다. 지난 50년 동안 고도 영재 이상의 영재성을 측정할 수 없었기 때문에 고도 영재 수준 이상의 영재성을 구분하는 것이 불가능했다. 결과적으로 특수 영재아와 극영재아가 결코 확인되지 않았다.

Wasserman은 검사 도구 산업이 더 높은 수준의 영재들을 확인할 수 있는 방법을 개발하도록 하는 장을 마련했다. 최고로 높은 수준의 영재성을 나타내기 위한 일관된 전문용어를 만들기 위해 포럼을 조성하는 것 외에도, Wasserman은 매우 높은 수준의 영재아들을 검사하는 사람들을 소집하여 IQ 검사에서 그들이 필요로 하는 것이 무엇인지 물어보고, 특수 영재아와 극영재아에 대한 스텐퍼드-비네 척도 5(SB5)의 방대한 타당화 연구를 수행하도록 하고, 2000년 7월에는 IQ 검사의 최고 점수를 올릴 필요성을 논의하기 위해 검사 개발자들과 영재 평가 단체의 핵심 구성원들로 이루어진 '영재 정상회담(Gifted Summit)'을 조직했다(Silverman, 2007). 그 결과 Richard Woodcock은 Woodcock-Johnson 검사 점수의 범위를 200 이상으로 확대했으며, SB5의 최고점을 225점으로 올리면서 확장된 규준을 만들었다(Roid, 2003).

2007년 국립영재협회의 지원을 받아 전국적으로 실시된 334명의 영재아들에 대한 연구 자료가 피어슨 평가 연구소(Pearson Assessments)에 제출되었다. J. J. Zhu는 이 데이터베이스를 사용하여 웩슬러 아동용 지능 척도 4판(WISC-IV)을 위한 확대된 규준을 만들었다(Zhu, Cayton, Weiss, & Gabel, 2008). 하위검사 척도의 최고 점수는 19점에서 28점으로 높아졌다. 최대 인덱스와 총 척도 점수는 160점에서 210점으로 높아졌다. 새로 나온 규준이 2008년 2월 7일 피어슨 웹사이트의 *WISC-IV Technical Report #7*(http://pearsonassess.com/NR/rdonlyres/C1C 19227-BC79-46D9-B43C-8E4A114F7E1F/0/WISCIV_TechReport_7.pdf)

에 올려졌다.

최근에 피어슨 평가 연구소는 웩슬러 유치원 및 초등학교 학생 지능 척도 4판(Wechsler Preschool and Primary Scale of Intelligence, WPPSI-IV)의 규준을 확대하기 위해 고도 영재아에 대한 타당성 연구를 수행하고 있다. 이 새로운 검사 도구의 개발은 더 높은 범위의 지능을 나타내는 일관된 명칭을 필요로 한다.

영재성의 더 높고 낮은 수준에 따라 발달적 욕구에 있어서 커다란 차이가 있다. "고도 영재의 행동 특성 중에는 학습장애아에게서 볼 수 있는 것들과 비슷한 것들이 있다"(S. Shaywitz et al., 2001, p. 21). 특수 영재아들이 영재 집단 중에서 가장 위험성이 높다(Gross, 2009; Hafenstein & Honeck, 2011; Rimm, Gilman, & Silverman, 2008). 인정을 받지 않으면 이 아동들은 우울, 고독, ADHD로 오진, 자살 사고 등의 위험에 처한다(Silverman, Cayton, & Raiford, 2008). 그들은 주의력이 부족하고 무기력해 보이는 경우가 많다. 이미 숙달한 내용을 학교에서 반복적으로 시키면, 그들은 자주 미성취 패턴을 보이게 된다.

영재 교육자들은 재능아(IQ 약 120 이상)의 발달에 주로 초점을 맞추어 왔기 때문에 그보다 훨씬 더 높은 수준의 능력을 가지고 있는 아동의 요구에 대해서는 심각하게 생각하지 않았다. 이 아동들은 그 분야의 교사 훈련 프로그램에서 다루지 않고 전형적인 영재 지원 프로그램 대상에도 포함되지 않는다. 특수 영재아와 극영재아의 많은 부모들은 학교가 그들 아동에 대해 무관심한 것을 발견하고 자녀들을 홈스쿨링하는 방법밖에 찾을 수 없었다(Goodwin & Gustavson, 2011; Lovecky, 2011). 학교 가기를 거부하는 극영재아들의 사례가 많다. 한 6세 아동은 그의 부모에게 "나는 그곳에 돌아가지 않을 거야. 학교는 나에게 어떤 새로운 것도 가르치지 않아."라고 말했다. Gross(2009)는 "한 5세 아동이 2세부터 읽기를 할 수 있었는데도 불구하고 다른 5세들과 함께 '읽기 준비반'에서 지겹게 2주 간을 보낸 후에 호주에서 최연소 중퇴생이 되었다"(p. 348)고 소개했다.

특수 영재아의 부모들은 아동이 자기 자신의 속도로 공부하도록 할 수 있기 때문에 홈스쿨링을 가장 좋은 교육방법으로 많이 선택한다. 홈스쿨링 운동(Kearney, 2011)이 확산되면서 나타난 한 가지 결과는 공립학교 교육자들에게 특수 영재아들이 안 보이게 되었다는 것이다. 특수 영재아들이 존재하는지, 몇 명이나 존재하는지, 그들의 교육적 요구가 무언인지 알고 있는 교사가 거의 없다. '그들의 수가 매우 적다'는 근거로 그들은 거의 관심을 받지 못했다.

특수 영재의 수는 사람들이 생각하는 것보다 훨씬 많다. 몇몇 연구자들은 IQ 분포의 상위 극단에서 놀랍도록 많은 점수들이 분포되어 있는 것을 발견했다(예 : J. Gallagher & Moss, 1963; McGuffog, Feiring, & M. Lewis, 1987; H. Robinson, 1981; N. Robinson, Zigler, & J. Gallagher, 2000; Silverman & Kearney, 1989; Terman, 1925). Jensen(1980)은 "IQ 150 이상인 점수들이 있다. … 그 점수는 일반적으로 2,000 혹은 3,000 이하의 표본에서는 통계적으로 확인되지 않는다"(p. 84)고 보고했다. Terman(1925)은 다음과 같이 말했다.

그 집단은 상위 IQ 범위에서 예상외로 많은 사례를 포함하고 있다.
… 쉽게 알아볼 수 있는 IQ 150 이상의 사례들이 이론적으로 기대
한 것 이상이었다. 160 이상의 사례 수가 이론적으로 기대한 비율
보다 높았으며 IQ 170 이상도 이론적인 기대치보다 몇 배 많았다.
(p. 633)

지난 33년간 영재개발센터(GDC)는 IQ 160 이상인 아동을 약 1,000명
확인했다. 이것은 영재 사정을 의뢰받은 아동의 18%에 해당한다. 그리
고 이 아동들 중 97명이 IQ 200 이상이었다. 호주에 있는 높은 잠재력
을 가진 아동 연구기관(Children of High Potential, CHIP)에서 47명
의 아동을 사정한 결과 38%가 IQ 160 이상이었다(Alsop, 1997). 극영
재아와 그 가족을 지원하기 위한 단체가 1980년대에 메인 주와 콜로라
도 주에서 설립되었다. 1989년 메인 주에 있는 15개 가족과 콜로라도 주
에 있는 23개 가족을 대상으로 여러 변인을 비교했다(Silverman &
Kearney, 1989). 처음으로 241명의 특수 영재아들(IQ 160 이상)에 대한
자료를 영재개발센터에서 분석하여 1997년에 발표했으며(K. Rogers
& Silverman, 1997) 보통 영재아들에 대한 연구와 비교 연구를 했다
(K. Rogers & Silverman, 2001). 이 집단에 대한 더 방대한 연구가 앞
으로 나올 것이다. 지능 척도의 확장된 규준이 나오면 이 관심을 받지 못
했던 집단이 더 많이 눈에 띄고 이 집단에 대한 연구도 더 활발해질 것이
다. 이 극단에 있는 아동들의 발달에 대하여 심리학계가 관심의 불꽃을
다시 피우게 되기를 기대한다.

영재성의 특성

어떤 연령의 영재아들과도 효과적으로 일하기 위해서는 영재성의 특성에 관련된 지식이 필요하다. 영재성 특성 척도(Characteristics of Giftedness Scale)는 원래 1973년에 개발되었으며(Silverman, 1978) 16개 문항으로 구성되어 있다. 1979년 이후로 그것은 개인 표준화 지능 척도로서 아동의 영재 가능성을 확인하기 위한 선별 도구로 임상 진료에서 사용되었다. 20년 동안 부모들을 전화로 인터뷰하여 각 특성의 예들을 말해주도록 부탁하는 방식으로 검사를 실시했다. 현재 그 검사 도구는 아니다에서 매우 그렇다까지 4점 리커트 척도로 되어 있으며 전산상으로 부모에게 전해진다. 그것은 문헌에서 일관성 있게 보고된 25개 특성으로 확장되었으며 33년의 임상 진료를 통해 영재 IQ 점수를 예측하는 것으로 나타났다 ($N > 6,000$). 그 검사 도구는 클리닉과 학교에서 세계적으로 사용되었으며 교사용도 있다. 그것은 3~18세 아동에게 도움이 되는 것이 증명되었다. 그 검사 문항들은 다음과 같은 조건에 맞추어 구성되어 있다.

1. 대다수의 영재 아동을 대표한다.
2. 넓은 범위의 연령에 적용가능하다.
3. 다양한 사회경제적, 인종적, 문화적 배경을 가지고 있는 아동들에게 일반화할 수 있다.
4. 성별적으로 공평하다.
5. 집안에서 쉽게 관찰된다.
6. 부모들이 쉽게 해석할 수 있도록 간단하고 분명하게 기술한다.

7. 영재성의 가장 낮은 수준부터 가장 높은 수준까지 타당하다.

8. 영재아와 일반아를 구별할 수 있다.

9. 임상 연구와 경험적 연구의 지지를 받는다.

그 검사 도구에 대한 몇몇 연구가 영재 표본을 대상으로 수행되었다 (예 : K. Rogers & Silverman, 2001; M. Rogers & Silverman, 1988; Silverman, Chitwood, & Waters, 1986). 가장 큰 대규모 연구($N > 1,000$) 에서 부모들이 그 특성의 75%를 인정한 아동들 중에서 84% 아동의 IQ 점 수가 우수 혹은 영재 범위에 있었다(IQ 120 이상)(Silverman, 1978, 2003). 특수 영재아(IQ 160 이상) 241명의 부모들은 그 특성들 중 최소 80%를 인정했다(K. Rogers & Silverman, 2001). 132쪽의 영재성 특 성 척도(Characteristics of Giftedness Scale)에서 이탤릭체로 표시한 17개 문항은 3학년과 4학년 학생들 중에서 38명의 영재와 42명의 보통 학생을 분명하게 구별했다($<.01$)(M. Rogers, 1986).

이 항목들 중에서도 특히 영재성을 더 잘 나타내는 것들이 있다. 뛰어 난 어휘력, 기억력, 학습 속도, 책에 대한 흥미, 철저한 질문, 수 이해력은 모두 영재아와 일반아를 유의미하게 구별했다($<.001$)(M. Rogers, 1986). 중도 영재아와 비교해서 특수 영재아(IQ 160 이상)는 더 나이 많은 친구를 선호하고, 정서적으로 더 민감하고, 기억력이 더 뛰어나고, 독서 에 대한 관심이 더 많고, 다양한 분야에 관심을 가지고 탐색했다(K. Rogers & Silverman, 2001).

영재성 특성 척도

다음 문장에 있어서 당신의 자녀를 동년배 다른 아이들과 비교할 때 어떤 수준이라고 생각합니까?

- 추론을 잘한다(생각을 잘한다)
- 배우는 속도가 빠르다
- 많은 어휘를 사용한다
- 기억력이 뛰어나다
- 오랫동안 집중한다(관심이 있을 때)
- 예민하다(쉽게 마음의 상처를 입는다)
- 동정심을 베푼다
- 완벽주의자다
- 강렬하다
- 도덕적으로 민감하다
- 호기심이 강하다
- 관심 분야에 끈기가 있다
- 높은 수준의 에너지를 가지고 있다
- 더 나이 많은 친구나 어른을 더 좋아한다
- 폭넓은 관심분야를 가지고 있다
- 유머 감각이 풍부하다
- 독서를 일찍 시작했거나 독서광이다(글을 못 읽는 어린 나이일 경우, 책 읽어주는 것을 좋아한다)
- 정의와 공평성에 관심을 가지고 있다
- 가끔 나이보다 성숙한 판단을 한다
- 세심한 관찰자다
- 생생한 상상력을 가지고 있다
- 창의성이 높다
- 권위를 의심하는 경향이 있다
- 수 능력이 있다
- 조각 그림 맞추기를 잘한다

(Silverman, 2003)

빠른 발달의 초기 지표

발달지체는 얼마나 일찍 탐지될까? 태어난 지 한 달 이내에 알 수 있다. 영재성은 얼마나 일찍 탐지될 수 있을까? 우리가 생각하는 것보다 더 일찍 알 수 있다. 많은 교육자들은 3학년 정도가 될 때까지 영재아를 정확하게 확인할 수 없다고 굳게 믿는다. 하지만 유아 발달에 대한 심리학적인 탐구에 의하면 완전히 다른 이야기가 된다. 유아의 빠른 발달에 대한 지표들은 수십 년간의 연구에 의해 잘 기록되어 있다.

- 갓난아기의 큰 울음소리가 중요하다(N. Robinson, 1993)
- 각성도(Gogel et al., 1985; Louis, 1993; M. Rogers, 1986)
- 시각적 자극에 대한 빠른 둔감화(M. Lewis & Louis, 1991; N. Robinson & H. Robinson, 1992)
- 신기한 자극을 선호하고 더 오래 쳐다본다(Fisher, 1990; M. Rogers, 1986; Storfer, 1990; Tannenbaum, 1992)
- 반사적 행동에서 의도적 행동으로 더 빨리 변한다(Berche Cruz, 1987)
- 호기심(M. Lewis & Louis, 1991)
- 비상한 기억력(Parkinson, 1990; M. Rogers, 1986; Tannenbaum, 1992)
- 세상에 대한 인식과 관심(Louis, 1993; Maxwell, 1995)
- 반응적인 언어 기술이 빨리 나타난다(A. W. Gottfried et al., 2006)
- 의사소통하려는 시도가 빨리 나타난다(소리내기, 첫 단어, 말)

(Louis, 1993)

- 미소 짓기가 빨리 나타난다(Henderson & Ebner, 1997)

- 반응성(Gogel et al., 1985)

- 집중도(Maxwell, 1995)

- 잠에 대한 욕구가 적다(Gaunt, 1989; Henderson & Ebner, 1997)

- 좌절에 대한 강한 반응(M. Rogers, 1986)

- 빠른 학습 속도(Louis & M. Lewis, 1992; M. Rogers, 1986; Tannenbaum, 1992)

- 발달 단계를 앞서 나간다(Alomar, 2003; Henderson & Ebner, 1997)

그녀는 태어날 때부터 또릿또릿했고 24시간 이내에 미소를 지었다.

B는 태어나서부터 항상 발달이 빨랐다. 병원에서 태어나 15분밖에 안 되고 엄마 침대에 옮기기도 전에 이름을 부르는 우리 목소리가 나는 쪽으로 몸을 돌려 눈을 맞추려 했다. 그녀가 태어난 지 2일 되었을 때 바로 책을 읽어주기 시작했다. 그녀는 책에 집중했고 오랫동안 만족해했으며 그 시간은 나이가 들면서 증가했다.

그녀는 이틀이 되자 고개를 들었다. 그녀는 한 달이 되기 전에 직접 의도적인 눈맞춤을 했다. 10개월에는 그녀 방에 있는 가습기를 분해하고 분해한 순서대로 부품들을 나열했다.

Michael Lewis와 Barbara Louis(1991)는 유치원생 중에서 영재아와 일반아에 대한 많은 연구를 수행하고, 영재 자녀의 조기 발달에 대한 부모들의 생각을 조사하고, 어린 영재아들에 대한 기존 문헌을 연구했다.

그들은 연구자들과 영재아 부모들이 말하는 영재성의 기본적인 신호는
'빠른 언어 능력, 강한 기억력, 그리고 추상적 추론력'(p. 377)이라고 결
론 내렸다. 한 가지 놀라운 관찰은 유아기 때에 배우는 것을 즐기는 것이
훗날의 인지 점수를 잘 예측한다는 것이다. 앞선 언어 발달은 어린 영재
아를 확인하는 가장 강력한 요인이었다. 조사한 276명의 부모들 중 60%
이상이 표현하고 산출하는 언어 능력을 그들 아동의 영재성을 나타내는 가
장 좋은 지표라고 응답했다. Robinson(1993)은 조숙한 언어 능력이 뛰어
난 시각-공간적 능력보다 어린 아동에게서 더 쉽게 발견된다고 했다.

> 매우 어릴 때(아마 유아기), 말하기와 글 읽기의 발달과 같이 뚜렷
> 한 지표와 표준 기대치가 있는 영역에서 조숙한 아동을 부모들이
> 가장 잘 확인하는 경향이 있다. 예를 들어 부모들은 많은 어휘와 복
> 잡한 문장 구조를 사용하는 유아를 잘 확인하고, 수학적 추리력이
> 있고 일찍 글을 읽을 줄 아는 유치원 아동을 일반 성인들이 발달 정
> 도를 가늠하기 어려운 영역들인 공간적 추리력과 기억력에서 뛰어
> 난 유치원 아동보다 더 잘 확인한다. (N. Robinson, 1993, p. 510)

Martin Rogers(1986)는 39명의 영재와 38명의 일반아의 부모들에게
자녀의 첫 36개월 동안의 발달을 묘사하도록 부탁했다. 각 집단의 거의
2/3가 육아 일기를 가지고 있었다. 두 집단을 사회경제적 수준과 거주 지
역으로 대응시켰다. 영재아와 일반아의 성취 점수 간에는 매우 유의미한
차이가 있었다($p < .001$). 최근의 다른 연구들(N. Robinson, 1993 참조)
과 마찬가지로 두 집단 간에 신체 발달에서의 차이는 발견되지 않았다.

표본들의 활동 수준은 거의 같았다. 두 집단을 구별하는 가장 일찍 나타나는 신호 중 하나는 각성이었다($p < .006$). 한 어머니는 아이가 7개월 되었을 때 '세서미 스트리트를 너무 열심히 봐서 잠이 와도 기를 쓰고 보려고 했다'고 말했다(M. Rogers & Silverman, 1988, p. 5).

주의폭($p < .002$), 관찰력($p < .001$), 기억($p < .001$), 시간에 관심을 나타낸 연령($p < .009$), 퍼즐과 미로에 대한 흥미($p < .009$), 20조각 퍼즐을 맞춘 연령($p < .006$) 모두가 두 집단 간에 유의미한 차이가 있었다. 영재의 부모들 90% 이상이 자녀들의 뛰어난 기억력과 빠른 어휘 발달을 관찰했다. 60% 이상의 부모들이 그들 아이들이 호기심이 있고, 창의적이고, 상상력이 풍부하고, 관찰력이 있다고 생각했다. 영재아들은 질문을 간단하게 하지 않고 '캐물었다'. 18개월 때 한 아이는 "공기가 뭐야? 공기는 얼마나 높이 올라가? 왜 떠다니지 않을까?"(p. 16) 하는 의문을 가졌다. 상상의 친구는 두 집단 모두에서 나타났지만, 평균 집단에서는 한 아이만 2명 이상의 상상의 친구를 가지고 있는 반면에 영재아들은 종종 여러 명의 상상의 친구를 가지고 있었다.

> 태어나서부터 그는 잠을 안 자려고 했으며 일찍 머리를 똑바로 세울 수 있었다. 특히 그는 모든 것을 빨아들일 듯이 눈을 크게 뜨고 있었다. 모르는 사람이 보면 그렇게 집중해서 쳐다보고 있는 모습이 신기했을 것이다. 그는 책에 빠져서 책을 읽어주는 것도 좋아하고 스스로 책장을 넘기며 보는 것도 매우 좋아했다. 3번째 생일날에 그는 커다란 퍼즐을 갖게 되었다. 박스를 풀자 바로 15분 만에 박스에 있는 그림을 보고 조각 맞추기를 완성했다. 그는 듀플로

(Duplo)를 할 수 있게 된 순간부터 레고광이 되었다. 그는 "왜?"라고 묻는 경우가 거의 없고 항상 "어떻게 그렇게 되는 거야?"라고 물었다. 그는 "악어(Crocs)에 끊임없는 호기심을 가졌다."(J. Merrill, 2012, pp. 1-2)

Gogel 등(1985)은 1,039명의 부모들에게 자녀가 영재라고 얼마나 일찍 생각하게 됐는지 물었다. 7%는 생후 6개월 이전에 각성과 반응도에서 차이가 있다는 것을 알았다. 15%는 6~12개월 사이에 영재성의 신호를 인식했다. 표본의 거의 절반이 2세 전에 발달 차이를 관찰했다. 대부분의 부모들은 초등학교 입학 이전에 영재성의 분명한 신호를 보았다(Gogel et al., 1985; Kaufmann & Sexton, 1983). 다른 국가에서도 비슷한 결과가 보고되었다. Alomar(2003)는 쿠웨이트의 어떤 부모들은 자녀들(3~12개월)이 표준 발달 지표보다 더 빠르게 발달하는 것을 인식하고 있다고 보고했다.

영재성 특성 척도에서 기술한 일반적인 특성과 유아의 영재성 지표 이외에 유치원 아동에게서 나타나는 영재성을 나타내는 몇 가지 신호에는 다음과 같은 것들이 있다.

- 언어발달이 빠르고 광범위하다
- 문제를 해결하는 속도가 빠르고 좋아한다
- 상징 체계를 사용하고 상징적인 사고를 하는 시기가 빠르다
- 놀이 형태가 더 복잡하다
- 성숙하다

- 높은 집중력
- 직관적인 통찰력
- 시간에 대한 관심(예 : 시계, 달력)을 일찍 나타낸다
- 2세 이전에 글자를 인식한다
- 3세에 10까지 수를 세는 능력
- 3세에 20조각 퍼즐을 완성하는 능력
- 4세에 쉬운 책을 단번에 읽어내는 능력

한 극영재아의 어머니는 딸이 세 살 때 글을 읽을 수 있는 것을 발견하고 깜짝 놀랐다고 보고했다.

> 그녀는 상자에 붙어 있는 라벨을 읽고 "엄마, '3세 이하 아동에게는 금지'라는 뜻이 뭐야?"라고 나에게 물었다. 그 이후로 우리는 그녀의 질문 공세에 시달렸다. 그녀는 항상 특이한 질문을 했다. 한번은 왜 시간은 거꾸로 가지 않는지 알고 싶어 했다.

취학전 연령의 영재아와 비영재아들에 대한 상당한 연구가 수행되었다(예 : A. W. Gottfried et al., 2006; Louis & M. Lewis, 1992; N. Robinson, 2008b; White, 1985). Louis와 M. Lewis(1992)는 118명의 유치원생을 IQ 평균이 149인 영재 집단과 평균이 118인 일반 집단으로 나누어 연구했다. 일반 집단의 부모들보다 영재 집단의 부모들은 자녀들의 추상적 추리력, 기억력, 창의적인 상상력을 유의미하게 자주 기술했다 ($p < .05$). 반면에 일반 아동의 부모들은 자녀의 능력을 사실적 지식(신체 부분, 알파벳, 특수 지식)으로 기술하는 경향이 더 많았다. White(1985)

는 하버드 유치원 프로젝트(Harvard Preschool Project)에서 얻은 영재 집단과 비영재 집단을 구분하는 재미있는 특성들을 소개했다.

- 높은 언어 능력
- 논리적 모순과 오류를 탐지하는 뛰어난 능력
- 미래 사건을 예측하는 능력
- 높은 추상적 추론 능력
- 타인 조망 능력
- 독창적인 연합력
- 복잡한 활동을 계획하고 수행하기
- 자료를 효과적으로 사용하기
- 뛰어난 집중력
- 많은 양의 정보를 처리하는 능력

어린 아동의 연구에서 얻은 지식을 통해 어린 아동의 영재성은 확인 될 수 없다는 신화를 깨야 한다. 영재 자녀의 빠른 발달에 대하여 부모들 이 잘못된 정보를 전달한다는 인식도 변화시켜야 한다. 이제 초기 유아 기에 영재아들이 확인될 수 있다는 것을 아는 이상, 앞으로 우리는 영재 성에 대한 신화를 깨고 잘못된 인식을 바로잡기 위해 더 노력해야 할 것 이다.

영재성을 조기에 발견하는 것의 중요성

몇 세에 특수 아동을 확인해야 하는가? 모든 특수성을 살펴볼 때, 그 답은 분명하다. 더 빠를수록 더 좋다. 일찍 발견하면 일찍 중재를 할 수 있다. 최적 발달을 위해서는 조기 중재가 필요하다. 이것은 전 세계를 통한 일반 상식이다. 같은 원리가 영재성에도 적용된다는 상식은 일반화되어 있지 않으며, 이 현상은 영재 교육 분야에서조차 마찬가지다(Witty, 1958). Hollingworth(1942)는 고도 영재아들이 더 일찍 확인될수록 그들의 발달에 더 도움이 된다고 보고했다.

영재성을 환경적 기회의 결과라고 열렬하게 믿는 사람들은 유망주 아동을 초기에 발굴하는 데에도 마찬가지로 열심이어야 한다. 영재성은 어린 아동에게서 발견될 수 있고 적절한 자극이 없으면 사라질 수도 있다(J. Gallagher, 1979; Henderson & Ebner, 1997; M. Lewis & Louis, 1991). Michael Lewis와 Barbara Louis(1991)는 그들의 연구 결과는 영재가 가지고 있는 IQ 점수의 안정성은 적절한 양육 환경에서만 유지될 수 있다는 것을 말해준다. 가난한 환경의 아동들은 풍족한 가정의 아동들보다 자극을 덜 받는다. "만일 유치원 시기부터 그 이후까지 계속해서 최적 상태의 환경이 유지된다면, 영재성은 안정적으로 유지될 것이다. 이것이 어린 영재아들을 위한 조기 심화 프로그램이 중요한 가장 큰 이유다"(p. 377).

환경 자극에 의한 뇌의 구조적 그리고 기능적 변화 가능성을 연구하는 뇌의 신경 가소성에 대한 많은 연구가 있다. Kalbfleisch(2009)는 영재성을 '우리가 아직 충분히 이해하지 못하는 신경 가소성의 한 유형' (p. 276)이라고 생각한다. "출생 시부터 계속해서 환경 자극과 감각 자극은 아동이 생활하면서 정보를 학습하고 기술을 개발하도록 하기 위한 배선을 깔

고 메커니즘을 발달시킨다"(Henderson & Ebner, 1997, p. 63). 발달은
유전과 환경의 지속적이고 역동적인 상호작용이다. '영재아의 조기 중재
를 위한 생물학적 기초' 라는 기사에서 Henderson과 Ebner(1997)는 영
재들을 위한 자극적인 초기 유아기 프로그램을 위한 강력한 타당성을 제
공한다.

> 발달 중인 뇌는 환경에 극히 민감하다. … 특히 1~3세까지의 시
> 기는 발달이 지연된 아동뿐만 아니라 전형적으로 발달하는 일반
> 아동에게도 중요하다. 우리는 영재아의 결정적 시기는 훨씬 더 일
> 찍 시작한다고 생각하며, 만일 이것이 맞다면, 많은 영재아들이
> 따르는 조숙한 발달 타임라인에 맞춘 적절한 조치가 필요할 것이
> 다. (p. 59)

영재아들 중 문화적으로 다양한 영재아, 다중언어 영재아, 시골 지역
영재아, 경제적으로 불우한 영재아의 공평한 비율의 분포를 증가시키는
가장 효과적인 방법은 그들을 가능한 한 일찍 발견하고 사라지기 전에 그
들의 능력을 향상시키는 것이다. 환경은 매년 아동의 삶에 더 무거운 짐
을 지운다. 유치원부터 계속해서 그들의 적성을 키워줄 수 있는 환경 속
에 배치한다면 그들의 미성취를 훨씬 감소시킬 수 있을 것이다. 경제 수
준이 낮은 다양한 배경의 영재아들을 일찍 심화시키면 그들의 높은 능력
을 분명히 유지시킬 수 있다는 것을 연구 결과들이 확실하게 보여준다
(Feiring, Louis, Ukeje, & M. Lewis, 1997 참조).

조기 확인과 중재는 이중 특수 영재아에게 특히 중요하다. 추상적 추리

능력이 더 높을수록 뇌가 그 문제를 숨길 수 있는 전략을 더 쉽게 설계한다. 예를 들어 심각한 청각장애를 가지고 있는 영재아들은 입모양만 보고 잘 알아들을 수 있기 때문에 청력손실이 있다는 것을 수년간 다른 사람들이 모를 수 있다. 시력이 약한 많은 아동들은 언어 추리력을 사용하여 시각적 과제를 그들만의 방식으로 말한다. 그런 보상 전략들은 일시적으로 어려움을 감출 수 있지만, 그 문제들을 해결할 수는 없다. 나이가 더 들면서 초기 전략은 실패하게 된다.

영재아들은 종종 알레르기를 일으키기 쉽고, 복통이 심하고, 반복적으로 감염되고, 특히 탁아 시설에서 더 그렇다. 3세가 될 때까지 9회 이상 만성적인 중이염을 앓은 경험이 있는 아동은 중추청각 정보처리장애(central auditory processing disorder, CAPD)와 주의력에 문제가 있을 수 있다(Feagans, 1986). 중이염을 초기에 발견하면 전음성 난청(conductive hearing loss)의 예방과 치료가 가능하다. 또한 어린 아기일 때 청각장애에 대한 검진을 하고 소리 증폭기(보청기)를 사용하면 인지적 발달 지연을 예방할 수 있다(Yoshinaga-Itano, Sedey, Coulter, & Mehl, 1998).

영재 소년들은 일반적으로 소근육이 약하다(Terrassier, 1985). 그들은 덜렁대고, 협응력이 부족하고, 균형감이 없고, 솜씨가 느리고, 연필 잡는 것이 서투르고, 글쓰는 속도가 느리고, 손을 허리에 붙이지 않고는 중간 몸통을 움직이지 못하고, 가위질이나 그림 그리기를 잘 못하고, 신체 운동을 싫어하는 것으로 보인다. 부모들은 그들 자녀들이 똑똑해서 이런 문제를 극복할 것이라고 흔히 말한다. 이런 어려움들 중에 어떤 것이라도 관찰되면 가능한 한 빨리 소아 치료사에게 아이를 진단받게 하는 것이 중요하다. 7세 이전에 훈련을 받으면 손으로 글쓰기와 미성취 문제들을 예방할 수 있는 것으로 보인다(Silverman, 2009c).

아동의 자아개념 발달에는 유치원과 초등학교 초반 시기가 가장 결정적이다. 바로 이 시기가 어린 영재아가 자신이 다른 아이들과 다르다는 것을 발견하는 진실의 순간이다.

> 네 살 된 아들이 놀고 싶지 않다는 것을 친구들에게 알리기 위해 현관문에 붙여 놓을 메모를 썼는데 메모를 구겨버리고는 "엄마, 이 메모를 붙여 놓을 수가 없어. 친구들이 글자를 못 읽어!"라고 슬프게 말했다고 한 어머니가 보고했다. (Roedell, 1988, p. 7).

어린 영재 아동에게는 비슷한 능력과 관심사를 가지고 있는 진정한 또래를 찾는 기회를 가지는 것이 중요하다. 지적 발달이 신체 발달보다 훨씬 앞서는 비동시적인 영재 아동은 여러 유형의 활동을 하기 위하여 여러 친구들을 사귄다. 즉 책을 읽고 토론하기 위한 친구가 있고 세발자전거를 타고 공놀이를 하는 친구가 있다(Roedell, 1988, p. 7). 일반아 친구들과 적응하는 능력도 도움이 되지만 그것으로 정서적인 만족감을 충족시키기에는 부족하다. 진정한 또래 없이는 어린 영재 아동은 자신의 능력을 숨기거나 움츠리거나 이상하게 보일 수 있다.

> 한 4세 아동이 사회적 상호작용에서 소극적인 경향이 있어서 유치원 선생님에 의해 정서적으로 불안정하다는 진단을 받았다. 그의 부모는 걱정이 되어서 그를 고도 영재아를 위한 프로그램에 등록했

다. 거기에서 그는 다정하고 외향적인 태도를 나타냈으며 그의 소극적인 행동은 상호작용을 할 수 있는 지적인 또래가 없었기 때문인 것으로 나타났다. 이야기할 수 있는 누군가가 없으면 그는 입을 닫았다.

영재아가 진정한 친구를 발견하면 그 아동의 성격은 밝아질 것이다. 5세 영재인 로날드는 그것을 다음과 같은 말로 잘 설명했다. "빌이 왜 나의 가장 좋은 친구인지 알아요? 그는 진짜 나같은 친구를 이해하는 유일한 사람이니까요." (Roedell, 1988, p. 7)

어떤 사람들은 영재아에 대하여 국가의 가장 소중한 자원이고 이 국가적인 보석을 보호하기 위해서는 사회적으로 일찍이 환경 자극을 제공해야 한다고 생각한다. 하지만 초기 중재를 해야 하는 가장 중요한 이유는 아동 자신을 보호하기 위해서이다. "아동이 진정한 또래들과 함께하지 못한다면 행복하고 건강한 아동기를 빼앗길 수 있다"(N. Robinson, 1993, p. 508).

심리학 분야는 장애가 있는 사람들에게 사회적 책임감을 보여준다. 우리들은 최적 발달을 보장하기 위한 초기 중재를 강력하게 주장한다. 영재들을 일찍 확인하는 것은 모든 다른 특수한 능력들을 일찍 확인하는 것만큼 중요하다고 생각해야 한다. 영재들의 최적 발달은 최소한 다른 어떤 특별한 요구를 가지고 있는 집단의 최적 발달만큼 소중하다.

성인들의 영재성

나는 청중에게 "여러분 중 얼마나 많은 사람들이 한때 영재였습니까?"라고 자주 묻는다. 이것은 다른 어떠한 특수성이 관련된 상황에서도 다소 어리석은 질문이 될 것이다. Stephanie Tolan(1994/1995)은 이것을 '한 때 영재아(gifted ex-child)'라고 이름 붙였다. 영재아로 확인되어 영재 프로그램 교육을 받았는데 명성을 얻어야만 영재 성인이라는 것을 알게 된다. 만일 유명해지지 않는다면, 당신은 애초에 결코 영재가 아니었다는 것을 의미하는가? '자라서' 영재성이 없어진다는 것은 말이 안 된다 (Fiedler, 2012). 영재성의 특성은 성인기에 사라지지 않는다. 어떤 것들은 실제로 강화된다. 어떤 것들은 다른 모습으로 변한다. 영재성은 다르게 경험하는 방법이다(Piechowski, 1991b).

> 영재들의 독특한 발달 경로는, 사회에서 인정하고 가치를 부여하는 것을 성취할 수 있느냐 혹은 없느냐와 관계없이, 어떤 연령에서든 특별한 경험을 창조한다. 성인에게 항상 관련되었던 성취 지향은 이제 영재 교육 분야에도 파급되어서 다른 사람들과 다른 마음의 성질을 영재들이 이해하는 것을 어렵게 한다. (Tolan, 1994/1995, p. 13).

> 만일 영재성이 보통의 발달 단계를 빠르게 앞서만 가는 인공물이라면, 그것은 다른 사람들이 '따라잡거나' 더 앞서 나갈 때 사라질 운명일 수 있을 것이다. 다른 한편, 만일 그것이 진정으로 특이한 발달 경로를 창조하는 마음의 성질이라면, 그것은 표면적으로 드러나든 숨어 있든 일생을 통해 개인과 함께하는 안정적인 속성일 것이다. (p. 14)

높은 수준의 능력은 학교에서나 삶에서 높은 성취로 나타날 수도 있고 나타나지 않을 수도 있다. 뛰어난 자원봉사자, 요리사, 부모, 교사, 치료사 그밖에 많은 뛰어난 사람들이 있으며, 그들은 길이 남을 이름을 얻기보다는 다른 사람을 돕기 위해 자신을 헌신한다. 매우 어린 아이들이 배우는 것에서 느끼는 기쁨(M. Lewis & Louis, 1991)은 평생 유지되는 영재성의 성질이다. 하지만 그것이 반드시 다른 사람들의 기대에 부응하기 위해 수행하는 '과제 집착력'으로 나타나는 것은 아니다. Wallach(1995)는 아동기에서의 비동시적 발달은 고도 영재 성인에게서 뚜렷한 강점과 약점으로 나타나며 비동시성은 종종 고도 영재의 요구와 환경의 기대 사이에 존재한다고 주장한다. 그들은 그 분야에서의 의사결정자들과 생각이 다르기 때문에, 고도 영재들이 최고 자리에 올라가지 못할 수 있다.

영재 성인들 대다수는 아동기에 영재로 확인된 적이 없고(Stalnacke & Smedler, 2011) 그들의 영재성을 인식하지 못한다(Kuipers, 2010). 그들은 자신이 아웃사이더같이 느끼도록 만드는 기분과 태도를 긍정적으로 기술하는 방식을 모른다. 그들은 단지 잘 어울리지 않는다는 것만 안다. 그들은 종종 자신에게 뭔가 잘못된 것이 있어서, 이유는 모르겠지만 자신이 모자란다고 생각한다. Fiedler(2012)는 자신의 영재성을 강하게 부인하기 때문에 영재성이 눈에 보이지 않게 되는 '보이지 않는 사람들(The Invisible Ones)'을 묘사했다(p. 38). 많은 영재 성인들은 그들의 차이점을 더 잘 이해하기 위해서 심리치료사를 찾는다. 남에게 도움을 줄 수 있을 뿐만 아니라 자신을 더 잘 이해하기 위해 심리학 관련 직업에 진출하는 영재들도 많다(Silverman & Conarton, 2005). 많은 심리학자들을 심리치료사에 매력을 느끼게 하는 한 가지 성질인 공감은 영재성의 대표적인 특징 중 하나다(Perrone-McGovern, Boo, & Vannatter, 2012).

영재성은 높은 추상적 추리와 지각에 대한 능력이다. 그것은 그것을 가지고 있는 사람에게 과흥분성, 강렬함, 복잡성 그리고 이상적인 관념을 갖게 한다. 영재의 복잡한 마음은 그들의 복잡한 정서에 반영된다. 영재들은 정서적으로 민감하고, 공감하고, 동정심이 많은 경향이 있고, 비판을 받아들이기 어려워하고, 종종 외로워하고 오해를 받는다고 생각한다 (Perrone-McGovern et al., 2012). 그들은 그들의 복잡성과 강렬함에 대처할 수 있는 심리치료사를 필요로 한다.

> "영재들은 매우 강력한 신호를 내보내는 고와트의 송신기와 같다. 신호를 잡아서 해독하기 위해서는 사운드 시스템의 같은 주파수로 작동할 필요가 있다." 만일 '송신기'의 세기가 '수신기'의 세기보다 더 세면, 수신기는 과부하가 걸리고 메시지는 이해될 수가 없다. 이 원리는 또한 복잡성, 속도, 은유의 사용, 여러 계층의 의미, 몇 가지 아이디어를 동시에 처리하기, 종합하기 등에 적용된다. (L. Azpeitia, Leviton 1995에서 인용)

"영재 성인들은 결정을 쉽게 하지 않는다. 그들은 매 단계에서 그들의 결정에 따라 일어날 수 있는 예기치 않은 결과뿐만 아니라 여러 가지 가능한 대안들을 생각한다"(Roeper, 2011b). 고도로 지적인 사람들은 관련이 없는 것처럼 보이는 사건들 간에 너무 많은 연관성과 잠재적인 결과를 볼 수 있기 때문에, 모든 정보를 정리해서 한 가지 적절한 경로를 찾을 수가 없다. 의사결정은 정보가 적을 때 더 간단하다. 만일 실수를 저지를까봐 겁먹고 있는 어떤 사람이 대안을 끝없이 많이 생각하는데 하나를 제외하고 나머지는 모두 무서운 실수가 될 것이라고 믿는다면, 인생은 아래에 안전장치가 없는 팽팽한 줄타기가 된다.

더 큰 지각과 통찰은 정직성과 통합되어 종종 영재들을 위험에 처하게 한다. 그들은 위선을 간파하고, 숨겨진 의제를 감지하고, 어떤 상황의 핵심을 본다(Roeper, 1991/1995). 그러나 그들이 진실을 말하는 것은 환영을 받지 못한다. 그리고 그들은 어떤 일이 실제로 분명하게 벌어지는 것을 보면서 일이 일어나지 않고 있다고 속이는 게임을 하고 싶어 하지 않는다. 그들이 보는 것을 항상 말할 수는 없다는 것을 알기 전까지는 사람들을 사귀기가 어렵다. 그들은 그들의 인식을 언제 그리고 어떻게 공유할 수 있는지 결정하는 데 있어서 지도를 필요로 한다.

> 한 상황의 몇 가지 측면을 동시에 볼 수 있는 능력, 몇 가지 섞여 있는 자신의 모습을 이해하는 능력, 문제의 핵심을 빠르게 간파하는 능력 등은 지각력이 있는 영재 성인들의 특성이다. … 영재 성인들이 알아야 하는 것은 누구의 세계관이 더 정확하느냐 하는 문제가 아니라 다른 관점들을 어떻게 다른 사람들과 더 연결할 수 있고 자신을 더 잘 이해할 수 있는 방법으로 사용하느냐 하는 것이다. 자신도 다른 사람도 모자라거나 어리석지 않다. … 지각력 있는 영재 성인의 딜레마는 그 타고난 능력을 자신과 다른 사람들이 함께 언제 그리고 어떻게 사용할 것인가 하는 것이다. (Lovecky, 1990/1995, pp. 76-79)

영재 영유아들이 너무나 분명하게 가지고 있는 정신적 자극에 대한 요구는 전 생애에 걸친 안정적인 특성이다. 나의 아버지는 98세까지 사셨

지만 그는 아마도 지루함 때문에 돌아가셨을 것이다. 그는 망막의 황반변
성으로 실명했다. 감각 기관의 쇠퇴로 그는 삶을 의미 있게 해주는 훌륭한
정신적 자극을 잃게 되었다. 93세의 나이에 Annemarie Roeper는 그녀
의 정신을 질식시키는 노인들을 위한 퇴직자 사저에 지적 자극이 부족하
다는 것을 발견했다. 그녀는 그녀의 위트와 예리한 지적 논쟁을 주고받을
수 있는 영재들과의 친교를 간절히 원했다. 생의 마지막 단계까지 그녀는
책과 전문적인 논문을 썼다. Roeper(2011a)는 다음의 글을 공유했다.

> 영재아들에 대해서는 많은 말과 글과 연구들이 있다. 영재 청소년
> 들도 연구자들의 의식 속에 한 자리를 잡고 있다. 하지만 영재 성인
> 들에 대한 정보는 부족한 것으로 보이며, 노년기의 영재성은 아직
> 은 가치 있는 연구 주제로 관심을 받지 못하고 있다. (p. 23)

Fiedler(2012)는 이 미지의 영역을 80세 이상까지 확장되는 성인 영재성
의 단계이론을 가지고 탐험하기 시작했다. 초기 단계 중 하나인 35~50세
의 탐험가 단계는 다음과 같이 묘사되어 있다.

> 아마도 만화경의 이미지가 21세기의 35세에서 50세까지의 영재 성
> 인의 삶을 가장 정확하게 묘사할 수 있을 것이다. 밝게 색칠된 그들
> 삶의 조각들은 과거로부터의 생각, 느낌, 흥미, 경험과 또한 새로운
> 통찰, 이해, 생산성을 향한 내적 갈망으로 구성되어 있다. 이 모든
> 것들은 소용돌이치다가 자리를 잡고 다시 주기적으로 새로운 패턴
> 으로 재조합된다. 그밖에 그들의 비동시적인 발달 때문에 그들은
> 동시에 여러 가지 나이를 가지고 있는 듯 보인다. 세상이 다 내 것같

이 즐거워할 때는 매우 어린아이 같을 때도 있고, 한편 전쟁과 기아와 같은 성숙한 사람들이 일반적으로 생각하는 심각한 이슈들에 대해 매우 고민할 때도 있다. (Fiedler, 2012, p. 30)

Roeper(1991/1995)는 '영재 성인 : 그들의 특성과 정서(Gifted Adults: Their Characteristics and Emotions)'라는 제목의 자주 인용되는 수필에서 그들 자신의 영재성에 이끌리기, 자신의 창의성에 대한 압력에 의해 사로잡히는 느낌, 격렬한 지적 논쟁을 즐기기, 의미에 대한 탐색, 생각하기 위한 고독과 시간의 필요, 의미를 포착하는 자신의 방법 개발, 트렌드 예측, 관계를 알기, 진실을 훼손하면서 이미지 메이킹을 하는 것에 대응하기, 완벽주의, 유머 감각, 다재다능함, 다른 사람들의 근시안적 행동에 대한 당혹감, 정의와 평등 간의 차의 인식, 권위자에 대한 불편함, 강한 도덕적 신념 그리고 세상을 변화시키고 싶은 욕구 등과 같은 영재 성인들의 23개 특성을 논의했다. Roeper(2011b)는 이 주제들 중 몇 가지에 대해 자세하게 설명했다.

평생 동안 영재들은 그들의 더 큰 지적인 힘, 일이 일어나는 이유에 대한 더 큰 지각, 그리고 다른 사람들이 현실을 바라보는 것과 일치하지 않는 방식으로 논리적 결론을 짓는 더 큰 능력 때문에 고독감 속에 산다. 어떤 사건을 예측하는 그들의 능력은 종종 다른 사람들의 일반적인 신념과 일치하지 않는다. 어떤 계획은 어떤 측면들이 고려되지 않고 있기 때문에 결국 실패할 것임을 그들은 종종 인식한다. … (p. 1)

  심리학자가 한 아동을 평가한 결과 영재라고 결론 내릴 때 그 부모의 자기지각에 파급 효과가 있는 경우가 종종 있다. 조부모들도 그들도 역시 영재였나 생각하게 된다. 그들은 흔히 "아동기에 영재아로서의 그들의 요구를 제대로 이해받지 못하고, 병리적으로 간주되거나 충족되지 못한 피해자들이다"(Wallach, 1995, p. 37). 부모 포럼이나 지원 단체는 고립을 예방하고 공통된 문제에 대한 해결책을 부모들이 공유할 수 있도록 해줄 수 있다. "영재들은 그들의 발달, 경험, 요구가 보통 사람들과 극적으로 다르기 때문에 서로 이야기를 나눌 필요가 있다"(Wallach, 1995, p. 38).

  영재들에게 가장 소중한 목표는 의미를 찾는 것이다. 그들은 의미를 만드는 사람들이다. 기술이 있고, 지식이 있고, 지적인 정신 건강 분야 종사자들은 그들의 자기지각을 향상시키는 안전망을 제공하고 그들이 이 세상을 변화시키기 위한 탐험을 떠날 수 있도록 해준다.

> 아마도 다른 어떤 집단보다도 영재 성인들은 높은 수준의 자아실현을 할 수 있는 잠재력을 가지고 있다. 영재이기 때문에 있을 수 있는 문제점들이 있지만, 영재성의 긍정적인 사회적 그리고 정서적 측면들은 그것들을 극복할 수 있다. 평생 지속적으로 꽃들이 노래하는 것을 듣고 비전과 꿈을 실현하는 것이 모든 영재 성인이 바라는 목표이다. (Lovecky, 1986, p. 575)

---

1) 이 책을 집필하고 있는 이 시점에서는 DSM-V에서도 같은 용어를 사용하여 분류할지는 정확하게 알 수 없다.

영재성 101

5

영재성의 심리학

위대한 사람들은 평범한 사람들의 격렬한 반대에 항상 부딪
혀 왔다.

— Albert Einstein

　　이제 영재성의 심리학을 위한 시간이 되었다. 영재의 발
달 차이, 성격 특성, 생애 발달, 영재들의 특별한 문제점과 갈등 그리고
수용되지 않는 데 따른 결과들을 살펴보자. 규준, 평균은 여전히 존중을
받고 이와 비슷하지 않은 사람들은 사회적으로 '비정상'으로 낙인찍힌
다. '괴짜'라고 불리거나 그런 취급을 받으면 고통스럽다. 심리학 분야는
항상 주변부 집단을 옹호해 왔다. 심리학자들의 노력으로 소수 인종이나
소수 민족 그리고 장애인들에 대한 비방이 더 이상 용인되지 않게 되었
다. 그러나 영재들은 아직 만만한 대상이다.

　　영재성에 대한 심리학 책은 극히 적고, 그런 책조차도 명성과 영재성을
뚜렷하게 구분하지 않는다. 명성에 초점을 맞추면 특수 영재, 이중 특수
영재, 미성취 영재, 영재 유치원 아동, 자녀 양육에 영재성을 발휘하는 여
성, 교사 영재, 노인 영재, 자아실현을 하는 자원봉사자를 포함한 명성을
얻지 못한 많은 영재들은 결코 알려지지 않을 것이다. 만일 영역을 변화
시키는 사람만이 인정을 받는다면 영재들의 심리적 요구는 보일 수가 없
다. 영재들은 깊고 복잡한 내적인 삶을 살기 때문에 탐구할 필요가 있다.
이제 "영재성의 신비함을 풀어보기로 하자"(Zigler & Farber, 1985, p.
388).

다르다는 느낌

영재들은 다른 사람들과 다르기 때문에 느낌도 다르다. 그 차이는 태어나서부터 죽을 때까지 계속된다. 태어났을 때 이 강력한 에너지로 가득 찬 영재는 끊임없이 자극을 추구하고 복통을 일으키고 잠을 자려 하지 않는다. 밤에 눈을 붙이지 못해도 영재아 부모들은 대부분 자녀를 귀하게 여긴다. 영재 아기는 자극에 반응을 잘 나타내고 미소를 일찍이 짓기 때문에 부모들을 기쁘게 한다(Morrissey & Brown, 2009). (Leta Hollingworth의 어머니는 그녀가 태어난 지 이틀 만에 미소를 지었다고 일기장에 기록했다!) 지능과 성격이 서로 비슷하기 때문에, 영재아와 그 부모는 공통점을 많이 가지고 있다(Bouchard & Lykken, 1999). 어떤 부모들은 조숙한 자녀가 하는 행동들이 너무 놀라워서 기록해 두는 것을 좋아한다. 보는 사람들에게는 구차하게 보이지만 이런 부모의 기쁨은 실제로는 아이를 위해서 좋은 것이다. 그것은 아이의 자존감을 위한 튼튼한 기초가 된다. 하지만 영재아의 조숙성이 당황스러운 때도 분명히 있다. 한 예를 들면 다음과 같다.

> 대부분의 두 살 아이들이 슈퍼마켓에서 물건 이름을 말하는 것을 좋아할 때에, 앤드루는 이미 집에서 엄마와 다양한 제품의 영양가에 대하여 이야기를 시작했다. 엄마가 앤드루를 카트 안에 앉히고 시리얼 판매대를 지날 때, 앤드루는 3명의 중년 여자들이 인공 색소와 설탕이 함유된 시리얼을 선택하는 것을 보았다. 앤드루의 엄마가 말릴 새도 없이 "그것 내려놔요. 사지 마세요. 그 시리얼이 당신 몸에 나쁘다는 것 모르세요? 그건 당분이 대부분이고 인공 조미

료와 인공 색소가 많이 들어 있어요!"라고 훈계하면서 카트 안에서 선 채 손가락을 흔드는 앤드루의 모습을 세 여자는 놀라서 돌아보았다. (Kearney, 1992, p. 9)

태어나 처음 몇 해는 힘들지만 이 기간에 부모와 자식 간의 강한 유대가 형성되고 이것은 아동기뿐만 아니라 성인기까지 유지된다. 그다음 시기는 두 사람 모두에게 훨씬 더 큰 강인함이 필요하다. 이 시기에 영재아들은 또래와 상호작용을 시작하고 집단 규범에 적응해야 한다. 그 드라마는 운동장이나 공원 혹은 유치원에서 시작될 수 있다. "사설 보육원, 유치원과 초등학교는 비정통적이거나 특이한 행동에 특히 민감한 환경이라서 그런 행동에 대해 사회정서적으로 미성숙하다는 이름을 붙이는 사례가 많다"(Alsop, 1997, p. 31). 유치원생들은 그들의 첫 번째 사회적 상호작용에 따라 자신을 정의하고, 영재아 발달과 다른 아동들의 발달 간 차이가 운동장에서 자주 발생할 때 사회적 적응 문제는 불가피하다. 자녀들이 또래 아이들과 잘 놀 수 있는 능력으로 부모들도 판단된다.

초기 아동기 교육자들은 일반적으로 아동은 연령이 비슷한 아동들 속에서만 사회화할 수 있다고 믿는다. 그들은 영재아의 조숙한 발달과 영재아가 더 나이 많은 아동과 더 잘 논다는 사실에 대하여 훈련받은 것이 없다. 심리학에서 정신연령의 개념이 없어지면서, 영재아들의 우정 패턴과 사회적 개념이 생활연령보다는 정신연령과 관련이 더 많다는 인식이 거의 없게 되었다(Gross, 2009).

우정의 단계

Gross(2009)는 우정에 대한 생각이 연령에 따라 변하는 발달 단계 모델을 제안했다. 각 단계에서 우정의 개념이 더 복잡해진다.

- **1단계.** '**놀이 대상**' : 친구는 장난감을 공유하는 놀이 친구다.
- **2단계.** '**말 상대**' : 활동을 공유하는 자리가 관심사를 공유하는 것으로 대체된다.
- **3단계.** '**도움과 격려**' : 친구는 도움과 지지를 제공하는 사람이지만, 아동은 상호 교환의 필요성을 모른다.
- **4단계.** '**친밀/공감**' : 애정, 유대감, 정서적 공유 및 친밀감과 함께 진정한 상호관계가 발달한다.
- **5단계.** '**확실한 보호소**' : 충실한 친구들은 신뢰하고 무조건적으로 수용하는 깊고 오래 유지되는 우정을 개발한다(pp. 343-344).

Gross는 일반아, 중도 영재아, 특수 영재아, 극영재아들이 가지고 있는 우정에 대한 생각을 연구했다. 그녀는 지적 발달(정신연령)과 우정의 개념 사이에 큰 상관이 있는 것을 발견했다. 영재아와 일반아 간의 차이는 초등학교 후반보다는 유치원과 초등학교 초반에 훨씬 더 컸다. 특수 영재아와 극영재아 간에서조차 유의미한 차이가 발견되었다.

몇몇 극영재아들은 초등학교 초반에 초기 청소년기까지 평균적으로 나타나지 않은 우정에 대한 생각을 가지고 있었다. 이 아동들은 대부분의 아동들이 친구란 그냥 놀이 상대자로 생각하는 연령에서 우정을 찾기 위해 극복하기 어려운 어려움을 만난다. …

이 연구는 지적 능력이나 정서적 성숙을 고려하지 않고 생활연령이 같은 또래들 속에 배치할 때 영재아가 외로움과 사회적 고립을 경험하게 되는 결과는 위 학년보다 아래 학년에서 더 많이 생긴다는 것을 말해준다. (Gross, 2009, p. 344)

아동의 초기, 발육기에 영재 또래들과 관계를 맺을 수 있는 기회는 긍정적인 사회적 발달을 위한 기초를 다지는 일이다.

정신연령

이제 더 이상 인기는 없지만, 정신연령은 영재아의 빠른 발달을 고려하고 부모와 교사가 영재아의 요구를 이해하는 데 도움이 된다. 정신연령은 다음과 같은 것을 예측한다.

- 아동이 하는 놀이의 정교함
- 진정한 또래의 연령
- 아동의 유머 감각 성숙도
- 윤리적 판단
- 세상에 대한 지각

8세와 같이 생각하는 5세 소년은 자기 또래의 아동들보다 체스, 모노폴리 게임, 그리고 더 정교한 게임들에 대한 흥미를 가지고 있을 것이다. 어린 영재 소녀는 소녀들보다 그들 자신의 발달 수준에 못 미치는 아동들과 관계를 맺는 것을 더 어려워하는 것으로 보인다. 그들은 일반 아동들이

하는 게임은 '바보스럽고', '유치하다' 고 생각한다.

평균 5세 아동은 아직 규칙의 개념을 이해하지 못한다. 그들은 게임을 하고 나서는 매번 "내가 이겼어!"라고 외친다. 그것이 그들에게는 게임을 하는 모든 이유다. 8세 정신을 가지고 있는 5세 아동은 규칙을 이해하고, 전형적인 8세 아동같이 규칙을 따른다. 일반아와 영재아는 두 가지 다른 지적 발달 단계에 있다. 일반아가 "내가 이겼어!"라고 소리 지를 때 영재아는 "그는 속임수를 썼어! 이제 그 애와는 더 이상 게임 안 할 거야."라고 대꾸한다. 영재 유치원생과 초등학생은 발달이 비슷하게 빠르거나 그의 정신연령과 비슷한 더 나이 많은 아동과 관계를 맺는 것이 훨씬 더 쉽다.

사회화의 성차

어린 영재아가 교실에서 다른 친구들과 관계를 맺지 못한다면 정서적으로 고립된다. 5세 혹은 6세까지 자신감이 넘치던 영재아가 자기의심으로 가득 차고 겹겹이 보호 방어막을 가지게 될 수 있다. 아동기에 다르다는 것은 문제가 된다. 어린 아동은 — 영재조차도 — 차이를 이해할 수가 없다. 그들은 왜 다른 아이들이 그들과 같이 생각하지 않거나 그들과 같이 말하지 않거나 예측할 수 있는 방식으로 그들의 우정에 반응하지 않는지 그 이유를 이해하기가 어렵다. 그들은 진정한 자기를 숨기면서 또래들을 모방하거나 혹은 소극적으로 될 수 있다. 그들은 그들이 또래들과 얼마나 다른지 알게 되고, '이상하고' 받아들여지지 않는 느낌을 갖기 시작한다. 부모들은 쾌활하고 자신감 있고 활기 넘치던 아이가 유치원과 초등학교 시기에 서서히 순종적이고 불안해진다고 보고한다. 한 부모는 다음과 같이 기록했다.

앨리스는 어울리기 위해서 할 수 있는 모든 것을 하고 있으며 차이점이 전혀 안 보인다. 그 아이는 옛날처럼 많은 질문을 하지 않는다. 앨리스는 학교에 가기 전과는 완전히 달라졌다. 유치원에 가기 전에 그녀는 만족할 줄 모르는 지식 욕구를 가지고 있었다. 우리는 그녀의 총명함이 꺼져 가는 것 같아서 걱정을 하고 있다.

극영재인 유치원생은 그들의 관심사와 다른 급우들의 관심사가 일치하지 않는 것에 당황스러워 한다. 앙투안의 선생님은 그가 다른 3세 친구들과 같이 보기 위해 그가 좋아하는 '호두까기 인형' 비디오를 가져오는 것을 허락하지 않았다. 4세 때에는 보여주고 설명하기 시간에 사용하는 화성의 모델을 만들고 그다음 주에는 블랙홀, 내부 폭발, 외부 폭발을 논의했다. 그는 왜 그의 급우들이 흥미를 가지지 않는지 이해할 수가 없었다.

앨리스와 앙투안은 어린 영재 소녀와 소년의 사회적 반응에서의 성차를 보여준다. 앨리스는 다른 또래들과 어울리기 위해 노력했다. 그녀의 친교 욕구가 그녀의 지적 호기심보다 더 강했다. 그녀는 친구들과 어울리기 위해 기꺼이 질문하는 것을 멈추었고 그녀의 자연적인 학습 경로의 속도를 줄였다. 앙투안은 사회적 연결을 희생하면서 그의 지식 욕구를 추구했다. 그의 급우들이 화성이 가지고 있는 2개의 달에 대해 관심이 없는데도 굴하지 않고, 앙투안은 블랙홀에 대해 알아보고 글을 썼다. 자신에게 충실했던 앙투안은 친구에 대한 욕구보다는 배우려는 욕구를 선택했고, 결국은 그의 어머니에게 홈스쿨링을 해달라고 졸랐다.

영재 소년들은 그 집단을 위해서 자신이 누구인지를 희생하지 않으려 하기 때문에 그들의 사회성이 부족하게 되는 것으로 생각된다. 대조적으로 영재 소녀들은 그들의 영재성을 희생하고 사회적으로 적응한다(Kerr, 1994). 영재 소녀들은 카멜레온이다. 그들은 사회적 단서를 인식할 수 있는 높은 능력을 가지고 있기 때문에 그들의 행동을 한 집단에 맞도록 더 쉽게 조정할 수 있다. 그들은 종종 교실에서는 다른 소녀들의 정신적인 옷을 입고, 바로 그들과 구별이 안 된다. 그들은 크게 힘을 들이지 않고 매일매일 조금씩 다른 모든 사람들을 편안하게 해주기 위해 자신이 누구인지 숨기고, 자신의 더 꽃피울 수 있는 잠재력을 감소시키는 연습을 한다. 결국 그들은 그들의 꿈을 더 간단하고 요구가 덜한 목표와 교환하게 된다.

그 교정 수단은 자신들과 비슷한 사람들과 일찍 교류를 하는 것이다. 다양성을 지지하는 환경에서 영재 또래 집단을 가지고 있는 소녀들은 그들의 능력을 숨기지 않는다(Eddles-Hirsch, Vialle, McCormick, & K. Rogers, 2012). 영재 또래는 소녀들과 소년들의 경험을 정상화하고 그들은 자신을 '이상하게' 생각하지 않게 된다. 그들은 비슷한 관심사, 가치관, 어휘 그리고 발달 수준을 가지고 있는 다른 사람들과 쉽게 친구가 된다. 정신적으로 동등한 진정한 또래와의 상호작용은 사회적 발달을 촉진하고 사회적 고립을 예방한다.

많은 사람들은 영재아들이 자신과 다른 사람들과 잘 어울리는 것을 배우는 것을 중요하게 생각한다. 어린 영재아들의 사회적 발달을 연구한 발달심리학자인 Wendy Roedell(1989)은 다른 사람들과 사귀는 것은 진정한 또래들과 상호작용을 할 수 있는 기회에 달려 있다는 것을 발견했다. "적응이 중요한 반면에, 어린 영재아들은 또한 동등한 능력을 가지고 있는 다른 사람들과 주고받는 상호작용을 필요로 한다. 여기에서 그들은 성공적인 사회적 기술과 긍정적인 자기개념의 발달에 열쇠가 되는 수용과 이해를 발견할 수 있다"(p. 26). 비슷하게, Miraca Gross와 그의 동료들은 자신과 비슷한 사람들과 어울리지 않는 호주 영재아들이 그들의 지적 욕구와 발달이 늦은 급우들의 인정을 받고 싶은 욕구 간에 '강제적인 선택'을 한다고 했다(J. Jung, McCormick, & Gross, 2012, p. 15).

청소년의 사회화

소외감은 성장하면서 더 커진다. 정신연령의 개념은 영재아들이 교육 기간을 통해서 일반아들로부터 점진적으로 벗어나는 정도를 환하게 밝혀준다. 8세 마음을 가지고 있는 5세 아동은 16세 마음을 가지고 있는 10세 아동이 된다. 영재 학생들이 그들과 공통점을 가지고 있는 다른 학생들을 찾을 수 없다면, 그들은 학교생활 내내 강한 고독감을 경험할 수 있다.

영재들은 인정을 받기 위해서 그들의 차이점을 숨길 수 있는 소수의 낙인찍힌 집단들 중 하나다. 영재들은 왕따를 당할 때조차 일어난 일을 또래나 교사에게 말하기보다 침묵을 지키는 경향이 있다(Coleman, 2012; Peterson & Ray, 2006). 속진과 홈스쿨링은 특수 영재아들의 사회적 소외를 완화할 수 있다. 고등학교를 홈스쿨링으로 마친 Alexander(1992)는 그가 겪었던 사회화에 대한 설득력 있는 관점을 제공했다.

많은 공립학교는 학생들에게 비현실적이고 종종 해로운 사회적 환경을 제공한다. 또래 압력의 익숙한 망령은 내쫓기도 어렵고 무시하기에도 위험하다. 학생의 존엄성과 자존감에 대한 위험은 놀랍도록 자주 일어난다. 공립학교 학생들 사이에서 발달하는 많은 우정과 관계들은 단지 편리함의 연합체일 뿐이고 졸업하면 필요가 없어지고 빠르게 깨진다. 게다가 세상은 전반적으로 어떤 사람의 또래로 간단하게 구성되어 있지 않다. 만일 한 아이가 같은 연령의, 같은 마을의 사람들 하고만 관계를 맺는 것을 배운다면, 그는 성인기가 오고 성인기의 도전이 접근할 때 어려움을 만날 수 있다.…

나는 공립학교 사회화를 그리워하지 않는다고 자신 있게 말할 수 있으며… 그리고 매일 반나절 동안 친화성이 아니라 연령 때문에 선택된 집단과 시간을 같이 하라고 강요받지 않아서 분명히 행복했다.

오늘은 내가 어떤 사람이 됐으면 좋겠어요?

초기 아동기의 "나는 무엇이든 될 수 있어!"라는 말은 '나는 당신이 내가 되기를 바라는 무엇이든 될 수 있다'는 말이 된다. 여러 측면을 가지고 있는 복잡한 작은 존재는, 너무 나쁜 상태가 아니라면, 본질적으로 적응할 수 있다. "나는 적응할 수 있어. 나는 자연적인 내 모습에서 빠져나와 곧바로 어디든 적응할 수 있어." 영재아들은 사람들이 그들에게 무엇을 기대하는지 그리고 사람들로부터 바라는 반응을 이끌어 낼 수 있는 방법이 무엇인지 빠르게 학습한다. 그들은 주변에 같이 사는 사람들의 단어 선택, 목소리 톤, 얼굴 표정, 몸짓, 그리고 신념 체계를 모방할 수 있다.

J는 7개월에 복합문을 사용하여 말했다. 하지만 오늘날까지 아이와 함께 있으면 언어 발달 수준이 아이 수준이고 아이가 말하는 방식을 따라 한다. 나는 그가 17개월일 때 벌써 이것을 알아차렸다. 아이들이 말을 할 줄 모르거나 말을 많이 안 하거나 혹은 노래를 부를 때에도 그는 무엇이든 아이들의 행동을 따라 했다. 내가 왜 그렇게 하느냐고 물었을 때, 그는 "그들이 무엇을 알고 있는지 알아보려고 하고, 그래서 그들이 하는 행동을 따라 하고, 그래서 그들의 친구가 될 수 있어요."라고 대답했다.

이렇게 행동하는 사람은 집에서 학교에서 그리고 또래들에게 인기가 있다. 우리는 이런 아이를 사랑한다. 그들은 작은 내 모습이고 그리고 우리의 세계관을 확인하고 재창조하면서 우리와 꼭 닮은 모습으로 자랄 것이다. 그러나 우리에게 도전하고 "당신이 나를 어떻게 생각하든 나는 나여야만 해."라고 말하는 사람과는 문제가 있다. 우리는 이 아이들을 반사회적 성향이 있다고 의심하고 그것을 억제할 필요가 있다고 생각한다. 물론 너무 극단적이어서 적대적으로 반항하는 아동이 있지만, '나'를 찾고 내적 통제 소재를 가지는 것은 심리적으로 건강한 것이다. 그리고 영재아는 외적 동기보다는 내적 동기가 더 높다(Coleman, 2012; Gross, 2009; Kanevsky, 1994).

모든 영재아의 내부에는 커다란 두 가지 목소리가 있다. 하나는 '나는 당신이 원하는 무엇이든 될 수 있어'이고 다른 하나는 '나는 나여야만 해.'이다. 대부분의 경우에 대부분의 영재들은 첫 번째 목소리에 귀를 기울이고 두 번째 목소리를 억제하려고 한다. 그러나 억압한 목소리는 결코 완전히 사라지지는 않는다. 그것은 비밀 장소에 숨어 있으면서 다시 목소리를 낼 수 있는 안전한 때를 기다리고 있다. "당신은 나의 모습 그대로를 사랑할 수 있습니까, 아니면 당신이 원하는 모습을 보일 때만 사랑합니까?"

Meckstroth는 "당신은 오래된 빅토리아 시대 서랍장을 연상시킵니다. 당신은 여러 다른 사람을 위해 여러 다른 서랍을 엽니다."라고 말한 적이 있다. 빅토리아 시대 서랍장은 적응을 잘하는 영재가 경험하는 삶의 모습에 대한 적절한 비유다. 그들은 많은 서랍을 가지고 있기 때문에 관계의 필요성에 따라서 여러 가지 자신의 모습을 보여줄 수 있다. 그들은 동시에 너무 많은 종류의 사람들과 상호작용을 하지 않는 한 이 일을 잘 해낸다. 하지만 너무 많은 서랍을 한꺼번에 끄집어내면 그 서랍장은 균형을 잃고 무너지게 된다.

"오늘은 내가 어떤 사람이 됐으면 좋겠어요?"하면서 매일을 살다 보니 '나는 나여야만 해.' 하는 마음은 무의식 속에 잠기고 마음속에 맺힌다. 세월이 가면서, 다른 사람의 기대를 충족시키고 얻는 보상이란 자신의 내적 존재에 대한 인식이 약해지고 그 연결이 더 멀어지게 되는 것이다. "자신의 목소리로 당신의 개인적인 존재를 크게 외쳐도 내적인 메아리가 될 뿐이다"(Alexander, 1992, p. 1). 마침내 모두에게 그들이 정말 원하는 것을 돌려주기 위해 반복적인 노력을 한 후에도, "내가 원하는 것은 무엇인가?" 하는 질문은 잠시 의식 속에 스며들 듯하다가 돌아오는 공허한 대답은 "나는 되도록 다른 사람들이 나에게 화를 내지 않도록 하고 싶어요." 이다. 나라는 것은 최소한 현재로서는 사실상 잠재워졌다고 할 수 있다.

이것은 영재들의 내적 경험의 한 단면일 뿐이다. 이 보이지 않는 세상을 심리학자들이 관심을 갖고 방문해야 할 것이다. 그것은 생산성, 수행,

기술, 상, 학업 성향, 진로 선택, 인내의 세상이 아니다. 이것은 훨씬 더 미묘한 내적 세계의 밖으로 드러나는 일부 장식일 뿐이다. 생산성을 보여줌으로써 그들이 세상에 알려질 수 있겠지만, 그들의 내부는 불투명하다.

영재성의 내적 경험

영재로서의 내적 삶이나 개인적인 경험은 문헌에서 강조되지 않았다 (Coleman, 2012). 특수 영재와 극영재인 청소년과 성인을 치료하는 과정에서, Grobman(2009)은 대다수의 심리적 증상이 '그들 영재성의 내적 경험에 대한 해결되지 않은 갈등'(p. 122)과 연결되어 있는 것을 발견했다. 이런 것에는 과잉 능력을 받은 것에 대한 죄의식 그리고 그들이 더 많이 받았기 때문에 다른 사람들이 적게 받았음에 틀림없다고 하는 '커다란 제로섬 게임'(p. 117)의 신념이 포함된다. "그들이 타고난 놀라운 능력의 여러 부분은 동시에 장점과 단점이 될 수 있다. 이것은 영재들이 경험하는 내적 갈등의 중심에 있다"(pp. 107-108).

겉으로는 침착하고 자신감이 있는데 내적으로는 두려워하고 자책한다. 다음 글에서 10대 영재의 통렬한 내적 세계를 엿볼 수 있다.

> 우리는 '정상'이 아니며 우리는 그것을 알고 있다. 정상이 아닌 것은 재미있을 수 있지만 항상 그런 것은 아니다. 우리는 다른 사람들보다 훨씬 더 예민한 경향이 있다. 다중 의미, 풍자, 자기의식은 우리를 괴롭힌다. 심각한 자기분석, 자기비판, 그리고 우리가 제한점을 갖고 있다는 것을 인식하지 못하는 무능력이 우리를 낙심하게 만든다. (American Association for Gifted Children, 1978, p. 9)

새로운 통찰에서 오는 흥분은 그것을 공유할 수 있는 사람이 없을 때 물거품이 된다. 만일 미묘한 차이점들의 교향곡을 조율하려고 하면, 사회적 교환은 지뢰밭이 될 것이다. 영재는 자신에게 엄격하다. "내가 왜 그것을 말했지?", "나는 무엇을 생각하고 있었지?", "나는 어떤 종류의 사람이지?" 자신의 생각과 행동을 끊임없이 분석하고, 부족함을 생각해 낸다. 모두 다 해야 하고, 모두 잘해야 한다는 내적 압박감을 느끼는데 등 뒤에서는 "넌 또… 늦구나."라고 시계가 비웃으며 조롱을 한다.

당신이 어떤 사람인지에 대해 비웃음을 당하는 것은 우습거나 재미있는 일이 아니다. '비정상적'이라는 불안함 때문에 영재들은 이중 생활을 하게 된다. 그들은 자신의 취약함을 숨기려고 애쓰면서 정상임을 가장한다. Elizabeth Drews(1972)의 말로 하면, "우리 아동들은 그들 자신의 얼굴을 인식하기 전에 마스크를 쓰도록 배운다. 그들은 그들의 부드럽고 유연한 형태를 조립된 껍데기에 집어 넣도록 되어 있다"(p. 3). 중학교와 고등학교를 다니는 동안에 10대 영재들은 종종 자신들이 놀림을 당하지 않도록 보호하기 위해 자신들이 가지고 있는 특성을 감춘다(Coleman, 2012; Gross, 1998).

어떤 아이들은 실제로 자기라는 것이 전혀 없다. 그들은 진실로 집단의 일부다. 하지만 그들 중 많은 아이들은 내가 했던 방식으로 가장한다. 그들의 마음은 실은 집단에 있지 않지만 여전히 함께 어울리면서 지낸다. 나도 그렇게 할 수 있었다면 좋았을 텐데. 나는 진정으로 훌륭한 위선자가 되기를 바랐다. 그것은 아무도 해치지 않고 더 쉽게 살 수 있게 해준다. 하지만 나는 결코 누구도 속일 수 없었다. 그들은 그들이 관심을 갖는 것에 내가 관심이 없다는 것을 알았고, 그것 때문에 나를 경멸했으며, 그리고 나는 그들이 나를 경멸하는 것에 대해 그들을 경멸했다. …

다르지 않기 위해 애쓰게 된 이후로, 나는 전 과목 A를 받는 학생이 되고 싶지 않았다. …

하지만 내가 결코 대꾸를 하지 않았다는 것이 중요하다. 나는 결코 아무 말도 하지 않았다.

… 나는 할 수 없다. 나는 못했다. 나는 싸우지 않는다.

나는 거기 서서 그대로 버틸 때까지 버틴다. 그리고 계속 버틴다.

가끔 나는 거기 서서 버틸 뿐만 아니라 그들에게 미소 지으며 미안하다는 말까지 한다.

내 얼굴이 미소 짓는 것을 내가 느끼게 될 때, 나는 내 얼굴을 벗기고 짓밟고 싶었다. (*Very Far Away From Anywhere Else*, LeGuin, 1976, pp. 4-6)

영재의 복잡성은 외적 요인과 내적 요인의 상호작용과 관련이 있다. 평등주의의 가면 아래에 있는 반주지주의는 세계적으로 퍼져 있다 (Colangelo, 2002; Geake & Gross, 2008; J. Jung et al., 2012; Tannenbaum, 1983). 호주와 뉴질랜드에서는 흔히 영재를 '키 큰 양귀비'라고 부른다. 키 큰 양귀비 신드롬은 특수한 능력을 가지고 있는 사람을 공격하는 사회적 현상이다. '키 큰 양귀비'의 머리를 잘라서 그 누구도 그 나머지들보다 더 위로 자라지 못하게 하는 것을 상징하는 표현은 끔찍한 역사를 가지고 있다. 자신이 또래들과 구분된다는 것은 실제로 위험스럽다. 지능은 그 집단을 위협하는 것으로 보일 수 있는 사회적 이점을 나타낸다. "그런 조숙한 큰 양귀비를 잘라서 작게 하는 것은 그 집단에 이익이 될 수 있을 것이다"(Geake & Gross, 2008, p. 220). 모든 사람을 위해 평등한 기회를 제공하는 진정한 평등주의는 역사적으로 제퍼슨이나 링컨과 같은 영재들이 지키기 위해 싸운 하나의 이상이다. 평등한 기회는 뛰어난 개인들에 대한 편견으로 획득되지 않는다. 꼭대기를 아래로 내린다고 해서 바닥이 위로 올라갈 수는 없다.

> 교사나 행정가들과 이야기를 해보면 똑똑한 학생들에 대한 사실상의 편견이 있다는 것을 종종 알 수 있다. 가끔은 직접 말로 하지 않지만 똑똑한 학생들은 너무 많은 이점을 가지고 출발하며 똑똑하지 못한 또래들이 그들을 따라갈 때까지 그들을 내버려 두는 것이 더 좋을 것이라고 생각하는 것 같다. (Singal, 1991, p. 67)

영재들은 스스로 잘 보살필 수 있는 반면에 다른 학생들은 보살핌을 더 필요로 한다는 이유로, 영재들은 일반적으로 선의의 무시를 당한다. 하지만 영재들을 향한 언어적·신체적 반발은 지나치다. J. Jung 등(2012)은 서양인들은 "지적 활동을 해서 높은 수준의 성공을 하는 학생들에 대한 거부와 적개심을 나타낸다고 알려져 있으며 이것은 무관심, 고정관념, 조롱, 위협으로 나타날 수 있다"(p. 16)고 지적했다. 미국과 호주의 초등학교 학생들 중에서 소년들 1/3이 똑똑하다는 이유로 신체적인 공격을 받았다고 말했다. 영재들을 향한 잠재된 적대감은 "네가 그렇게 **똑똑하다면**, 왜…", "구두끈은 맬 수가 없어?", "더 노력 안 해?", "부자가 아니야?", "유명하지 않아?"와 같은 말로 시작하는 비난으로 나타난다. 많은 악담들은 의기소침하게 만드는 것이다.

영재들이 당면하는 한 가지 문제는 불친절한 사람들이 이용하는 성격 특성에 기인한다. 영재들은 잘 속는다. 그들은 무엇보다 진실한 성향이 있기 때문에 모든 사람이 그들에게 하는 거의 모든 것을 믿는다. 이런 면에서 영재들은 스펙트럼의 반대편 끝에 있는 사람들과 비슷하다. 그들은 잘 속아 넘어가기 때문에 바보로 만들기가 쉽고 어떤 사람들은 그들을 바보로 보이게 만드는 것을 즐긴다. 일찍 굴욕을 당하게 되면 깊은 상처가 남는다.

두 번째 특성은 영재 전문 상담자인 Betty Maxwell이 1944년의 영화 '가스등'에서 따와서 '가스등 놀이'라고 이름 붙인 것이다. 그 영화의 줄거리는 한 여성에게 그녀가 사실이라고 보고 믿는 것이 사실이 아니라고 말해줌으로써 미치게 만드는 음흉한 계략에 대한 내용이다. 영재들과 같은 방식으로 다른 사람들이 관찰하고, 이해하고, 느끼고, 경험하고, 직관하지 않기 때문에, 영재들의 생활에서는 이런 현상이 무심코 일어난다. 영재들은 자신들의 현실을 이해하는 누군가를 찾을 수 없을 때 자신의 온전한 정신을 의심하기 시작한다. 만일 다른 사람들이 그들을 '미쳤다'고 하거나 그들이 마치 정신적으로 불안한 것처럼 그들을 대한다면 이것은 악화될 수 있다. 영재 심리치료사들의 한 가지 중요한 역할은 영재들에게 현실 점검을 제공하는 것이다.

Betty Maxwell이 또 하나 관찰한 것은 영재들이 '논리적 강박logical imperative'을 가지고 있다는 것이다. 많은 사람들이 자신에게 모순되는 요소들이 있어도 태평스럽게 무관심한 반면, 영재들은 그들의 신념 체계들 속에 그리고 그들의 신념과 행동 간에 모순이 생기면 논리적 강박 때문에 매우 불편함을 느낀다. 그들은 생각하는 것이 불일치하면 다른 사람들이 알아채지 못해도 당황한다. 정신적인 생활은 서로 다투는 자신의 부분들 간의 레슬링 경기로 가득 차 있다. 심리치료사와 함께 하는 많은 시간을 그들은 반증을 생각할 수 있기 때문에 '분명히 진실이 아닌 것'을 분명하게 하는 데 보낸다.

영재들의 전형적인 경험을 '사기꾼 증후군Imposter Syndrome'이라고 부른다(Clance, 1985). 1970년 내가 캘리포니아 장학 연맹에 관련된 10대들에게 강연하면서 이 느낌을 '큰 사기 게임Great Con Game'이라고 말했다. 보통 학생들에 비해서 영재 학생들은 대단히 똑똑해 보인다. 하지만 영재들은 자신을 보통 학생들과 비교하지 않는다. 대신에 그들은 그들의 지식을 한 주제에 대한 알려져 있는 모든 것과 비교한다. 그들은 곧 간신히 표면을 긁었을 뿐이라는 것을 알게 된다. 모든 책에는 참고문헌 리스트가 있다. 그 모든 참고문헌에는 또 참고문헌 리스트가 있다. 오늘날 문제는 더 심각해서, 한 용어나 질문에 관련된 수백만 개의 자료들이 순식간에 구글에 올라온다. 어디에서 검색이 끝나는가? 영재들은 종종 모든 모든 사람들에게 그들이 똑똑하다는 것을 인식시키고는 어느 순간에 실체가 드러나게 되어서 사람들을 속인 결과가 된다고 생각한다. 영재가 완벽하게 준비하지 못하고 수행한 보고서와 프레젠테이션에 대해 조금 더 아는 사람이 그 주제에 대해 다루어지지 않은 부분을 지적하면 그 모두가 속임수가 되어 버린다. 그들이 전문성을 개발한 한 영역의 전문적인 보고서를 발표할 때 그들은 여전히 "만일 내가 모르는 어떤 것에 대한 질문을 받게 되면 어떻게 할까?"하고 걱정한다. 어떤 주제에 대하여 논하기 전에는 그것에 대한 모든 것을 알고 있어야 한다고 믿는 것을, Olsen Laney (2002)는 내향적인 사람들의 문제라고도 보았지만, 그것은 또 다른 '영재 문제' 이다.

영재들의 내적 삶은 날카로운 민감성, 깊은 도덕적 관심, 열정적인 신념, 이상주의, 부적절한 느낌, 가차없는 자기비판, 완벽주의 그리고 강렬함으로 가득 차 있다. 영재들은 위선을 싫어하고 예리한 지각을 가지고 있으며, 그래서 가짜인 것을 가지고 즐기는 상사, 동료, 교사, 부모들과 종종 불화를 겪는다. 그들은 역설적이게도 자기확신이 있으면서 불안하고, 대담하면서 소심하고, 이상적이면서 실용적이고, 타인에게 정이 많으면서 자신에게 불친절하고, 성숙하면서 미성숙하다. 한 11세 아동은 몇 시에 잠자리에 들어야 하는지 부모의 말을 듣기에는 충분히 나이가 들었다고 격렬하게 부모에게 주장하지만, 밤에는 감싸 안기기를 원했다. 한 12세 아동은 한 손에는 미적분 책을 그리고 다른 한 손에는 호기심 많은 조지(Curious George) 동화책을 들고 비행기에서 내렸다.

> 내 아들은 대조되는 것의 연구 대상이다. 그는 다소 거칠지만 매력 있고 예쁨도 받는다. 그는 또한 집중하고 어떤 것에 완전히 몰두할 수 있는 반면에 어떤 때는 완전히 주의 산만하다. 그는 또한 개방적이고 그의 미래에 대하여 적극적으로 표현하는 한편 속마음을 잘 표현하지 않을 때도 있다.

아동기에 영재들은 영재성의 성격에 대한 사회의 혼란 때문에 큰 시련을 겪는다. 영재성의 정의가 너무 다양해서 아동들은 그들의 능력이 상황적이라고 믿게 된다. "나는 3학년 때까지 영재가 아니었다.", "나는 이전

학교 교육청에서는 영재였는데 지금 다니는 학교에서는 아니다.", "나는 초등학교에서는 영재 프로그램 반에 있었는데 이제는 더 이상 영재가 아니다." 어떤 영재 교사는 다음과 같은 이야기를 들려주었다.

> 1학년일 때 영재 확인을 받은 한 7세 아동이 2학년 말에 긴장감을 가지고 영재/재능 교사에게 다가왔다. 2학년에서 3학년으로 올라가면 새 학교로 가야 하는 것을 알고 있기 때문에 그녀는 교사에게 "내년에도 나는 여전히 영재/재능아인가요?"라고 걱정스럽게 물었다. 교사가 그렇다고 대답했지만 분명히 그녀를 만족시키지 못했다. 그녀는 "내가 내년에 영재/재능아일 거라는 것이 확실해요?"라고 물었다. 그 교사는 마침내 "영재성은 없어지는 것이 아니야."라고 설명해 줌으로써 그녀를 안심시킬 수 있었다.

아동이 영재로 확인되면서부터 "나의 '타고난 능력'이 뭐야?" "그것은 어디에서 오는 것일까?" "나에게 기대하는 것이 무엇이지?" "내가 그 기대에 맞게 살지 못한다면?" "왜 나야?"와 같은 여러 가지 질문이 그를 괴롭힌다. 그들은 영재성이 무엇을 의미하는지 그리고 다르다는 것이 어떤 느낌인지 함께 탐구하고 그들에게 대처 전략을 개발할 수 있도록 도와주는 상담자를 필요로 한다.

영재아와 영재 성인을 묘사하는 데 있어서 놀랍도록 규칙적으로 나타나는 두 가지 특성은 사람들이 영재성과 거의 비슷한 말로 생각하는 민감성과 완벽주의다. 이 집단에 대한 많은 심리적 이슈들은 이 두 가지 특질로 거슬러 올라갈 수 있다. 영재들은 흔히 '과하게 민감하다' 혹은 '너무 완벽주의다'라는 말을 자주 듣는다. 하지만 그들에게 이 특성들을 약화시키라고 요구하는 것은 영재성을 줄이라는 것과 같다. 민감성과 완벽주의는 영재성과 관련된 정서다. 그것들은 인지적 성질만큼이나 강하게 일반 사람들로부터 영재들을 구분한다. Dabrowski(1964, 1967, 1972)는 우리들이 영재들의 민감성, 강렬함, 완벽주의 그리고 내적 갈등을 더 깊이 이해할 수 있도록 해주는 영재들의 내적 세계를 들여다보는 창문을 만들었다.

Dabrowski의 긍정적 분해 이론

Kazimierz Dabrowski(1902-1980)는 폴란드 출신 정신과 의사이자 심리학자로서 예술가, 배우, 작가, 무용가, 지적 영재 청소년들의 심리적 구성요소들을 연구했다. 그 이론은 더 높은 수준의 여러 측면을 가진 정신의 조직이 탄생하기 위해서는 초보적인 발달 수준은 분해되어야 한다는 견해를 기본적인 근거로 한다. 위기와 불평형의 시기를 긍정적인 급성장으로 생각한다. 발달 수준을 자기중심적인 수준 I('1차적 분해')에서 감정 이입을 잘하는 이타주의적인 수준 V('2차적 분해')의 5개 수준으로 나누었다. 각 수준 사이에는 여러 분해 과정이 나타난다. 수준 II에서는 집단 의식이 지배적이어서 많은 양면성을 경험하게 된다. 수준 III은 다수준 발달이 시작되어서 가치관의 내적 위계가 발달한다. 수준 IV는 더 자율적이며 자기주도적인 발달을 한다. 각 수준은 다른 수준들과 극적으로 다른 그것 자체의 세상이다. 이것은 긍정적 분해 이론(Theory of Positive Disintegration, TPD) 중에서 영재의 심리치료를 위한 유용한 부분이다. 그것은 위기에 대처하기 위한 긍정적인 틀을 제공하고, 영재들이 그들의 이상적인 자기를 향해 나아가는 것을 감시할 수 있는 이정표를 제공한다.

이것은 연령에 따른 단계이론이 아니다. 아동이 날개를 펴고 나비가 되는 기쁨으로 시작하여 마더 테레사로 진화하지 않는다. 전 생애에 걸쳐서 같은 수준에 머무를 수도 있고 상당한 노력, 불편함 그리고 내적 갈등을 거쳐서 더 높은 수준에 오를 수도 있다. Piaget 이론의 단계들과는 다르게 낮은 수준이 더 높은 수준에 흡수되어 버리지 않는다. Piaget 이론에서는 아동이 구체적 조작 단계의 사고를 할 수 있게 되면 전 발달 단계인 전조작적 단계의 사고를 더 이상 하지 않는다. 하지만 Dabrowski 이론에서는 개인의 내적 환경은 두 세대 간의 충돌을 동반하는 두 가지 발달 수준의 집을 동시에 소유할 수 있다. 행동과 자기질책에서의 동요는 이 갈등의 표현으로 이해할 수 있다. 다수준 지각의 발달 잠재력은 영재들에게서 강하게 나타나지만, 그것의 실현은 평생이 걸릴 수 있다. Bailey(2011)는 그녀의 연구에서 70%의 영재 청소년들이 수준 II에 있음을 발견했다(단일 발달 수준). (Dabrowski 이론에 대한 심도 깊은 논의를 위해서는 Mendaglio, 2008 참조)

많은 연구들은 널리 인정받는 성공을 목표로 추구한다. 일반적인 연민을 이끌어내는 요인들을 탐구하는 데 관심을 가지는 연구는 드물다. 그래도 소수는 아직도 이런 선택을 한다. 내적 세계를 탐구하기 위해 출발하는 사람들은 더 높은 수준의 발달에 대한 잠재력이라는 다른 종류의 특이한 잠재력을 만나게 될 것이다.

다수준 발달을 위한 발달 잠재력은 다음과 같은 특징을 가지고 있다.

1. 재능, 특별한 능력, *g*(일반지능)

2. 과흥분성 : 심리운동적, 감각적, 지적, 상상적, 정서적

3. 내적 변형을 위한 잠재력

과흥분성은 현실을 질적으로 다르게 경험하는 것을 의미한다. 호기심, 감각적 즐거움, 상상력 그리고 느낌이 단순히 더 많은 것이 아니라 깊이, 섬세함, 지각의 차원이 다르다. 굉장히 활기차고 규준과는 매우 다른 신경적 처리를 하는 것이 포함된다. (Jackson, Moyle, & Piechowski, 2009, p. 438)

과흥분성은 폴란드어로 더 강한 신경적 반응 능력을 의미하는 '과도한 자극반응성'이라는 뜻의 'nadpobudliwosc'을 번역한 것이다(Falk, Piechowski, & Lind, 1994). Dabrowski는 원래 바르샤바에서 예술학교에 다니는 영재와 창의적인 청소년들의 정서적 긴장감을 관찰했다. "고조된 흥분성은 따라서 더 광범위한 경험을 하기 위한 수단이다"(Dabrowski, 1972, p. 7). 기질 요인들과 마찬가지로 과흥분성 요인들도 선천적이고 전 생애에 걸쳐 안정적인 특성인 것으로 보인다.

다섯 가지 과흥분성 요인들에는 심리운동적 과흥분성, 감각적 과흥분성, 상상적 과흥분성, 지적 과흥분성과 정서적 과흥분성이 있다. Dabrowski는 정서적, 상상적, 지적 과흥분성을 더 높은 수준의 발달을 위한 강력한 공신들이라고 생각했다. 심리운동적 과흥분성과 감각적 과흥분성은 나머지 다른 세 가지 과흥분성이 더 강할 때만 기여할 수 있는 것으로 생각된다(Mika, 2006). 영재들에게서 과흥분성으로 기술한 특성들을 쉽게 찾아볼 수 있다. 비록 청소년들을 대상으로 한 최근의 한 연구

에서는 영재 남자 청소년들이 상상적 그리고 지적 과흥분성에서만 유의미한 차이를 보였지만(Piirto & Fraas, 2012), 상당한 연구 결과에서 일반아들보다 영재들이 더 많은 과흥분성을 보이는 것으로 나타났다(Jackson et al., 2009)(더 자세한 논의에 대해서는 Falk & N. Miller, 2009; Silverman, 2008 참조).

심리운동적 과흥분성은 자극에 대한 특별히 강한 신체적 반응을 말한다. 신체적 에너지가 넘치고, 높은 수준의 활동성, 빠른 게임과 스포츠를 좋아하고, 경쟁적이고, 강박적으로 말을 하고, 끊임없이 움직이는 특징을 나타낸다. 심리운동적 과흥분성은 손가락으로 뭔가를 두드리고 발을 흔드는 것과 같이 신체 부위를 가만히 두지 못하고 움직이는 아이에게서 볼 수 있다. 심리운동적 과흥분성이 높은 10대들은 종종 위험하고 몹시 자극적인 활동을 한다. 성인들의 경우에는 일중독이거나 활동 지향적이어서 모임에서 "우린 이미 충분히 오랫동안 이야기했으니까 이제 어떻게 행동할 거야?"라고 먼저 말한다. 심리운동적 과흥분성은 아동의 경우에는 부정적으로 인식되는 경우가 많지만, 성인들의 높은 에너지 수준은 더 높은 생산성으로 나타나고, 노인들에게는 큰 혜택이다.

(내 개인적인 생각으로) 심하게 저평가를 받는 감각적 과흥분성은 고조된 감각을 말한다. 감각적 과흥분성이 높은 사람은 질감, 맛, 향기, 소리, 석양, 자연, 사막, 음악, 예술, 말, 아름다움, 포옹, 거품 목욕, 초콜릿, 등마사지, 쇼핑, 섹스 그리고 주목의 중심이 되는 것을 좋아한다. 그들은 와인, 사운드 시스템 혹은 예술 작품들을 전문가 수준으로 세밀하게 구별할 수 있는 심미안을 가지고 있다. 어떤 사람들은 철물점 냄새를 꽃 향기만

큼 좋아한다. 그들은 아마도 가스가 새는 것을 빨리 탐지할 수 있을 것이다. 그들은 실제로 까다롭다. 아기일 때 그들은 물기가 있거나 더러운 것을 싫어한다. 옷에 붙어 있는 라벨을 떼어 내야 한다. 양말은 발에 꼭 맞아야 한다. 마치 동화 '공주와 완두콩' 같이, 주변 환경에 예민하고 모든 것이 그들에게 '안성맞춤'이어야 편안하게 느낀다.

상상적 과흥분성은 생생한 이미지, 창작, 극적인 인식, 시적인 성향, 공상, 유머, 창의적 상상 그리고 지루함을 못 견디는 것으로 나타난다. 옷장에 있는 자기 양말이 밤중에 분명히 흡혈귀로 변할 수 있다고 확신하는 아동은 높은 상상적 과흥분성을 가지고 있다. 이 아동이 더 나이가 들면 과학적 공상에 빠지게 된다. 가끔은 그들의 상상이 현실보다 훨씬 더 재미있기 때문에 진실과 허구가 뒤섞이게 된다[영화 조니 뎁의 돈 쥬앙(Don Juan de Marco)과 빅 피쉬(Big Fish)를 생각해보라]. 공상가는 앞으로 펼쳐질 세상을 상상한다. 따라서 상상적 과흥분성은 더 높은 발달 수준을 향해 힘든 여행을 할 수 있게 영감을 주는 역할을 한다.

지적 과흥분성은 다른 사람의 관점을 볼 수 있도록 해준다. 호기심, 면밀한 질문, 진실 탐구, 독서광, 생각에 대한 생각, 정확성, 분석과 문제 해결 등으로 표현된다. 지적 과흥분성을 가지고 있는 어린 아동은 독립적인 사고가다(Falk, N. Miller, & Silverman, 2009). 말문이 트이면서 하는 말 중에 "그건 내가 할 거야!"가 아마도 포함될 것이다. 성인이 되면 새로운 이론을 배우고 문제를 분석하고 해결하는 것을 좋아한다. 지능과 지적 과흥분성은 중첩되지만 같은 것은 아니다. 아동의 지적 과흥분성은 높은 IQ 점수와 상관이 있다(Falk et al., 2009). 하지만 성인기에는 높은 IQ

를 가지고 있지만 지적 관심이 없는 사람들도 있다. 그들은 독서를 좋아하지 않으며 연극을 보러 가는 것보다는 야구 게임을 하러 가는 것을 더 좋아한다. 그들은 지능을 실용적, 재정적 혹은 예술적 영역에 사용할 수 있다.

더 높은 수준의 발달에 가장 중요한 정서적 과흥분성은 Dabrowski 이론의 핵심이다. 정서적 과흥분성은 정서적 민감성, 공감, 죽음에 대한 두려움, 강한 애착, 얼굴 붉힘과 같은 신체적 표현, 억제, 극적이고 복잡한 정서, 우울과 고독 등과 같은 여러 모습으로 나타난다. 정서적 과흥분성이 높은 사람은 친절하고 다른 사람의 감정에 신경을 쓴다. 아동기에 그들은 종종 다른 사람에게 괴롭힘을 당하는 사람을 돕기 위해 나서고 교사에게 불공평한 대우를 받는 아이가 있으면 교사에게 과감히 맞선다 (Probst & Piechowski, 2012). 그들은 다양한 정서를 경험한다. 웃으면서 우는 것과 같이 반대되는 감정을 동시에 느끼는 사람들도 있다. 그들은 종종 어떤 집단이나 가정의 정서적 안녕에 대한 책임을 느낀다. (과흥분성의 다양한 형태와 표현 그리고 **과흥분성 질문지**를 알아보려면 Piechowski, 2006, reproduced in Daniels & Piechowski, 2009; Probst & Piechowski, 2012 참조).

정서적 과흥분성이 19개 연구 중 15개 연구에서 가장 높은 과흥분성이라고 보고되었다(Falk & N. Miller, 2009). 순위의 전체 합은 감각적 과흥분성(29)에서 정서적 과흥분성(90)으로 나타났다. 지적 과흥분성의 순위의 합(70)은 정서적 과흥분성보다 상당히 낮았다. 대부분의 연구가 영재들을 표본으로 수행되었고, 영재성의 특성이 지적 과흥분성을 설명하는 용어들과 중첩되는 것에 비추어볼 때 이 결과는 놀라운 것이다. 하지만 연구 결과는 정서적 과흥분성이 지적 과흥분성보다 영재를 일반아들과 훨씬 더 잘 구분한다는 것을 보여준다. 정서적 과흥분성은 **과흥분성 질문지 II**(Overexcitability Questionnaire II, OEQ-II)를 사용한 9개의 국제적인 연구에서도 가장 높은 순위를 차지했다(Falk & Miller, 2009). Falk(2012)는 512명의 영재아들을 표본으로 **부모용 과흥분성 검사**를 실시하여 얻은 자료를 분석한 결과, 정서적 과흥분성을 정서적 강도와 공감이라는 두 가지 요인으로 나눌 수 있다는 것을 발견했다. 공감은 영재성을 말해주는 강력한 지표다.

> 여러 가지 모습의 정서와 기분으로 표출되는 영재아들의 정서적 과흥분성은 강도와 민감성 모두가 광범위하고 여러 측면으로 나타나는 경향이 있다. 연민, 돌봄, 책임감 이외에, 깊고 예리한 느낌이 알아가는 방식으로서 공감에 포함되어 있으며, 그것은 탐구되지 않은 영재의 또 다른 능력이다. (Jackson et al., 2009, p. 239)

공감은 비영재보다 영재들에게서 뚜렷하게 나타나며 여러 나라에서 영재들의 특성으로 기록되어 있다(Pramathevan & Garces-Bascal, 2012; Schechtman & Silektor, 2012). 공감 능력은 영재들을 취약하게 만든다. 그들은 영화, TV 프로그램, 광고, 책, 아동용 게임에 나오는 잔인함이 표현되는 것에 대해 힘들어 한다. 특히 정서적 과흥분성과 상상적 과흥분성이 모두 강하면 현실과 상상한 경험 간에 삼투막이 생긴다. 스크린을 통해 잔인한 장면을 보거나 책에서 읽게 되면, 그들은 마치 현실에서 그 장면을 목격한 듯 본능적으로 반응한다. 세상에서 일어나는 잔혹한 사건들에 쉽게 압도되어, 그들은 머릿속의 그 혼란스러운 이미지를 지우기가 어렵다.

> 이야기, 영화, 목격한 사건에 대한 극한 반응을 하고, 심각하게 생각하고 깊은 슬픔과 흥분과 공포를 나타낸다. 영화 보러 가는 것을 거부한다. 디즈니 영화에는 항상 피해를 당하는 인물이 있기 때문에 디즈니 영화를 집에서 DVD로 보는 것도 싫어한다. 다른 아이들이 보는 대부분의 영화/쇼를 안 보려고 한다. "너무 무서워."라고 말하면서 거부한다.

상담자는 이런 아동들의 독서 숙제에 대하여 중재할 필요가 있다. 영재아들의 정서적 반응 강도는 과흥분성에 대하여 익숙하지 않은 정신 건강 전문가들에게는 과장된 것으로 보일 수 있다.

"강렬함은 뿌리 뽑을 수 없는 영재아 자신의 일부다"(Jackson et al., 2009, p. 443). 과흥분성은 영재들의 삶에 풍부한 질감을 제공한다. Frank(2006)는 지능은 영재가 문제를 해결할 수 있도록 해주는 한편 과흥분성은 문제를 해결하기 위한 열정을 제공한다고 제안했다. 넘치는 에너지, 흥분, 열정, 상상력, 황홀감과 고뇌는 영재들이 인생을 '더 높은 수준'에서 경험하도록 해준다(Piechowski, 2006, p. 266).

완벽주의

열심히 일하고 노력하는 것은 칭찬받을 일이지만 '너무 열심히 일하는 것'은 성격 결함으로 간주된다. 이 경쟁적인 사회적 메시지는 영재들에게 이중 구속이다. 완벽주의는 영재성의 평생 반려자다. 구체적 현실에서 만일 발견된다고 하더라도 아주 희귀한 이상을 추구하기 위한 노력을 하기 위해서는 추상적인 마음이 필요하다. 심리학에서 자주 비판하는 이 특성에는 눈에 보이는 것 이상이 있다.

Dabrowski 이론은 성격 발달에 있어서 완벽주의의 긍정적인 가치를 인식하기 위한 기반을 제공한다. 완벽주의는 정서적 과흥분성의 표출, 전체 발달 과정을 뒷받침하는 자기완성의 추구, 내적 전환을 위한 능력 그리고 개인의 발달 수준에 따라 극적으로 변하는 성격 기능 등으로 보일 수 있다. 더 높은 수준의 발달은 자신의 성장 잠재력을 인식할 수 있고, 이상적인 자기가 되기 위한 갈망, 그리고 변화에 대한 내적 장애를 극복하기 위한 의지를 집결할 수 있는 사람에게만 가능하다. 이것이 바로 발달에 필요한 완벽주의다.

완벽주의는 각 발달 수준에서 완전히 다른 동물이다. 그것은 다른 근원에서 나오고 성격에 유의미하게 다른 영향을 미친다. 이 주제에 대한 대부분의 일반적인 담론은 수준 I과 수준 II에서의 완벽주의의 표현에 초점을 맞춘다.

수준 I에서 완벽주의는 폭군적이다. 공감의 발달 없이 사람은 본질적으로 자기애적이다. 다른 사람들이 그들의 기대에 맞추어 살기를 바란다. 그들은 실수를 용납하지 않는 냉혹한 작업 감독자이다. 그들의 애정은 다른 사람들을 통제하는 그들의 능력과 일치한다. 자기반성이 없으면 수준 I에 있는 사람은 항상 다른 사람을 탓할 이유를 찾는다. 그들은 결코 잘못이 없다. 만족시키기가 어렵고, 그들이 인정하는 시효 시기는 짧다. "최근에 네가 나를 위해 해준 게 뭐야?" 이런 유형의 완벽주의를

Hewitt와 Flett(1991)의 다차원적 완벽주의 척도(Multidimensional Perfectionism Scale, MPS)에서는 '타인 지향성'이라고 부른다. 영재성과 '타인 지향성' 완벽주의 간에는 상관이 없는 것으로 나타났다(Chan, 2007).

완벽주의는 보통 무엇을 하든지 그것이 결코 충분히 좋지 않다고 느끼는 것으로 그려진다(Greenspon, 2012). 그런 느낌은 단독 수준(수준 II) 발달의 전형이다. 수준 II에서는 낮은 자존감과 다른 사람들에 대한 열등감으로 괴로워한다. 그들의 고정관념적인 가치관은 가족, 친구, 교회, TV와 영화에서 무의식적으로 받아들인 것이다 — 다른 사람들이 더 똑똑하고, 더 부자고, 더 행복하고, 더 매력적이고, 더 행복하다 등. 다른 사람으로부터 인정 받기를 절실하게 원하기 때문에 그들은 자신에 대한 다른 사람들의 의견에 대해 지나치게 걱정한다. 그들은 매일 "내가 만일 … 한다면 다른 사람들이 나를 어떻게 생각할까?"라고 걱정하면서 보낸다. 내적으로 가치관의 위계가 없기 때문에 수준 II 사람들은 그들을 안내할 내적인 지침을 가지고 있지 않다. 그들은 양가 감정과 양립 경향(상반된 행동)을 가지고 있고, 자기확신이 더 강한 수준 I 단계에 있는 비양심적인 사람들에게 쉽게 이끌림을 당한다. 단순 수준 발달은 대부분의 완벽주의 척도에 의해 측정되는 불안감의 온상이다.

다수준 발달은 자기 자신의 이상에 대한 열등감인, 다른 유형의 열등감을 일으킨다. 가치관의 내적 위계는 성격에 깊이를 부여한다. 수준 III에 있는 사람은 "무엇이 될지, 무엇이 되어야 하는지 마음에 그리기 시작하고, 그 비전을 실현하기 위한 자신의 잠재력을 인식하기 시작한다. 그러나 그들은 그들 속에 있는 '되어야만 하는 무엇'과 '현재 무엇' 간의 고통스러운 틈 사이에서 산다. 그들은 더 이상 집단 사고에 좌우되지 않고, 더 높은 이상을 이해하고 이 이상에 들어맞지 않는 덜 진화한 자신의 부분들을 거부하기 시작한다. 그들은 이기적이고, 소심하고, 충동적이고, 보복적이고, 모방적이고, 경쟁적인 자신의 부분들에 대하여 몹시 고통스럽게 자각하게 된다.

내적 변화는 과거로 돌아가지 않겠다는 완전한 헌신을 필요로 한다. 프로젝트에 몰입하는 것이 여행의 첫 번째 단계다. 다수준의 사람들은 최선을 다하기 위해 애쓰면서 그들의 일에 완전히 몰입하게 된다. 그들은 인정을 받기 위해 노력하고 있는 것이 아니다. 다른 사람들의 판단과 자신의 내적 비판에 구속되지 않고, 그들은 Csikszentmihalyi(1990)가 말하는 '몰입flow'의 상태에 들어갈 수 있다. 이 완벽주의적 열망은 이미 Maslow(1971)가 자아실현을 위한 필수적인 과정으로 확인했다. 자신의 잠재력을 충분히 실현하기 위해서는 그 사람의 능력을 완벽하게 되도록 노력하는 것이 필수적인 단계다.

> 자아실현이란 충분히 집중하고 완전히 몰두해서 충만하게, 생생하게, 이기심 없이 경험하는 것을 의미한다. 그것은 청소년들의 자의식이 없는 경험을 의미한다. 경험을 하는 이 순간에, 그 사람은 완전한 인간이다. 이것이 자아실현을 하는 순간이다. 이것은 자기가 그것 자체를 실현하는 순간이다. 개인적으로 우리 모두가 그런 순간을 가끔 경험한다. 상담자로서 우리는 내담자들이 그것을 더 자주 경험하도록 도와줄 수 있다. 우리는 그들이 그들의 주장과 방어

와 수줍음을 잊고 완벽하게 몰입하여 무엇인가에 완전히 전념하게
끔 힘을 줄 수 있다. '완전히' 몰입하게 할 수 있다. (Maslow, 1971,
p. 45)

인격 이상을 추구하면서 완벽주의는 자아실현 과정에 동력을 제공한
다. 발달이 진행되면서, 완벽주의의 초점은 세상에 완벽한 것을 보여주는
것에서부터 자신을 완전하게 하는 것으로 변한다. 자기 존재의 목적에 대
한 인식이 나타나기 시작하면서 자신의 잠재력을 알게 되고 자신의 삶을
인격 이상과 더 일치되도록 헌신하게 된다. 완벽주의는 내적 변화의 작업
을 촉진한다.

다수준 발달에 대한 잠재력은 매우 어린 영재 아동에게서 볼 수 있다.
다음은 라디오에서 '만일 내가 세상을 지배할 수 있다면'이 흘러나오고
있을 때 한 어머니와 2.5세 아들 간의 대화 내용이다.

"엄마, 뭐라고 말하고 있는 거야?" W가 물었다.
"오, 세상을 지배하고 싶다고." 어머니가 답했다.
"왜 그렇게 하고 싶어 해?" 그가 물었다.
"음, 힘을 가지고 싶고 다른 사람들을 통제하고 싶은가 봐."
"그렇게 한다고 해서 행복해지지는 않는다는 것을 그는 알아야 해."라고 W가
대답했다.

어떤 사람들은 완벽주의가 선천적이라고 생각한다.

흔히 상식적으로 완벽주의의 원인은 아이에게 완벽한 것을 엄격하
게 요구하는 부모에게 직접적인 잘못이 있다고 생각하지만, 임상
경험에 의하면 이 결론은 근거가 없는 것으로 나타났다. 많은 완벽

주의 영재 아동은 현실적인 기대를 하는 느긋하고 편안한 부모의 작품이다. … 어떤 아동은 단순히 질서 정연한 환경을 요구하거나 혹은 무질서를 아주 싫어하는 기질들을 가지고 태어나는 것이 가능해 보인다. (Kerr, 1991, p. 141)

그들의 완벽주의가 어떻게 생기게 되었는지 말해보라고 질문하면, 연구에 참여한 사람들은 그들이 살아오면서 완벽하지 않은 때를 기억할 수 없기 때문에 질문에 답하기를 어려워했다. 그렇기 때문에 선천적 특성으로 그들이 태어날 때부터 가지고 있는 성향으로 생각된다. (Speirs Neumeister, 2004a, p. 266)

이 관점은 자녀의 완벽주의는 부모에게 잘못이 있다는 관점과 날카로운 대조를 이룬다. Burns(1980)는 완벽주의는 자녀에게 스스로 자기강화를 하도록 강요하는 완벽주의적인 부모에게서 배운 특성이라고 주장했다. Greenspon(2012)도 완벽주의의 근원을 유의미한 타인으로부터의 조건적인 인정에서 찾는다. 이런 가정들은 영재들의 연구에서 지지를 받지 못했다. Parker와 Stumpf(1995)는 부모의 기대가 영재 자녀의 완벽주의 척도 점수에서 4% 이하의 변량을 설명한다고 보고했다. Schuler(2000)는 건강한 완벽주의자들은 자신을 더 완벽주의적이라고 생각하는 반면, 건강하지 못한 완벽주의자들은 그 반대였다.

완벽주의의 몇몇 개념에서 완벽주의의 긍정적인 측면이 인정을 받지 못하기 때문에, '수월성 추구'라는 또 다른 구인이 필요하게 되었다(Greenspon, 2012, p. 600). 이 바람직한 특성은 바람직하지 못한 특성으로 받아들여지는 완벽주의와 구별된다. 그 차이점은 영재 교육에서 매우 인기가 있다. 이 렌즈를 통해서 본다면, 미국의 올림픽 피겨 스케이팅 금메달 수상자인 에반 라이사첵은 어떻게 보일까? 그는 그의 코치가 제발 연습 좀 그만하라고 빌 정도로 연습을 했다고 한다. 완벽주의가 아닌 올림픽 도전자를 상상하기는 어렵다.

점점 더 많은 연구자들이 영재들의 건강한 완벽주의에 대한 증거를 찾아내고 있다(Chan, 2012). Hamachek(1978)은 두 종류의 완벽주의자, 즉 건강한 완벽주의자와 신경증적 완벽주의자가 있다고 제안했다. 건강한 완벽주의자는 어려운 과제를 성취해 내는 데서 기쁨을 얻지만, 신경증적 완벽주의자는 그의 성취가 충분히 훌륭하다고 절대 만족해하지 않는다. Parker(1997)의 연구에서 400명의 6학년 영재 학생들 중에서 40% 이상이 건강한 완벽주의자였다. 그는 "이 재능아들이 가지고 있는 완벽주의의 중요한 특성은 신경증이 아니라 성실성이다"(p. 556)라고 결론 내렸다. 2000년에 Parker는 820명의 더 큰 표본을 대상으로 몇 가지 검사 도구를 사용한 연구에서 비슷한 결과를 얻었다. 이 아동들은 "반듯하고, 믿을 수 있고, 사회적 기술을 가지고 있었다. 체크리스트 검사에서도 그들은 성실하고, 성취 지향적이고, 적응을 잘하고, 사회성도 안정적으로 나타났다"(pp. 176-177). Schuler(2000)의 시골의 영재 청소년들을 대상으로 한 연구에서도 같은 결과가 반복되었다. 건강한 완벽주의자와 건강하지 못한 완벽주의자에 대하여 그녀는 다음과 같이 묘사한다.

건강한 완벽주의자

- 질서와 조직에 대한 강한 욕구가 있음
- 실수를 용납함
- 자신에 대한 부모의 높은 기대를 즐김
- 자신의 완벽주의에 대한 긍정적인 대처 방식을 가지고 있음
- 최선을 다하는 모습을 보여주는 성인 모델을 가지고 있음
- 자신의 완벽주의의 한 가지 중요한 요소가 노력이라고 생각함

건강하지 못한 완벽주의자

- 실수에 대해 계속 불안해함
- 자신에 대한 기대 수준이 지나치게 높음
- 자신에 대하여 다른 사람들이 과한 기대를 한다고 생각함
- 다른 사람들의 부정적인 평가를 받는 것에 대해 예민함
- 자신의 판단에 대한 확신이 없음
- 효과적인 대처 전략이 부족함
- 끊임없이 인정을 받으려고 애씀 (Schuler, 2000)

Speirs Neumeister(2004b)는 자기지향적인 대학생들은 높은 내적 동기를 가지고 있고, 자신에 대한 높은 기준을 세우며, 강한 직업 윤리를 가지고 있고 최선을 다하려고 노력했지만 그들은 점수나 실수에 대한 두려움에 대해서 과한 걱정을 하지 않았다. 하지만 더 최근의 연구에서 Miller와 Neumeister(2012)는 자기지향적인 완벽주의는 창의성과 부적 상관이 있다고 보고했다.

Chan(2007, 2009, 2010, 2012)은 기존의 완벽주의 척도를 번역하고 직접 정적·부적 완벽주의 척도(Positive and Negative Perfectionism Scale, PNPS-2)를 개발했다. 그는 홍콩에서 더 큰 영재아 표본에서 부적 완벽주의보다는 더 많은 정적 완벽주의를 발견했다. 정적 완벽주의는 높은 개인적 기준을 세우고 현실적인 수월성을 추구한다. 2010년 Chan은 자기보고식 기법을 사용하여 10대 후반에 대한 연구를 수행했다. 그의 표본의 70%가 건강한 형태의 완벽주의를 가지고 있었다. "나는 내 일을 완벽하게 하려고 노력하며, 만일 최선을 다했다면 제한점과 불완전함을 받아들일 수 있다고 생각한다"(p. 91).

Robinson(1996)은 영재들의 완벽주의를 잠재적으로 건강한 특성이라고 생각하며, 정신 건강 전문가들이 긍정적인 완벽주의를 지지할 것을 추천한다.

> 어떤 치료사들은 똑똑한 젊은이들의 전형적인 그런 특성을 신경증이라고 할 것이다. 사실 치료사들은 보통 사람들과 '다른' 사람에게서 건강함보다는 정신병을 찾을 수 있도록 훈련되어 있다. … 특히 상담자들은 완벽주의를 신경증적 특성으로 보는 경향이 있다. 비록 일반적으로 높은 수준의 완벽주의가 더 낮은 수준의 자신감과 연관이 있지만(Flett, Hewitt, & Davidson, 1990), 성인이 지지를 해주면 학생들이 '긍정적인 완벽주의'를 훈련할 수 있다(예 : 자신에 대한 높은 기준 설정하기, 그 기준을 달성하기 위해 노력하기, 성취 과정을 즐기기). (pp. 133-134)

최근에 나는 우연히 한 건축디자인 잡지를 보게 되었는데 완벽주의, 완벽주의자, 완벽주의의 같은 용어들이 광고에 자주 나오는 것에 대해 신기하게 생각했다. 돈이 많아야 완벽주의자가 될 수 있다는 것인가 하는 의문이 생겼다. 여기에서 완벽함이란 예술성, 아름다움, 장인의 솜씨를 말하고 손길이 닿는 곳에 있는 것이다. 메리는 그녀의 유명한 피칸 파이를 만들 때 아무에게도 보이지 않지만 팬의 바닥에 피칸을 완벽한 대칭을 이루도록 배열한다. 피칸이 완벽하게 배열되어 있다는 것을 아는 사람은 메리뿐이기 때문에 그녀는 다른 사람들의 인정을 받는 것과는 상관없이 자신만의 만족을 추구하는 것을 알 수 있다. 어떤 사람은 단지 미적 즐거움을 위한 완벽함을 추구하는 동기를 가지고 있을 수 있다.

완벽주의의 한 가지 중요한 측면은 성격 유형과 관련이 있다. 실수할까봐 걱정하는 것은 내향적인 사람의 특징이다. 상당한 수의 영재들이 내향적이기 때문에 이제 영재에 대한 잠재적인 오해 영역인 내향성에 대해 알아보기로 하자.

내향성

> D는 다른 사람이 운동하는 것을 보고 그리고 머릿속에서 완벽할 때까지 연습하고 나서야 혼자 시도해보려고 할 것이다. 그는 바보스럽게 보이는 것, 실수로 떨어지거나 다치는 것에 대해 몹시 신경 쓴다.

D는 내향적이면서 완벽주의다. 영재는 완벽주의자인 경향이 있고 내향적인 사람은 완벽주의자인 경향이 있다. 내향적인 영재는 완벽주의자 중에서도 완벽주의자다. Dabrowski가 다중 수준으로 묘사한 내담자들

중 많은 사람이 내향적인 영재였다. 완벽주의와 겹치는 내향적 특성은 다음과 같다.

- 쉽게 굴욕감을 느낀다
- 실수를 하면 당황한다
- 신중하다
- 정신적으로 시연한다
- 과정보다는 완성된 작품을 보여주는 것을 선호한다
- 관찰함으로써 배운다
- 자신의 능력에 대해 의심한다

완벽주의와 내향성은 모두 병리적으로 간주되었다. DSM-5에서 완벽주의와 내향성은 성격장애와 연관되어 있다. 기질과 성격 유형 분야의 지도자들이 격렬하게 항의하여 '내향성'은 '분리detachment'로 대체되었다. "**분리**는 다른 사람과 사회적 상호작용으로부터 철회되는 것이다. … **철회**withdrawal : 다른 사람들과 함께 있는 것보다 혼자 있는 것을 선호하고, 사회적 접촉과 활동에서 과묵하고, 사회적 접촉을 시도하는 것이 부족한 것이다"(American Psychiatric Association, 2013). 외향적인 미국 사회에서 혼자 있기를 선호하는 것은 분명히 정신 질환이다.

> 만일 당신이 혼자 서 있는 것을 우리가 보게 된다면, 만일 당신에게 행운이 있다면 우리는 당신을 간과할 것이다. 만일 당신에게 운이 없다면, 우리는 돌을 던질지도 모른다. …

나는 노력했다. 정말 열심히 노력했다. 얼마나 노력했는지 생각만 해도 지긋지긋하다. 하지만 아무 소용이 없었다. 나는 이유를 모르겠다. 나는 가끔 내향적인 사람들에게는 외향적인 사람들만 알 수 있는 특별한 냄새가 나는가 하고 생각할 때가 있다. (*Very Far Away from Anywhere Else*, LeGuin, 1976, p. 4)

내향성과 외향성이라는 개념의 근원지인 유럽에서는 내향성을 훨씬 더 선호하는 경향이 있다. 그 용어를 만들어낸 Carl Jung(1923/1938)은 그것을 선천적인 특성으로 보았다. Jung은 내향적인 사람은 적응하기 위한 수단으로 에너지를 보존하는 사람으로 묘사하고, 반대로 외향적인 사람은 에너지를 자유롭고 무분별하게 쓰는 사람으로 묘사했다. 자신이 내향적이기도 한 Jung은 이 기본적인 성향은 환경적으로 유도된 것이 아니라 생물학적이라고 생각했다. "같은 가족 중에서도 한 아이는 내향적이고 또 다른 아이는 외향적이다"(p. 414). Jung은 타고난 성향과 반대되는 방식으로 행동하도록 강요를 받는 사람은 신경증적으로 되며, 자연적인 성격 유형을 개발할 수 있는 방향으로 치료적인 중재를 해야 한다고 생각했다. Jung의 분류는 반응성이 높은 대상자와 반응성이 낮은 대상자의 경험적 연구에서도 지지를 받았다(Kagan, 1998; Kagan & Snidman, 2004). 순수하게 한 유형만 가지고 있는 사람은 없다. 내향성과 외향성 모두를 가지고 있는 '양향성(ambivert)'이 가능하다(Cain, 2012, p. 14). 나에게 '내향성'은 동사로 쓰인다. 나는 과격한 외향성이지만, 글을 쓸 때에는 '내향성'이다.

내향적인 사람은 주관적인 사고와 개념적인 세계를 향해 내적으로 지향하고, 자신의 내부에서 에너지를 얻고, 반추하는 경향이 있다. 외향적인 사람은 외부로 지향하고, 사람과 사물과의 상호작용을 통해 에너지를 충전하고, 행동하는 쪽으로 향한다. 내향적인 사람은 사람들과 너무 많은 상호작용을 하면 지치는 반면에 외향적인 사람은 상호작용으로 에너지를 얻고 상호작용이 많을수록 더 행복하다.

> J는 주위에 사람이 너무 많으면 빨리 지치고, 주말에는 가능한 한 계획된 활동 없이 한가히 지내고 싶어 한다. 그녀는 방해를 받지 않고 그녀의 방에서 그림을 그리거나 책을 읽으면서 몇 시간을 보내고 나면 매우 상쾌해 보인다.

최소한 50%의 영재들이 내향적이며(Delbridge-Parker & Robinson, 1989; S. Gallagher, 1990; Hoehn & Bireley, 1988; M. Rogers, 1986) 고도 영재들 중에 내향성의 분포가 훨씬 더 높고(Silverman, 1986b), 특히 언어성 능력이 매우 발달한 사람들이 내향성이 높다(Dauber & Benbow, 1990). 내향성 비율은 교육 수준과 함께 증가한다(Myers & McCaulley, 1985).

내향성은 수줍음과 구별할 필요가 있다. 내향적인 사람을 흔히 수줍음이 많다고 하지만, 이것은 새로운 환경에서 초기에 나타나는 반응이며 편안하게 느끼게 되면 대개 사라진다.

> 수줍음은 거부나 조롱이나 당황스러움을 두려워할 때 생기는 불안한 상태를 말한다. 수줍음을 타는 어떤 아동은 사회적 기술이 부족하다. 그들은 반박이나 거부를 당하는 것을 두려워하기 때문에, 1명이든 20명이든 사람들과 함께 있는 사회적 상황을 회피한다. 사회

활동은 그들에게 매우 고통스럽다. 그들은 사회적 상황 속에서 그들이 하는 모든 행동과 말에 대하여 종종 자신을 비난한다.

내향적인 아동은 일반적으로 사회적 기술이 좋고 사회적 상황을 즐기는 경우가 많다. 그들은 사회적 활동에 서서히 익숙해질 필요가 있으며, 너무 많은 사람과 너무 긴 시간 동안 접촉하면 쉽게 지칠 수 있다. (Olsen Laney, 2002, p. 156)

창의적인 사람은 사회적으로 내향적인 자세를 취하는 경향이 있다(Cain, 2012).

내향적인 사람들은 빠르게 그들을 압도할 수 있는 정서적 과흥분성(매우 강렬한 정서)이 높다. 너무 많은 내적 자극을 가지고 있기 때문에 내향적인 사람은 자극을 추구하지 않는다. 새로운 환경에서 그들은 어떻게 해야 하는지 확실히 알고 그래서 자신의 감정을 통제할 수 있다고 느낄 때까지는 조심스러워 한다. 너무 많은 자극의 폭격을 맞으면, 그들은 통제를 할 수 없다고 느끼고 탈출하고 싶어 한다. "사람들과 활동에 둘러싸이는 것만으로도 내향적인 사람들의 배터리가 방전되기 때문에 … 그들은 외부 환경이 폐쇄되지 않는 한 새로운 에너지를 생성할 수 없다"(Olsen Laney, 2002, p. 138).

내향성에는 많은 장점이 있다. 국가 장학생들 중에는 외향성보다 내향성이 더 많으며, 그들은 사회적 활동을 좋아하지 않고 학업에 매진하기 때문에 일반적으로 높은 평점을 받는다(Myers & McCaulley, 1985). 학문 분야, 예술 분야와 기술 분야에서의 리더들은 종종 내향적인 사람들이다(Cain, 2012; Silverman, 1993a). 리더십이란 단순히 집단을 이끄는

카리스마가 아니다. 리더십은 과학적인 획기적 발견, 철학의 발견, 아주 뛰어난 작품 집필 과정과 같이 고독한 형태 속에서 일어날 수 있다. 내향적인 사람들은 외향적인 사람들보다 더 성공적인 결혼생활을 하고, 다른 사람들과의 갈등이 적고, 더 오래 사는 경향이 있다(Olsen Laney, 2002). "내향적인 사람들은 행동하기 전에 생각하고, 정보를 철저하게 소화하고, 과제에 더 오래 집착하고, 쉽게 포기하지 않고, 더 정확하게 일을 한다"(Cain, 2012, p. 168).

내향성의 성격 프로파일은, 주류의 가치관과 태도에 초점이 덜 맞추어져 있어서 창의적인 내적 성찰을 할 수 있게 해준다. 내향적인 사람은 개인적인 철학을 개발하고, 그들이 무엇을 지지하는지 알고, 자기결정을 할 수 있다. 그들은 또한 중년기에 자신을 찾기 위한 긴 내적인 여행에서도 이점을 가지고 있으며, 그것은 생활 주기 후반부를 안내한다. 그들은 외향적인 사람들보다 세상으로부터 은거하고, 자신 속으로 깊이 빠지고, 성격 통합에 관련된 숙고하는 과제를 더 잘 처리할 수 있다.

영재성, 과흥분성, 완벽주의와 내향성은 종종 공존한다. 이것들은 하나하나가 종종 오해를 받고 있다. 그것들이 합해지면, 특히 서양에서 눈살을 찌푸리는 존재의 느낌을 가지고 살아가는 인생 경험을 하게 만든다. 이 특성들은 심리학적으로 건강하며 많은 심리학자들이 그렇게 기술하고 있다. 영재들과 효과적으로 일하기 위해서는 인생 주기를 통해 사회의 다른 구성원들과 구분하는 영재들의 성질과 특성을 이해하고 존중하는 것이 필요하다.

6

영재성의 종합적 평가

자신의 능력이 얼마나 대단하고 자신이 얼마나 큰 인물인지 알게 되는 것보다 더 두려운 것은 아무것도 없다.

－Soren Kierkegaard

종합적인 평가는 우리가 비정형적인 발달에 대하여 인식하고, 기록하고, 이해할 수 있도록 해준다. 종합적인 평가에는 지능, 성취, 정서 발달, 그리고 제기되는 이슈들에 따른 다양한 요소들의 평가가 포함된다. 학습장애의 정도를 측정하기 위해서는 평가가 필수적이고, 평가 결과는 중재 프로그램의 기초가 된다. 조기에 확인하면 조기 중재가 가능하다. 이것은 영재성을 포함한 모든 다른 특수성을 위해서도 중요한 사실이다. 평가는 포부를 갖게 하고, 영재아와 영재 성인이 자신의 능력을 믿도록 도와주고, 삶을 변화시킨다.

한때 공립학교에서는 평가의 필요성을 이해하고 있었다. 그런데 21세기에 뭔가 잘못되기 시작했다. 어두운 복도에 항상 잠복해 있던 검사반대 암류가 갑자기 분출해서 중앙정부의 법률을 통제했다. 이제 일반 교실에서 모든 것이 처리되어야 하게 되었다. 일반 학급 교사는 모든 유형의 특수성을 인식하고, 스스로 알아서 수정해서, 모든 학생이 학년 표준 수준에 도달하도록 하는 책임이 주어졌다(Assouline, Foley Nicpon, & Whiteman, 2010). "우리는 교사 개인에게 무거운 수업 부담으로 엄청난 압력을 주고, 특별한 요구를 가지고 있는 다양한 아동들을 맡기고, 필요한 지원은 거의 제공하지 않으면서, 학생들의 검사 점수가 나쁘면 불평을 한다"(J. Gallagher, 2004, p. 123).

중재하기 위한 기초로 평가를 생각하지 않고, 교실에서 환자에게 처치할 수 있는 모든 방법을 강구한 후에 기대는 최후의 방법으로 생각하고 있다. 이것은 뾰루지가 났는데 집에 있는 아무 로션이나 발라서 치료하다가 나중에야 전문가를 찾아가서 원인을 알아보는 것과 같다. 잘못된 치료 때문에 뾰루지가 더 번지고, 중재할 수 있는 결정적인 시기를 놓쳐서 치료가 불가능해질 수도 있다.

Robertson, Pfeiffer와 Taylor(2011)에 의하면 학교심리학자들 중에서 약 6%만 영재 학생들을 한 달에 한 번 이상 평가한다고 한다. 아동낙오방지법(NCLB, 2002)이 영재성을 인정하고 있고, 연방법인 장애인교육법 2004(IDEA, 2004)에 의해 학습장애를 가지고 있는 영재아를 인정하고 있지만, 법들이 집행되지 않고 있다(Assouline et al., 2010; J. Gallagher, 2004). 영재의 확인, 지원, 지지를 위해서는 학교 시스템 밖에 있는 심리학자들을 찾아가야 한다(Assouline et al., 2010).

평가의 목적은 무엇인가?

사례의 구체적인 필요성에 따라서 맞춤 검사가 되도록 해야 한다. 영재아 부모들은 여러 가지 이유로 자녀를 평가받도록 한다. "당신의 자녀를 검사받게 하고 싶은 이유가 무엇입니까?"라는 질문에 대하여 영재개발센터(GDC)를 방문한 어떤 부모들은 예를 들어 '아이가 혹시 영재가 아닐까 해서 확인하기 위해'라고 간단하게 대답했다. 또 어떤 부모들은 자녀에 대해서 그리고 그들이 당면한 이슈들에 대하여 더 구체적으로 대답했다.

나는 M이 학교에서 지금보다 더 잘할 수 있다고 생각합니다. 그는 몇 년간 계속해서 학교에서 공부하고 싶은 열정을 잃어버린 것으로 보입니다. 그가 학교에 입학했을 때 분명하게 보여주었던 학구열을 다시 보고 싶습니다.

A는 학교에서 괴롭습니다. 그녀는 숙제와 반복적인 활동을 하는 것을 싫어하고, 학교생활에 환멸을 느낍니다. 그녀는 최근에 이제 더 이상 학교에 가지도 않고 학교와 관련된 어떤 것도 하지 않겠다고 선언했습니다.

그는 매우 똑똑하고 성취 검사에서도 매우 잘하지만, 글쓰기를 어려워하고 또한 조직적인 활동을 많이 힘들어 합니다. 그는 초등학교에서는 커버할 수 있었지만, 중학교에 들어가서는 모든 것을 따라가기가 더욱 어렵게 되었습니다.

(1) 아이에게 특별한 교육적인 요구가 있는지 알아보기 위해, (2) 교육 계획에 도움을 얻고 다른 대안이나 자원을 확인해보기 위해서, (3) 영재성과 관련한 정서적 문제에 대처하기 위한 도움을 얻기 위해.

전형적인 7세 아동의 세상이 그에게는 도저히 맞지 않는 것 같고 연령 수준에 맞는 행동을 한 적이 없습니다. 그는 세상에 적응하기에 너무 많은 것을 가지고 있는 것 같으며, 우리는 그에 대해서 가능한 한 많이 알고 싶고, 그가 현재 그리고 앞으로도 그의 삶에서 가능한 모든 것을 갖도록 도와주고 싶습니다.

우리는 J가 영재라는 것을 알고 있지만, 어느 정도 영재인지 알고 싶습니다. 그래서 그녀를 위해 우리가 적절한 교육 계획을 세우고 그녀가 자신이 '어울리지 못한다'고 느끼는 것에 대해 어떻게 설명해줄 수 있는지 도움을 얻고 싶습니다.

특수 영재아 241명에 대한 한 연구에 의하면 검사를 위해 자녀를 영재개발센터에 데리고 오는 부모들 중 82%가 교육 문제에 관련한 도움을 받고 싶어 했다(K. Rogers & Silverman, 2001). Alsop(1997)은 80.8%의 부모들이 그들의 자녀가 영재라는 그들의 믿음을 확인하기 위해 호주 멜버른에 있는 CHIP에서 평가를 받으려고 했다고 보고했다.

부모의 판단은 정확한 것으로 나타났다. 더 최근의 60개 사례를 연구한 결과에서는 평가를 받으려고 하는 이유로 다음과 같은 내용을 포함한 33개 사항을 밝혀냈다.

- 자녀 이해
- 영재성에 대해 더 잘 알기 위해
- 지지
- 학교와 특별 프로그램 입학 허가
- 장점과 단점을 알기 위해
- 영재성의 수준을 알아보기 위해
- 자원에 대해 알기 위해
- 적절한 학년 배치 결정
- 속진에 대한 결정
- 더 효과적으로 양육하기 위해
- 아동의 강렬함에 대한 충고
- 아동의 학습 유형에 대한 이해
- 이중 특수성의 진단
- 미성취를 반전시키기 위해
- 칼리지보드 시험에 대한 재활법 504조항
- 홈스쿨링에 대한 정보
- 중재를 받았던 자녀의 재검사
- 최고 점수가 상향된 개정판 검사로 재검사받기 위해(Silverman,

2012c)

　이상하게 들리겠지만, 많은 영재아들은 똑똑하다고 느끼지 못한다. 어떤 영재아는 너무 쉬운 일인데 집중하지 못하고, 어떤 영재아는 연습과 반복을 견디지 못하고, 어떤 영재아는 인정을 받기 위하여 자신의 능력을 너무 잘 억제하기 때문에 자신과 타인이 알아보지 못한다. 나는 영재들에게 '심오한' 철학 과제를 내준 적이 있는데 그중 한 10대 특수 영재는 너무 깊이 심각하게 빠져들어서 머리에 총을 쏘아 자살할 생각까지 했다. 읽기, 쓰기, 기억, 철자 혹은 계산을 잘 못하는 이중 특수 아동들은 자신의 지능이 높다는 것을 모르는 경우가 많다. 이런 기술들은 학교 성적을 잘 받기 위해 필요한 것들이며, 교육과정에 따라서 이것들을 개발하지 않는 아동들은 부적절하게 느낀다. 평가는 자신의 능력을 의심하는 사람들의 삶을 변화시킬 수 있다. 이중 특수 영재인 한 고등학생은 영재개발센터에서 평가를 받은 후에 '이제 우리 둘 다 살아야 할 그 무엇을 찾았다'고 그의 어머니에게 말했다. 영재성 평가는 성공 추구에 대한 것만이 아니라 삶의 보존에 대한 것이다.

　지능 검사는 사고나 머리 부상을 당할 경우에는 중요한 평생 보호 장치가 된다. 상해를 입기 전에 그 사람이 높은 지능을 가지고 있었다는 것을 지능 검사가 증명해줄 수 있기 때문이다. 사고 이전의 검사 점수가 없으면, 대부분의 보험 회사는 사고 후의 검사에서 얻은 평균 점수를 가지고 아무런 피해가 발생하지 않았다는 증거로 처리한다. 예를 들어 한 영재가 폐쇄성 뇌손상을 입었는데, 영재 치료사가 그 영재에 대한 사고 이전의 세부적인 것들을 기억하지 못한다고 생각해보자. 보험 회사의 지시에 따라 실시한 IQ 검사에서 단기 기억 점수가 평균으로 나왔다. 그런데 사고 이전의 뛰어난 기억력을 증명할 수 있는 검사 점수가 없다면, 그는 보상을 받을 수가 없다. 게다가 그의 이전의 능력을 과장된 것으로 처리하고 그를 '과잉 성취자(overachiever)'라고 비난할 수 있다.

영재성의 종합적인 평가는 영재들을 지원하기 위한 중요한 첫 단계다. 부모가 자녀의 영재성을 관찰하고 직관적인 평가를 한 후에 학교에 접근하면 바로 묵살당한다. 학교에서는 평가를 하지 않고, 평가를 한다고 해도 집단적인 측정만 하기 때문에 부모들은 기다릴 필요가 없다. 부모들은 자녀들이 표준 지능 척도에서 영재라는 판정을 받았다는 객관적인 증거를 가지고 무장을 할 필요가 있다. 하지만 몇 개의 점수만으로는 부족하다. 신중한 처우를 받기 위해서는 추천서, 안내서 때로는 심리학자의 중재가 필요하다.

임상적 판단을 지지하기 위한 검사 결과 사용하기

의사는 검사를 받도록 지시하지만 그 검사 결과만으로 진단하지 않는다. 환자뿐만 아니라 환자 가족의 종합적인 병력을 요구하고, 현재 나타나는 증상, 병력, 가족사와 환자 면접을 통해 획득한 정보를 모두 고려하여 검사 결과를 분석한다. 검사 결과는 표출된 문제에 대한 경험을 가지고 있는 숙련된 임상가가 해석하지 않는 한 제한된 가치를 가지고 있다.

하지만 영재 진단에 있어서는 종종 검사 점수 하나만을 근거로 중요한 결정을 내린다(가끔은 집단 검사만으로). 점수가 종종 아동의 미래를 결정짓는 배치를 받기 위한 자격에 대한 중대한 판정자가 된다. 임상적 판단을 고려한다고 해도 숫자가 우선이고 임상적 판단은 부차적인 것으로 생각되는 경우가 많다. 의료 분야와 마찬가지로 영재성의 정확한 평가는 모든 획득한 정보들을 고려하여 해석하는 검사자의 기술과 경험에 의존한다.

영재아를 가장 잘 평가하는 사람들은 **질적 평가**의 몇 가지 측면을 활용한다. 충분한 경험을 가지고 그들은 임상적 관찰, 아동과의 간단한 이야기, 부모와의 면담, 발달 지표, 가족사, 혹은 이런 것들 중 몇 가지를 조합해서 아동의 지능 수준을 정확하게 예측할 수 있다.

> 영재 검사에 경험이 있는 우리들은 일반적으로 아이와 몇 마디만 나누어 보면 그 아이가 몇 점을 받을지 거의 정확하게 맞출 수 있다.
> 일단 IQ 검사를 실시하기 시작하면, 우리는 언어성 추상적 추리력, 공간적 추리력, 일반 지식, 시각, 청각, 기억, 운동 기술, 처리 속도, 주의 그리고 아동이 받는 점수에 대해 더 많은 설명을 하는 데 도움이 되는 많은 세밀한 단서들을 관찰한다. (Gilman, 2008a, p. 59)

검사 결과는 이런 광범위한 틀 속에서 해석되고 아동에 대한 더 종합적인 임상적 판단과 일치할 때 타당한 것으로 볼 수 있다. 만일 검사 결과가 검사자의 임상적 판단과 일치하지 않는다면, 그 차이의 원인을 찾기 위한 더 많은 평가가 뒤따라야 한다.

영재아들에 대한 검사자의 경험이 더 많을수록 그의 임상적 판단이 더 효과가 있을 것이다. 특정한 기준 점수를 두고서 한 아동이 영재 프로그램에 들어갈 수 있는 자격을 판단하는 것보다 이렇게 평가를 하면 더 많은 시간이 걸리고 따라서 비용도 더 많이 든다. 영재아를 평가하는 검사자들은 영재의 발달과 심리측정 패턴에 대한 기본 지식과 평가에 대한 지식을 갖추고 있어야 한다. 그렇지 않을 경우에는, 판에 박힌 분석으로 숫자가 임상적 판단을 우선하는 결과가 일어나기가 쉽다. 그런 해석은 종종 부정확하다.

전통적인 검사는 언어성, 지각이나 시각-공간 추리, 작업 기억 그리고 처리 속도의 각 하위검사 점수와 그 총합 점수를 가지고 해석한다. 아동의 상대적인 강점과 약점은 특정한 하위 영역에서 실제로 얻은 점수와 그 영역에서 계산상 그 아동의 영역 평균 점수와의 차이를 기준으로 보고된다. 한 아동의 점수가 또래 집단에 비교해서 평균 이하인지 평균 이상인지 결정하기 위해서 그 아동의 점수를 표준화된 규준에 비교한다. 이것이 표준화 절차다.

그 모집단의 95%에 대한 평가를 위해서는 규범적 해석이 적절하다. 하지만 영재아들의 능력이 과소평가될 수 있으며 극영재나 이중 특수아에 대해서는 심각한 과소평가가 될 수 있다. 영재 모집단이 가지고 있는 특별한 평가 이슈가 일반적으로 이해되지 않고 있다. 검사 천장, 문항 난이도, 중단 기준(몇 개 문항의 답을 못 맞히면 그 하위검사를 중단하게 하는가 하는 기준), 모두 정답일 때 줄 수 있는 추가 점수 그리고 환경 요인들이 문항의 수가 적기 때문에 일반 학생과 구분되는 영재 학생의 수행에 영향을 미친다.

검사 선택하기

다른 모집단을 위한 검사보다 영재들을 위한 검사를 선택하는 것은 더 복잡하다. 보통 수준 아동들의 점수는 다른 지능 측정치에서도 비슷한 반면, 영재아들은 검사 도구에 따라서 상당한 차이를 나타낸다(Silverman, 1995a). 검사들이 같은 기본적인 지능의 구성요인을 측정하는 것이 아니기 때문에 검사의 선택이 더 복잡하게 된다. 지능 척도마다 영재로 확인하는 모집단이 다르다. 총 IQ 척도 점수는 아동의 지적 능력에 대한 신뢰할 수 있는 측정치가 되지 못하고 더 이상 하나의 구인을 대표하지 않는다. 지능 척도가 더 많은 요인을 측정할수록 합성 점수의 응집력이 더 약한 것으로 나타난다(R. L. Thorndike, in Thorndike, Hagen, & Sattler, 1986).

새로운 IQ 검사를 실시하고 채점하는 여러 방법이 있다. 검사자들은 하위검사들을 선택한다. 검사들의 상위 극단 점수들이 같지 않다. 웩슬러 척도에서는 130점 이상을 영재로 판단하는데, 스탠퍼드-비네 지능 척도 5판(SB-5)에서는 120 이상으로 판단한다(Lovecky, Kearney, Falk, & Gilman, 2005; Ruf, 2003). 다른 어떤 IQ 검사보다 공립학교에서 많이 사용되는 검사 가 웩슬러 척도다(Wasserman, 2003, 출판 중). 따라서 아래에서는 그것에 대하여 더 자세히 알아보기로 한다.

검사 천장

영재들을 위한 검사를 선택할 때 가장 중요한 요인 중 하나는 그들의 최대 장점을 보여줄 수 있게 검사의 꼭대기에 얼마나 많은 여유가 있느냐 하는 점이다.

대부분의 IQ 검사는 천장 효과의 문제를 가지고 있다. 영재 검사에 있어서 몇 가지 천장 이슈들이 있다. 첫째, 영재 범위에서 가능한 가장 높은 점수가 제시되어 있지 않고 높은 IQ 범위에서 변별이 불가능하다(예 : 레이븐 행렬 검사에서 135가 가능한 가장 높은 점수다). 둘째, 아동이 한 하위검사에서 가장 어려운 문제에 정답을 맞혀도 중단 기준에 도달할 수가 없다(하위검사 천장). 셋째, 검사 천장들이 다르다. WISC-IV의 최대 검사 연령은 17세인 반면 스탠퍼드-비네 지능 척도(L-M 유형)는 23세다. 천장의 네 번째 의미는 검사자가 생각하기에 아동이 더 이상의 문항을 맞히지 못한다고 확신하는 지점에 도착할 때다.

> 영재아의 능력에 대한 타당한 측정은 점수 한계가 적절하고 아동에게 너무 어려운 난이도 수준에 분명히 도달할 때에만 가능하다—즉 진정한 천장. 그렇지 않다면 아동이 어디까지 더 갈 수 있는지 알 수가 없다. (Gilman, 2008a, p. 80)

만일 검사가 충분한 천장을 가지고 있지 않다면, 그것은 마치 180cm인 사람을 150cm밖에 안 되는 줄자로 키를 재려는 것과 마찬가지일 것이다(Stanley, 1990). Julian Stanley는 360cm 줄자를 만들었다. 특수한 능력을 가지고 있는 학생들을 찾아내기 위해, Stanley는 고등학생용 SAT(Scholastic Aptitude Test)를 가지고 중학생을 대상으로 수준 이상의 검사 도구로 사용했다. 이것은 '재능 탐색'이다. Stanley의 재능 탐구

모델은 미국에서 300만 명 이상의 학생들과 많은 외국 학생들에게 사용되었다(Lee, Matthews, & Olszewski-Kubilius, 2008).

재능 탐색은 한 검사에서 '상대적인 강점'으로 보이는 것이 더 높은 천장을 가지고 있는 검사에서는 천문학적인 강점으로 변할 수 있다는 것을 보여준다. 중학교 1학년의 수학 표준화 성취 검사에서 백분위 97점을 받은 중학교 1학년 학생 2명의 능력이 비슷해 보일 수 있다. 그들의 성취 점수로 재능 탐색에 참가할 자격이 되고, 상위 수준의 칼리지보드 시험을 볼 수 있다. 두 학생 중 한 사람은 SAT의 수학 부문에서 350점을 받고 다른 한 학생은 명문 대학에 충분히 입학할 수 있는 높은 점수인 750점을 받는다! 학년 기준 성취 검사에서는 두 학생이 동년배들 중 상위 3%에 속하는 '상대적으로 잘하는' 것으로 나왔으며, 그래서 상급 수학 교실에 배치될 수 있는 자격이 주어진다. 하지만 SAT는 두 학생 중 하나는 상급 학년들에서 다루는 수학 교육과정을 이미 숙달했으며 매우 앞선 속진 수학 프로그램을 필요로 한다는 것을 보여준다.

추상적 추리력 측정하기

검사 내용도 자세하게 살펴보아야 한다. 영재에게 적합한 IQ 검사는 추상적 추리력을 아주 잘 측정할 수 있어야 한다. 작업 기억, 처리 속도, 그리고 의미 없는 내용을 강조하는 검사는 일반지능(g)을 측정하도록 개발된 검사보다 영재 집단에게는 적절하지 않은 결과를 나타낸다(Silverman, 2009a). Plomin과 Price(2003)는 'g는 행동 영역의 가장 신뢰할 수 있고 타당한 특성 중 하나'(p. 115)이며, 가장 오랜 기간 안정적인 특성이고 다

표 6.1 WISC-IV에서 g 부하량

g의 좋은 척도	
어휘	(.82)
(정보)	(.79)
유사점	(.79)
(산수)	(.74)
(어휘 추론)	(.70)
이해력	(.70)
g의 보통 정도의 척도	
행렬 추론	(.68)
블록 디자인	(.67)
(그림 완성하기)	(.63)
글자−숫자 배열하기	(.60)
부호 찾기	(.58)
그림 개념	(.57)
숫자 따라 말하기	(.51)
g의 나쁜 척도	
코딩	(.48)
(취소)	(.25)

주 : 괄호 안의 항목은 선택 검사이다.
출처 : Flanagan and A. Kaufman(2004, p. 309).

른 어떤 속성보다 예측 타당도가 높다고 말했다. 일반지능과 상관이 더 높은 하위검사들은 일반지능과 상관이 더 낮은 하위검사들보다 영재성의 더 좋은 지표가 된다(표 6.1).

WISC-IV에서 g 부하량은 왜 유사점, 어휘, 이해로 구성된 어휘 이해력 지수(Verbal Comprehension Index, VCI)가 영재 프로그램에서의 성공을 가장 잘 예측하는지를 보여준다. 선택 검사인 산수는 g 부하량 순위가 네 번째다. 영재개발센터는 영재아 평가에서 아동이 암산을 싫어하지 않는 한, 글자-숫자 배열하기나 숫자 따라 말하기를 산수로 대체한다 (Rimm, Gilman, & Silverman, 2008). 산수는 유의미한 자료를 사용하고, 영재의 수학적 재능을 보여주고, 검사 요강에서 보면 영재 집단에서는 어휘 다음의 두 번째 순위에 있기 때문에 작업 기억을 잘 측정한다 (Wechsler, 2003). 평가의 첫 번째 목표가 장애가 아니라 영재성을 탐색하는 것이라면, 숫자 따라 말하기를 산수로 대체할 수 있다. 하지만 만일 검사자가 작업 기억의 약점을 진단해서 아동이 중재를 받도록 하려면 이렇게 대체하는 것은 바람직하지 않다.

영재아는 몇 살에 평가를 받아야 하는가?

아동의 연령은 평가의 목적뿐만 아니라 검사 선택에 있어서도 고려해야 한다. 영재성을 검사할 때는 검사 천장을 깨뜨릴 가능성이 있는 초등학교 저학년 시기에 하는 것이 더 좋다. 이상적인 연령은 4~8세 사이이다. 4세 이하 아동을 검사하는 것은 무리다.

> 어린 아동은 검사자와 평가 환경을 낯설어하고 적절한 라포를 형성하기 위해서는 평가 초기 단계에 익숙한 성인이 있을 필요가 있다. 수줍어하거나 내향적인 아동은 새롭거나 어려운 과제에 대해서 반응하지 않으려 할 수 있다. … 어린 아동을 신뢰성 있고 타당하게 평가하기 위해서는 적절한 수준의 인내심을 가지고 반복적으로 지시하고, 평가 시간을 넉넉하게 하는 것이 중요하다(느릿느릿하고 산발적인 반응에 많은 격려를 해야 하기 때문에). (Sankar-DeLeeuw, 2004, p. 201).

　유치원과 초등학생용 웩슬러 지능 척도 4판(WPPSI-IV)은 7.5세까지 사용 연령을 확장하고 WISC-IV는 6세부터 사용가능하도록 했다. 6세 영재아들은 천장 효과를 줄이기 위해 WISC-IV 검사를 받아야 한다. WISC-IV와 성인용 웩슬러 지능 척도 4판(WAIS-IV) 사이에 겹치는 16세도 마찬가지다. 16세 영재는 WAIS-IV 검사를 받아야 한다. 하지만 평가의 목적이 중재의 필요성을 대비하는 것일 때는 그림이 다소 복잡해진다. 이중 특수 청소년을 위해서는 그의 지적 능력과 대학에서의 잠재적 성공(WAIS-IV)과 칼리지보드 시험 자격(WISC-IV) 중에서 어느 것이 더 우선인지 검사자가 결정할 필요가 있다.

개인 검사 대 집단 검사

영재성 평가를 위해서는 학교에서 자주 사용되는 집단 검사나 간편 지능 척도보다 개인 지능 검사가 더 적절하다. "집단 IQ 검사는 상위 수준의 문항이 적고 천장 효과의 영향을 받기 쉽다. 어떤 집단 IQ 검사는 지식(아동이 학교에서 배운 것)을 추리력과 결합한다"(Gilman, 2008a, p. 62). 표준화 개인 검사는 집단 검사보다 더 정확하며 점수가 더 높은 경향이 있다. 집단 검사는 이중 특수아, 고도 영재아 그리고 매우 창의적인 아동의 점수를 낮게 평가한다. 이 아동들은 종종 문제를 보면서 검사 개발자가 생각한 것 이상의 것을 생각하고 문제를 복잡하게 만든다. 그들은 너무 많은 가능한 대안을 생각할 수 있기 때문에 선다형 문제의 답을 고르지 못한다. 개인 척도는 아동이 자신의 답을 만들 수 있도록 해주고 검사자가 그들의 복잡한 사고 과정을 볼 수 있도록 해준다(Gilman, 2008a).

시간 제한 검사 대 시간 무제한 검사

검사 개발자들은 영재아들이 일반아들보다 항상 빠르지는 않다는 것을 알고 놀란다(Reams, Chamrad, & N. Robinson, 1990). 일반적으로 다른 하위점수들보다 처리 속도에서 영재 표본의 점수가 상당히 더 낮다(Rimm et al., 2008). (WISC-IV 점수 해석하기에 나와 있는 도표를 참조하라.) IQ 검사의 속도에 대한 추가 점수는 반추하거나 처리 속도가 느려서 고생하거나 혹은 운동 협응력이 모자라는 아동들의 IQ 점수를 떨어뜨린다(A. Kaufman, 1992). 시간 제한 검사는 영재의 능력과 제한된 시간 속에서의 수행 간의 차이 때문에 영재들이 더 큰 피해를 입는다. 진단의 정확성을 개선하기 위해서, 영재아들에게는 제한된 시간이 지나도 계속할 수 있도록 해야 하며, 시간 제한 수행과 시간 무제한 수행 둘 다 보고되어야 한다.

성취 검사

IQ 검사가 전체 이야기를 다 말해줄 수는 없다. 성취 검사도 마찬가지로 필요하다. 대부분의 아동은 능력 검사보다는 성취 검사에서 더 낮은 점수를 받는다(R. Woodcock, 개인 교신, 2000. 7. 8). 하지만 우드콕-존슨 성취 검사 III(WJ-III)는 더 높은 천장 점수를 가지고 있기 때문에, 어떤 영재아는 지능 척도 점수보다 WJ-III 점수가 더 높다. 성취 점수가 능력 점수보다 더 높을 때는 성취 점수가 아동의 실제 능력을 더 잘 예측한다. 사람들은 미성취를 할 수 있지만 그의 능력 이상으로 성취할 수 있는 사람은 아무도 없다. 그러므로 '과성취자'라는 말은 모순어법이다(Silverman, 1993c).

한 실례를 들어보자. 영재개발센터에서 검사를 받은 한 소년은 WISC-IV 어휘 이해력 지수(VCI)에서 148점을 받았다. 그는 시각, 청각, 운동 관련 점수는 상당히 낮았다. 그의 WJ-III 검사에서 계산의 표준점수는 180점이었고 광범위 수학 점수는 172점이었다. 이 사례에서 그 아동은 능력 검사보다는 성취 검사에서 그의 지적 능력을 더 잘 보여줄 수 있었다. WJ-III는 또한 진단을 위해 사용될 수 있다. 영재개발센터에서 최근에 검사를 받은 한 소녀는 WISC-IV에서 매우 고른 프로파일을 보여주었다. 평균보다 조금 높은 처리 속도를 제외하고는 모든 점수가 영재 범위에 있었다. 하지만 그녀의 어머니는 딸이 학습장애를 가지고 있다고 확신했다. WJ-III 점수는 그 어머니의 관찰과 일치했다. 딸은 광범위 수학 점수는 157점이었지만 철자는 88점밖에 되지 않아서 그 차이는 거의 5표준편차에 해당했다.

성취 검사는 학교 성적표다. 성취 점수가 IQ 점수에 가까우면, 그 아동은 그의 능력 수준에서 교육받고 있는 것으로 생각된다. 성취 검사는 교육과정의 효과성을 평가하고, 학교와 가정에서 학생이 발전하는 것을 감시하고, 아동의 속진을 결정하기 위해 매우 중요하다. 성취 검사는 어떤 프로그램(예 : Davidson Young Scholar Program)에서 요구하며 영재를 위한 사립학교에서도 요구한다. 학교 직원들은 IQ 검사보다는 성취 검사에 더 익숙하며, 학생이 성취 검사에서 어떤 학년 수준에 도달한 것을 보여주면 속진에 대한 학생의 요구를 잘 이해한다. 학년 수준 검사가

한 학생의 숙달 수준을 정확하게 평가할 수는 없을지라도 필요한 속진의 수준에 대해서는 어느 정도의 가이드라인을 제공한다.

다른 검사 도구

다른 검사 도구들도 아동의 자기개념, 학습 유형, 성격 유형, 과흥분성, 발달 이정표에 따른 발달 수준, 학습장애, 주의력, 기억, 학교에 대한 태도, 그리고 사회적 · 정서적 발달을 검사하는 데 도움이 된다. 어떤 검사 도구들은 아동의 영재성에 대한 더 종합적인 그림을 제공하는 반면 어떤 것들은 이중 특수성이나 정서적 문제를 살펴보기 위해 중요하다. 영재 내담자들을 병적으로 보지 않기 위해서 정서 종합 검사와 투사적 검사를 사용하는 전문가들은 영재들이 가지고 있는 전형적인 특성을 잘 알고 있어야 한다(Gilman, 2008a).

검사 중단 기준

지능 검사 개발 초기에 Terman과 그의 동료들은 아동이 알고 있는 것 모두를 측정해서 아동이 가지고 있는 능력의 끝을 보고 싶었다. 이것은 Terman이 가장 똑똑한 아동을 찾아내고 싶어 하는 열망에서 시작되었다. 여전히 특수 영재아와 극영재아를 위한 선택 검사로 사용되고 있는(Wasserman, 2007) 스탠퍼드-비네 검사 L형과 M형(SBL-M)(Terman & M. Merrill, 1973)은 현대의 검사 도구들과는 완전히 다른 검사 철학에 근거한다.

아동이 일정한 개수의 문제에 대한 답을 못 맞히면 검사자가 더 이상 문항을 제시하지 않는 다른 대부분의 척도들과는 달리, SBL-M은 피험자에게 검사지의 **모든** 어휘 단어를 보여주고 그들이 몇 개의 단어를 계속해서 실수해도 그들의 연령 수준보다 더 높은 수준의 용어를 정의하도록 독려한다. 아동이 연령 수준에서 한 문항만 통과해도 더 높은 연령 수준의 모든 문항을 시도할 수 있는 기회를 준다. 아동이 구체적인 연령 수준에 있는 어떤 문항도 답을 하지 못할 때 천장에 도달한 것이 되고, 그때는 더 이상의 문항이 제시되지 않는다. 어떤 문항은 몇 가지 연령 수준에서 채점이 되고, 피험자가 천장을 넘어서 통과한 모든 문항에 대해 인정을 받는다. 영재아들은 매우 도전적인 문항이 주어지는 것을 즐기며, 더 연령이 높은 아동과 성인들을 위해 만들어진 문항에 답을 할 수 없는 것에 대하여 일반적으로 기죽지 않는다. 검사자는 아동이 최대 능력을 발휘할 수 있도록 하기 위하여 검사 문항의 순서를 바꾸어 제시할 수 있다 (Vernon, 1987). 영재아의 능력의 한계를 검사하는 것은 신나는 일이며, 추가 시간을 투자할 가치가 있다.

지난 몇 해 동안 영재들에 대한 관심은 시들해지고 산업체는 주의폭이 훨씬 짧은 아동의 검사로 초점을 이동했다. 임상적 판단은 표준화로 대체되었다. 그리고 시간은 중요한 상품이 되었다. 학교심리학자들에게는 심리 평가를 위해 배당된 시간이 제한되어 있기 때문에 평가를 더 짧은 시간에 할 수 있는 것이 중요하다. 능력이 부족한 아동들을 실망시키지 않을 뿐만 아니라 시간 절약을 위해서도 검사 중단 기준이 갈수록 더 짧아졌다. 짧은 검사 중단 기준은 영재 능력을 과소평가할 수 있다.

레이놀즈 지적 평가 척도(RIAS)(Reynolds & Kamphaus, 2007)는 아동

이 2개 혹은 3개만 틀려도 검사자가 검사를 중단한다. 이렇게 하면 종종 쉬운 문항은 틀리고 더 어려운 문항을 맞히는 이중 특수 학습자들에게 불이익을 주게 된다. 그 외에도 문화적으로 다양한 아동들의 점수도 낮추는 것으로 보인다. 영재들을 위한 특별 프로그램에 지원하려고 하는 인종적으로 다양한 아동 2명에게 RIAS를 실시했다. 둘 다 꽤 쉬운 문항을 틀렸기 때문에, 검사자는 그들 능력의 한계를 검사하기 위해 검사 중단 기준을 넘은 문항을 계속해서 제시하기로 했다. 한 아동의 합성 점수는 119에서 156으로, 그리고 다른 한 아동은 118에서 153으로 올랐다(Silverman, 2009b). 차이는 무려 2표준편차를 넘었다! 만일 검사자가 검사 중단 지침을 충실하게 따랐다면 그 아이들은 영재 프로그램에 배치될 자격을 획득하지 못했을 것이다. WAIS-IV도 WAIS-III보다 중단 기준이 더 짧다. 만일 피험자가 중단 기준 이상의 문항을 답할 수 있다면 진정한 천장에 도달한 것이 아니다.

피어슨 평가 기관에서 임상적 내용을 담당하고 있는 Tom Cayton (2008)은 훌륭한 임상의는 중요한 진단 정보를 얻기 위해서 표준 기준 이상을 고려할 것을 제안한다. 중단 기준이 표준화에서는 결정적이기 때문에, 표준 조건에서 획득한 점수가 보고되어야만 한다. 하지만 Cayton은 검사자들에게 표준 시행을 통해 획득된 점수와 비표준 조건에서 획득한 점수 두 가지를 서술적으로 설명해서 보고하도록 권고한다.

영재들에 대한 또 다른 이슈는 그들 지식의 충분한 강점을 보여줄 수 있는 문항 난이도가 낮다는 점이다. 어린 영재아들조차 종종 하위검사의 끝까지 가며, 중단 기준에 도달하지 않는다. 영재개발센터는 영재아

104명의 WISC-IV에 대한 수행을 분석한 결과 104명의 아동 중 95명이 최소한 한 가지 하위검사에서 중단 기준에 도달하지 않은 것을 발견했다. 그중 45명은 4개 혹은 5개 하위검사에서 중단 기준에 도달하지 않았고, 3명의 아동은 하위검사 8개의 중단 기준에 도달하지 않았다(Gilman, N. Robinson, Kearney, Wasserman, & Silverman, 2010).

연령 집단으로 나누어 살펴보면, 9~12세 연령의 31명 중 30명이 최소 하나의 하위검사와 최대 7개의 하위검사에서 중단 기준에 도달하지 못했으며, 24명은 4개 이상의 하위검사에서 중단 기준에 도달하지 못했다. 가장 흥미로운 결과는 6세 아동 33명 중 25명이 최소 하나의 하위검사에서 그리고 많게는 5개 하위검사에서 중단 기준을 만나지 못했다. WISC-IV는 최소 6세부터 사용하도록 개발되어 있기 때문에, 영재들을 평가하기 위해서는 더 많이 어려운 항목들이 추가되어야 할 것이다. 평가를 받은 아동 중 91%의 점수가 그들의 실제 능력의 최소 추정치로 나타났다(Gilman et al., 2010).

하위검사의 끝까지 가는 영재아는 받을 수 있는 가장 높은 점수를 얻는다고 생각하는 사람이 있겠지만, 일반적으로 사실은 그렇지 않다. 그들은 한 하위검사의 가장 어려운 문항을 답하면서 몇 가지 더 쉬운 문항은 실수한다. 평균 점수조차 능력을 과소평가할 수 있다. 천장에 도달하지 못할 때, 아동 능력의 진정한 한계는 불분명하다. 만일 더 어려운 문항이 있었다면 아동이 받을 가능성이 있었던 점수를 검사자가 인정하는 것이 중요하다. 영재개발센터에서는 중단 기준에 도달하지 못한 하위검사 점수 옆에 더하기 표시를 해둔다. 개인 기록부 아래에는 추가 설명이 되어 있다—"이 하위검사들에 대한 충분히 어려운 문항이 부족했다. 만일 더 어려운 문항이 있었다면 X는 더 높은 점수를 획득할 수 있었을 것이다. 따라서 X의 점수는 과소평가될 수 있다."

확장된 규준

최근까지 웩슬러 척도의 최고 하위검사 점수는 19점이고 최고 IQ 점수는 160이었다(비록 160을 받는 것은 거의 불가능에 가깝지만). 어떤 아동은 하위검사 점수 19점을 다 받을 수 있는 답을 못하지만, 어떤 아동은 답을 다하고도 더 높은 점수가 없어서 점수를 더 못 받는다. 그들의 하위검사 점수와 합성 점수 계산에서 추가적으로 얻은 원점수는 무시되었다. 영재들을 전문적으로 검사하는 창의적인 검사자들은 한 아동의 하위검사 점수가 그 아동의 능력을 다 보여주지 못한다는 것을 지적하기 위한 다양한 방법을 개발했다. 어떤 검사자들은 하위검사 점수와 총검사 점수 옆에 플러스 부호를 붙여서 그 아동이 추가적으로 획득한 원점수를 기록한다. 이 방법은 그 검사 천장의 한계를 암시하지만 그 아동이 그 천장을 어느 정도 초과했는지는 보여주지 않는다. 어떤 심리학자들은 검사 요강에 있는 검사 연령을 사용하여 그 아동이 가지고 있는 능력의 강점에 대한 더 좋은 그림을 제공한다. WISC-IV 하위검사들을 사용할 수 있는 가장 높은 연령은 16세 10개월이며, 따라서 7세 아동의 검사로는 분명히 인상적이지만, 12세 아동에게는 크게 놀랍지는 않다.

Betty Meckstroth는 그런 아동이 가지고 있는 능력의 강점을 더 자세하게 나타낼 수 있는 방법을 만들어냈다. 그녀는 천장 점수인 19점 이상

을 획득한 점수를 원점수로 기
록했다(예 : 19+1, 19+2 등).
영재개발센터는 추가로 획득
한 원점수를 표시하기 위해 이
방법을 적용했다. 한 아동은 추

표 6.2 획득한 추가 원점수

유사점	19 + 8
어휘	19 + 12
이해력	19 + 4
(정보)	19 + 2
그림 개념	19 + 2

가로 원점수 35점을 받았다(Silverman, Cayton, & Raiford, 2008). 또
다른 아동은 어휘에서 천장을 넘어 원점수 13점(19+13)을 받고 유사점에
서 8점의 추가 점수를 받았다(19+8)(Rimm et al., 2008). 연령이 8년 3개
월인 '레슬리'는 추가 원점수 28점을 받았으며, 그중 26점을 어휘와 이해
력 하위검사에서 받았다(표 6.2).

레슬리의 점수는 다른 6개 지역에서 온 333명의 영재아들의 점수와 함
께 피어슨 평가 기관의 관심을 얻게 되었다. 레슬리와 같은 몇몇 아동은
피어슨이 여태까지 보지 못한 높은 원점수를 얻었다(Gilman, 2008a).
IQ 점수에서 이전에 반영되지 않았던 추가 원점수가 평가에서의 역사적
돌파구의 근간이 되어 WISC-IV의 확장 규준이 만들어졌다.

추가로 획득한 원점수를 인정함으로써, 피어슨은 최고 하위점수를 19
점에서 28점으로 올리고 IQ 총점수를 160점에서 210점으로 올렸다! 확
장된 규준은 고도 영재들을 위한 프로그램의 자격을 부여할 수 있게 해주
고 속진을 지지하게 되었다. 자세한 설명은 피어슨 웹사이트에서 찾아볼
수 있다(http://pearsonassess.com/NR/rdonlyres/C1C19227-BC79-
46D9-B43C-8E4A114F7E1F/0/WISCIV_TechReport_7.pdf). 모든 웩
슬러 척도에서 사용되는 같은 측정 지표를 기준으로, 그 점수는 "검사 규

표 6.3 레슬리의 확장된 규준 점수

하위검사	점수와 추가점	확장된 규준
유사점	19 + 8	23
어휘	19 + 12	25
이해력	19 + 4	22
(정보)	19 + 2	(21)
그림 개념	19 + 2	21
지수	합성 점수	확장된 규준
어휘 이해(VCI)	155	182
지각 추리(PRI)	145	149
작업 기억(WMI)	141	141
처리 속도(PSI)	128	128
IQ 총 척도(FSIQ)	153	166
일반 능력 지수(GAI)		180

준 척도의 자연스러운 확장이었다"(Gilman, 2008a, p. 80). 그것들은 강점과 약점을 의미 있게 비교할 수 있게 하고 그 차이들의 진정한 확장을 나타낸다. 확장된 규준을 사용하여 레슬리의 수행을 계산했을 때 그녀가 획득한 점수는 다음과 같다(표 6.3 참조).

레슬리는 작업 기억이나 처리 속도에서는 추가 점수를 얻지 못했다. 정보는 레슬리의 합성 점수에 포함되지 않은 선택 검사다. 표 6.4는 피어

표 6.4 WISC-IV 하위검사와 합성 점수의 범위

점수	발표된 범위	확장된 범위
하위검사	1~19	18~28
어휘 이해(VCI)와 지각 추리(PRI)	45~155	150~210
작업 기억(WMI)과 처리 속도(PSI)	50~150	150~210
IQ 총 척도(FSIQ)와 일반 능력 지수(GAI)	40~160	150~210

출처 : Silverman, Cayton, and Raiford(2008).

슨 평가 기관이 매뉴얼에 발표한 범위와 확장된 범위를 비교한 것을 보여준다.

아동이 획득한 점수가 2개 이상의 하위검사에서 천장 범위 척도 점수 (18 혹은 19)이면 확장된 규준표에 따라 해석해야 한다(Zhu, Cayton, Weiss, & Gabel, 2008). 규준은 이전의 WISC-IV 검사 결과로 계산할 수 있다. 아동을 재검사할 필요는 없다.

WISC-IV 점수 해석하기

심리 검사의 가장 흥미 있는 점 중 하나는 그 결과를 해석하는 것이다. '현장'에서 심리학을 실천하는 것은 의미가 있다. 각 내담자는 우리에게 새로운 무언가를 가르친다. "나는 그들을 알아가는 즐거움 속에서, 퍼즐의 조각들을 제자리에 맞추어 가고, 최종 그림은 항상 지금까지 내가 보아 온 모든 것들과 다른 독특한 것으로 보인다"(Gilman, 2008a, p. 59). 해석 기술은 시간과 훈련이 필요하고 훌륭한 멘토가 있으면 도움이 된다.

어떤 사람들은 피험자의 프로파일 내에서 하위검사 점수를 분석하는 것 ('강제 선택 분석')은 경험적 연구의 지지를 받지 못한다고 주장하면서 인지 검사 프로파일의 해석에 반대한다(예 : Lovett & Lewandowski, 2006; Wakins, 2000). 영재에 대한 연구들은 이 관점에 대한 정보를 주지 않는 것으로 보인다. 이 관점에서는 이중 특수 아동들의 존재를 인정하지 않으며(Lovett & Lewandowski, 2006; Watkins, 2000 참조), 그들의 어려움을 동기부족 탓으로 돌린다. (분명히, 그들 중 누구도 우는 아동을 달래서 그들의 생각을 종이에 기록하지 못했다.) 그들은 임상적 관찰을 '비과학적'이라고 생각하고 전혀 가치가 없다고 보았다(Watkins, 2000). 그들은 심리학자들에게 큰 붓놀림으로 전체적인 인지 능력을 칠하라고 권고한다. 그들은 일반지능이 학교생활에서의 인내, 성취, 여러 직업에서의 업무 수행을 예측한다는 것을 인정한다. 아동이 얼마나 똑똑한지 결정하는 것 이외에, 그들은 하위검사 프로파일을 조사함으로써 어떠한 가치 있는 추가적 정보도 얻을 수 없다고 믿는다. 이런 관점은 IQ 점수를 아주 간단하게 해석한다. "당신의 점수는 이렇습니다. 잘 사십시오."

프로파일 분석의 타당성을 거부하는 것은 학교심리학에서 오랫동안 지속되어 온 역사다(예 : McDermott, Fantuzzo, & Glutting, 1990). Alan Kaufman(1994a, 1994b)은 강제 선택 분석과 임상적 통찰에 대하여 설득력 있게 방어를 했다. "강제 선택 접근이 처참한 처벌을 받아야 한다는 그들의 관점을 증명하기 위해서, 그들은 그 방법의 모든 존엄성을 박탈했다. 그들은 그것의 심장과 영혼을 죄다 약탈했다"(A. Kaufman, 1994a, p. 5). Alan Kaufman(1994b)은 뇌졸중 환자, 노인, 라틴 아메리카인, 미국 원주민, 우울증, 간질, 유동성 능력 대 결정성 능력, 전 생애에 걸친 지능의 변화 등의 임상적 분석의 활용성에 대한 실증적 증거를 제공한다.

> 웩슬러 검사들은 아동과 성인을 이해하기 위한 용도로 개발된 임상 검사다. … 나아가 나는 실세상에서의 개인적인 평가를 하는 심리학자들에게는 실증적인 주장보다 임상적 주장이 훨씬 더 설득력이 있다고 믿는다. (pp. 200, 205)

임상 연구는 심리학 분야에서 정당한 정보원으로서 더 큰 평가를 받을 자격이 있다. 현장에서 실제로 획득한 지혜는 공유할 가치가 있다. 이 장에서 언급되는 정보는 학습장애를 연구하는 박사들뿐만 아니라 6,000명의 내담자들을 33년간 임상적으로 처치한 결과에서 얻은 것이다. 이렇게 많은 프로파일에서 반복적으로 나타난 패턴을 무시하기는 어려울 것이다. 이런 분석과 그 해석에 뒤따른 권고는 아동의 삶에 변화를 가져왔다. 어떤 것은 비정통적일 수 있고 어떤 것은 그것을 지지할 수 있는 실증적 자료가 부족할 수 있지만, 그것들은 효과가 있다.

일반 능력 지수

영재아들은 발달이 비동시적이라고 알려져 있다(Alsop, 2003; Silverman, 2012a). 검사자들은 어느 정도의 비동시성이 영재들에게 기대되는지 그리고 어느 정도의 비동시성일 때 학습장애에 대한 더 자세한 평가가 필요한지 어떻게 결정하는가? 이것은 진단을 위한 중요한 질문이다. 다른 집단보다 영재 집단에서는 하위검사 점수들 간에 더 큰 차이가 나타난다(Rimm et al., 2008). 영재 표본($N = 63$)과 통제 집단에 대한 점수들을 WISC-IV 기술 및 해설 요강(Wechsler, 2003)에서 볼 수 있다.

통제 집단의 합성 점수들은 4점 이하의 차이를 보이는 데 반해 영재 표본은 14점 이상의 차이를 보인다. 합성 점수들 간의 표준편차 1점(15점) 차이는 영재들에게는 전형적인 것으로 생각될 것이다. 작업 기억과 처리 속도는 평균 범위에 있으며 영재 집단과 통제 집단을 구별하지 않는다. 8개 지역의 영재아 334명에 대한 국립영재협회(NAGC) 태스크

표 6.5 WISC-IV 규준 샘플

합성 점수	영재 집단	통제 집단
어휘 이해(VCI)	124.7	106.6
지각 추리(PRI)	120.4	105.6
작업 기억(VMI)	112.5	103.0
처리 속도(PSI)	110.6	102.8
IQ 총 척도(FSIQ)	123.5	106.7

출처 : Wechsler(2003, p. 77).

포스 연구는 비교할 수 있는 더 큰 데이터 뱅크를 제공한다(표 6.6 참조).

전체적인 패턴은 비슷하고, 평균 점수는 국립영재협회 집단이 기술 요강에서 보고한 영재 집단보다 다소 더 똑똑한 것으로 나타났다. 작업 기억은 글자-숫자 배열하기 대신에 더 의미 있는 과제인 산수를 표본의 1/3에게 실시했기 때문에 상승했다. 다시 강조하지만, 처리 속도는 평균 범위에 있다. 합성 점수들은 21점까지 변한다. 이것은 여전히 정상적인 비동시성으로 간주된다. WISC-IV 사정을 위한 필수 요소(Essentials of WISC-IV Assessment)에서 Dawn Flanagan과 Alan Kaufman(2004)은 23점 이상(1.5표준편차)까지 변하는 합성 점수들은 유의미하며 IQ 총 척도를 '해석 불가능' 하게 만든다(p. 128). 나아가 만일 어휘 이해 지수

표 6.6 NAGC 태스크포스 데이터에 사용된(n = 334) WISC-IV 합성/지수 점수의 평균

어휘 이해(VCI)	133.17
지각 추리(PRI)	127.84
작업 기억(VMI)	121.58
처리 속도(PSI)	112.02

출처 : Gilman, N. Robinson, Kearney, Wasserman, and Silverman(2010).

(VCI)와 지각 추리 지수(PRI)가 23점 이하로 변한다면, 일반 능력 지수 (GAI)는 "아동의 전체적인 지적 능력을 신뢰성 있고 타당한 추정치로 계 산하고 해석할 수 있다"(p. 128). 일반 능력 지수(GAI)는 추상적 추론 능 력의 훌륭한 지표다. 그것은 VCI와 PRI를 구성하는 WISC-IV의 6개 하 위검사에서 나온다. 작업 기억과 처리 속도는 계산에서 제외된다. GAI와 VCI는 영재성을 가장 잘 측정한다.

Flanagan과 Kaufman(2004)은 어휘 이해 지수(VCI)와 처리 속도 지 수(PSI) 간에 가장 뚜렷한 차이가 흔히 발생하는 것을 발견했다. 영재 표 본도 같은 형태를 나타낸다(Rimm et al., 2008; Silverman, Gilman, & Falk, 2004). 이 연구들의 결과에 따르면 VCI가 영재성을 가장 잘 나타내 고 PSI가 가장 잘 나타내지 못했다. 국립영재협회 연구에서, 70%의 표본 이 그들의 IQ 총 척도를 해석할 수 없을 정도의 지수 점수들 간의 차이를 나타냈다. 그리고 78%가 GAI 계산을 할 수 있는 자격이 있었다(Gilman et al., 2010).

영재 프로그램을 위한 선발 기준

VCI와 PRI 간의 차이가 22점을 초과할 때, 국립영재협회는 영재 프로그 램 선발을 위한 두 가지 중 하나를 고려하도록 권고한다. 국립영재협회 태스크포스 연구는 2008년 1월 국립영재협회 웹사이트에 '영재 평가를 위한 WISC-IV의 사용'이라고 올린 입장 성명의 기초가 되었다.

영재 학생을 확인하기 위하여 WISC-IV를 사용할 때, 추론 능력을 강조하는 일반 능력 지수(GAI), 혹은 IQ 총 척도(FSIQ)를 기준으로 영재 프로그램에 선발할 수 있다.…

어휘 이해 지수(VCI)와 지각 추리 지수(PRI)는 특히 문화적으로 다양한, 이중 언어, 이중 특수 학생이나 시각-공간적 학습자를 위한 영재 프로그램 선발을 위해 각각 적용될 수 있다. (NAGC, 2008)

이것은 발달장애에 대한 검사 해석과 보조를 맞춘다. 정신장애 진단 및 통계 편람(DSM-IV)(American Psychiatric Association, 1994)은 유의미하게 다른 하위검사 점수들의 평균을 내지 말 것을 강력히 권고한다. "하위검사 점수들이 심각하게 분산되어 있을 때, 수학적으로 산출한 IQ 총점수보다 강점과 약점의 프로파일이 한 사람의 학습 능력을 더 정확하게 반영할 것이다"(p. 40).[1] 학습장애를 가지고 있는 영재아를 알 수 있는 것은 차이점을 관찰하는 것만으로 가능하다. 합성 점수들에서 30점 차이(2SD) 혹은 하위점수들에서 9점 차이(3SD)는 학습장애의 가능성에 대한 더 자세한 평가가 필요하다는 것을 말해준다. 이것은 전형적인 영재들의 비동시성을 훨씬 넘어선다. 가장 낮은 점수가 평균 범위에 있다고 해도, 그 아동은 좌절을 경험할 수 있고 그 약점을 주목할 필요가 있다(Gilman, 2008a; Silverman, 2009a).

차이 분석을 사용하여 학습장애를 결정하는 것은 공립 교육에서는 시들해졌지만 사립 교육과 대학 클리닉에서는 여전히 사용되고 있다(Assouline et al., 2010). 그것은 치료를 통해 개선할 수 있는 약점을 찾아낼 수 있게 해준다. 교육계의 인식이 부족해서 잘 발견되지 않을 뿐이지 이중 특수 아동들이 사라진 것은 아니다. 그들에게는 그들의 강점과 약점 간의 차이를 세심하게 지속적으로 살펴보려고 애쓰는 심리학자들이 필요하다. 아동의 강점을 약점과 구별해 내서 그 강점을 영재성으로 인정해야 한다. 간단하게 IQ 총 척도 점수만으로는 영재성과 학습장애 둘 다 볼 수가 없으며, 그 둘 다 적절한 처치를 받지 못하게 된다.

하위검사의 g 부하량은 무엇을 의미하는가?

검사자가 하위검사의 g 부하량을 알면 구체적인 강점을 정확하게 찾아내고 미묘한 약점을 진단하는 데 도움이 된다(Silverman, 2009a, 2009b). 영재아들은 일반적으로 어휘, 정보, 유사점, 이해력과 같은 추상적인 어휘 추론에서 높은 수행을 나타내며 이 하위검사들은 모두 높은 g 부하량을 가지고 있다. 시각–공간적 영재 학습자들조차 종종 지각 추리보다 어휘 이해에서 더 높은 수행을 나타낸다. 이 순위는 너무나 견고해서 지각 추리가 더 높을 때는 여러 가지 의문을 일으킨다. 아동이 이중 언어를 사용하는가? 청각적 처리 문제가 있는가? 표현하는 언어에 약점이 있는가? 만일 어휘와 유사점은 높은데 이해력이 9점 더 낮다면, 이 아동은 아스퍼거 증후군을 가지고 있는가? 하위검사들의 차이가 그것 자체로 장애의 충분한 증거가 되는 것은 아니지만, 더 자세한 평가가 필요하다는 것은 충분히 말해주는 단서가 될 수는 있다.

하위검사에서 극히 높은 점수 하나라도 나타나면 반드시 선택 하위검사를 실시해야 한다. 영재들은 종종 그들 주위의 환경으로부터 놀랍도록 많은 양의 정보를 빨아들이기 때문에 정보 하위검사는 이 집단에게 유용하다. 그뿐만 아니라 정보는 다른 하위검사들보다 더 높게 확대된 규준을 제공하고 있다. 어휘, 유사점, 정보를 합한 점수는 특수 영재아와 극영재아에게서 일반적으로 특히 높게 나온다. 앞에서 묘사한 레슬리는 이 세 가지 하위검사에 대한 확장된 규준에서 그녀의 다른 점수들과 비교해서도 가장 높은 점수를 얻었다(표 6.2 참조).

산수와 블록 디자인에서 영재 범위의 점수를 받은 아동은 WJ-III의 수학에서 종종 높은 점수를 받고 수학 재능을 나타낸다. 시각-공간적 학습자들도 종종 행렬 추론과 블록 디자인에서 높은 수행을 보인다. 그들은 기능적인 측면보다 시각적인 측면들을 연상하기 때문에 그림 개념에서 낮은 수행을 나타낼 수 있다. 예를 들어 노란색인 것끼리 혹은 이빨같이 보이는 것끼리, 혹은 함께 사용되는 것끼리 3개의 물건을 함께 묶을 수 있다. 그림 개념은 시각-공간적 추론에 대한 평가가 아니다. 그것은 지각 추리에 포함되기 때문에 시각-공간적 학습자들에게는 불리하다. 선택 검사 중 하나인 그림 완성하기는 시각적 폐쇄를 측정하며, 그것은 성 편견이 거의 나타나지 않는 시각-공간적 능력을 측정하는 몇 안 되는 검사 중 하나다. 그림 개념이 행렬 추론과 블록 디자인보다 2표준편차(6점) 낮게 나오면, 그림 완성하기가 적절한 대체 검사가 될 수 있다.

언뜻 보면 그림 개념이 시각적 유사성 과제이기 때문에 유사점과 그림 개념 점수가 비슷해야 한다고 생각된다. 하지만 이 두 과제에 대한 g 부하량은 전혀 비슷하지 않다. 유사점에 대한 g 부하량은 .79로 상위 3번째이고, 그림 개념은 .57로 하위 4번째다(표 6.1 참조). 영재아들은 비슷한 부하량을 가진 하위검사에서 비슷한 점수를 받는 경향이 있다. 유사점에서의 수행은 그림 개념보다는 어휘와 정보의 수행을 더 잘 예측한다.

　행렬 추론과 블록 디자인 모두 시각-공간적 능력을 측정하고 비슷한 g 부하량을 가지고 있다. 한 아동이 레고를 좋아하는 것과 같은 시각-공간적 관심을 나타내고 행렬 추론에서 영재 범위의 점수를 받는데, 블록 디자인에서 평균점수를 받는다면, 검사자는 그 차이의 원인에 대해 깊이 생각해야 한다. 블록 디자인은 시간제한이 있고 행렬 추론은 시간제한이 없으니까 결국 그것은 시간의 문제인가? 처리 속도도 또한 낮은가? 영재 개발센터에서 우리는 아동에게 정해진 시간제한이 지나도 계속해서 블록 디자인을 완성하도록 한다. 그렇게 했을 때 추가로 점수를 부여하는 것은 아니지만, 아동이 그 과제를 수행할 수 있는지 진단하기 위해서 그것은 중요하다. 어떤 아동은 좌절해서 포기한다. 하지만 그 과제가 그들의 강점인 추상적 추론과 관련되기 때문에, 많은 영재아들은 어려운 문제를 끝까지 해내려고 애쓰고 그것을 완성하게 되면 얼마나 많은 시간이 걸렸는지와는 관계없이 성취감을 느낀다. (이렇게 하기 위해서는 검사자에게 많은 인내력을 필요로 한다.)

시각적 처리 문제

블록 디자인은 꽤 높은 g 부하량을 가지고 있다. 따라서 그것은 일반지능을 적절하게 측정한다(표 6.1 참조). 만일 어떤 아동의 어휘 추론 점수가 높다면, 추상적 추론이 문제가 될 수 없다. 해석 매뉴얼에 의하면 블록 디자인에는 운동 성분이 있고 행렬 추론에는 없지만, 영재아들은 코딩 점수가 낮을 때조차도 블록의 물리적 조작에 어려움이 거의 없다고 한다. 탐색되지 않은 시각적 문제가 있는 것인가? 아동이 과제를 접근하는 방식에 다음과 같은 몇 가지 단서가 있다.

- 모든 블록이 비슷하다는 것을 인식하지 못한다.
- 빨간색 블록과 하얀색 블록을 바꿔서 한다.
- (사각형을 만들지 않고) 세트를 부순다.
- 블록들을 비스듬히 배열하고 끝에서 방향을 전환한다.
- 블록이 바른 자리에 있는 것을 인식하지 못한다.
- 과제를 해결하기 위해 내적 혹은 외적 언어 중재를 사용한다.
- 이 문제는 '안 풀리는 것'이라고 말하면서 화를 낸다.
- '난 이걸 잘 못해'라고 말하면서 당황한다.

가끔 우리는 투명한 격자판을 디자인에 붙여서 블록의 아웃라인을 보여주는 WISC-IV 통합판(WISC-IV Integrated)[2]의 블록 디자인을 대체 방법으로 사용하기도 한다. 아동이 격자판 없이는 전혀 못하지만, 격자판을 사용해서는 쉽게 디자인을 완성할 수 있을까? 아동이 디자인을 완성한 후에, 검사자는 종종 "이것이 맞다고 생각해?"라고 아동에게 물어본다. 만일 아동이 블록이 디자인과 일치하지 않는다는 것을 모르거나 아동이 그 과제를 접근하는 것을 살펴보는 과정에서 다른 진단적 징후가 나타난다면 시각 평가를 실시할 필요가 있다.

검사의 지각 추리와 처리 속도 부문은 시각적으로 제시된다. 행렬 추론, 블록 디자인, 코딩 그리고 부호 찾기가 VCI와 WMI보다 상당히 낮을 때 시각, 시각적 처리, 혹은 시각-운동 협응에 문제가 있을 수 있다. 시각적 처리에 미세한 문제가 있는 아동은 추상적인 이미지를 시각화하는 것보다는 그림 개념에서 구체적인 물체에 대해서 어려움이 덜하다. 손으로 글쓰기를 싫어하는 사람은 일반적으로 유의미하게 코딩 점수가 낮다. 코딩 점수가 낮은 많은 아동들은 또한 칠판에 적힌 글을 따라 쓰는 것을 어려워한다. 두 가지 활동 모두가 수직적 탐색을 필요로 한다. 다른 점수들을 감안할 때, 부호 찾기와 읽기 이해가 모두 기대보다 낮으면 수평적 탐색을 의심해볼 수 있다. 그 아동의 눈이 한 줄에서 다음 줄로 점프하고 있을 수 있다. 이 문제는 6개월 동안의 시각 훈련으로 쉽게 수정될 수 있다.

시각치료 후에 읽기가 놀랍도록 향상되고 즐거워하는 것을 우리는 보았다. 최근 연구는 눈모음 부족(convergence insufficiency)을 치료하고 읽기 기술을 개선하기 위한 이런 중재 효과를 지지한다(예 : Borsting et al., 2012; CITT Study Group, 2008; Goss et al., 2007; Shin, Park, & Maples, 2011). 심리학자들은 시각 문제를 간과하는 경향이 있다. VCI와 PRI 간의 큰 차이를 뇌의 비정상적인 기능을 나타내는 것으로 잘못 해석하는 경우가 많다(예 : 비언어성 학습장애). 시각적 처리의 문제점을 찾아내 더 심각한 비언어성 학습장애를 가지고 있는 아동으로 진단하기 전에 먼저 치료를 해야 한다.

청각적 처리 문제

영재개발센터에서 우리는 귀 감염에 관련된 많은 정보를 수집한다. 만일 아동이 이해력과 글자-숫자 배열하기에서 낮은 점수를 받고, 지시를 잘못 듣고, 단어를 잘못 발음하고, 반복적으로 질문하고, 혹은 7개월이 되기 전부터 시작해서 귀 감염을 앓았다면, 우리는 청각 평가를 받도록 권고한다. 숫자 거꾸로 외우기는 아동이 청각 정보를 조작해야 하기 때문에 작업 기억을 잘 측정하는 반면, 숫자 바로 외우기는 청각적 배열하기 auditory sequencing를 잘 측정한다. 대부분의 아동은 두 자리 이상의 숫자를 거꾸로 외우는 것보다 바른 순서로 외우는 것을 잘한다. 철자에서 낮은 점수를 받는 영재아들은 종종 숫자 따라 말하기에서 낮은 점수를 받는다 (비록 시각 기억이 도움이 될 수도 있지만).

추가 검사

극단 점수들에 대해 더 상세하게 알아보기 위해서, 검사자들은 같은 검사를 여러 가지 형태로 제공하는 WISC-IV 통합판의 추가적인 하위검사들을 선택할 수 있다. WISC-IV 통합판 하위검사의 결과를 가지고 IQ 점수를 구하지는 않지만, 그것은 아동의 구체적인 강점과 약점에 대한 중요한 진단적 정보를 제공한다. SBL-M은 VCI에서 천장 점수를 넘은 아동을 위한 선택 검사로 사용할 수 있다(Gilman, 2008a; Silverman, 2009a; Wasserman, 2007).

이 선택 검사들은 영재를 위한 WISC-IV 프로파일의 해석을 위하여 참고로 사용할 수 있다. 이중 특수 아동의 진단은 훨씬 더 복잡하며, 영재성과 다양한 장애의 상호작용에 대한 이해를 필요로 한다.

영재를 가장 잘 평가하는 방법

나는 내가 검사하는 모든 아동의 내면을 가장 잘 알아내는 사람이 되기 위해 노력하는 내 모습을 사랑한다. IQ 검사에 대하여 그리고 그 표준화 절차에 대하여 세밀하게 잘 알고 있기 때문에 아동의 행동과 패턴에 초점을 맞출 수 있는 여유를 가질 수 있다. 나는 그 어떤 방법이든 가장 좋은 방법으로 함께 천천히 걷거나 달릴 수 있고, 생기 있게 혹은 천천히 말할 수 있다. …

나는 왜 이렇게 하는가? 나는 이 아이들이 자신감, 유능감, 자부심을 느끼는 것을 지켜보는 것을 즐기기 때문이다. 그들은 하루 동안 왕이나 왕비가 된다. 나는 그들이 가지고 있는 환경 보호를 위한 열정, 사람과 동물에 대한 애정 그리고 이 세상에서 가치 있는 무엇인가를 하려고 하는 강한 욕구에 감동을 받는다. 그들은 긍정적이고 열렬한 꿈을 꾸는 사람들이고, 나는 그 여정을 함께하는 특권을 누리는 승객이다. (Tucker, February 2012, p. 1)

영재아들은 검사자의 태도에 조율을 매우 잘한다. 만일 검사자가 영재아들을 좋아하면 그들은 그것을 즉각적으로 알고 그에 따라서 반응한다. 라포 형성은 매우 중요하고 시간이 걸린다. 아동에게 좋아하는 장난감이나 사진첩을 가지고 와서 검사자와 공유할 수 있게 한다(Meckstroth, 1989). 만일 아동이 실수를 두려워한다면 장난감이나 손가락 인형이 질문에 답하도록 도와줄 수 있다. 많은 영재아들(특히 소녀들)은 분명하다고 생각하지 않으면 답을 하려고 하지 않기 때문에 검사자들은 추측하도록 격려해야 한다. 가끔은 "아침에 내가 뭘 먹었을까?"와 같은 간단한 게임을 하는 것도 아동이 편안하게 느끼고 더 어려운 질문에 대해 생각할 수 있도록 하는 데 도움이 된다. 추측을 잘한 것에 대해 긍정적인 피드백을 주면 도전심을 키워주고 더 노력하도록 힘을 줄 수 있다.

일반적으로 예민한 영재들은 여러 가지 이유로 그들의 최대 능력을 발휘하지 못할 수 있다.

- 영재라는 이름에 따르는 결과가 두려워서 자신의 능력을 숨기려고 한다(예 : 현재 배치된 반에 더 이상 있지 못하게 되고 새로운 환경에 배치되는 것, 부모와 교사로부터의 큰 기대, 친구를 잃게 되는 것, 형제들에게 미치는 영향 등).
- 실수를 할까 봐 그리고 바보스럽게 보일까 봐 두려워서 추측을 하지 않으려고 한다.
- 평가받는 것에 대한 불안
- 검사자에 대한 불편한 느낌
- 물리적 환경 측면에서 오는 불안감

이 요인들은 모든 피험자의 수행에 영향을 미칠 수 있지만 영재들에게는 더 큰 영향을 미친다. 어떤 고도 영재아들은 검사 문항이 너무 쉬우면 응답을 하지 않는다. 그들은 그것이 '속임수 질문'이라고 생각하고 그것에 대한 여러 가지 심도 깊은 의미를 읽어낸다(Lovecky, 1994). 그래서 그 주제에 대하여 모르기 때문이 아니라 너무 많이 알기 때문에 IQ 점수가 낮게 나온다. 검사자인 Melody Wood는 한 아동에게 "미국을 발견한 사람이 누구인가요?"라고 물었다. 그 소녀는 오랫동안 생각하고 나서는 모른다고 답했다. 검사가 끝나고 나서 Melody가 그 소녀에게 다시 물었을 때 그 소녀는 발견한 사람의 이름은 기억할 수 없었지만 확인되지 않은 한 이론에 의하면 크리스토퍼 콜럼버스가 처음으로 미국을 발견한 것이 아니라고 대답했다!

검사자에게 무엇보다 중요한 것은 서둘러서는 안 된다는 것이다. 서둘게 되면 이 예민한 아동은 입을 닫는다. 영재들은 복잡하게 사고하고 숙고하려는 경향이 있고, 중단해야 할 정도로 많은 문항을 틀리고서는 다른 어떤 문항을 맞추는 독특한 패턴을 나타내기 때문에 영재들을 검사하기 위해서는 시간이 많이 걸린다—어떤 경우에는 하위검사의 끝까지 간다.

> 많은 영재아들은 그들이 최종적으로 만족할 때까지 답을 계속 다듬는다. 하지만 만일 검사자가 다음 문항으로 서둘러 넘어가면, 그 아동은 빨리 간단한 답을 하도록 즉시 '훈련되어' 결국 높은 점수를 받지 못할 수 있다. (Gilman, 2008a, p. 61)

평가자가 아동에 대하여 어떻게 느끼는가 하는 것이 검사 점수에 큰 영향을 미친다. 어떤 영재아들은 고도로 직관적이고 얼굴 표정이나 몸짓 언어 혹은 검사자가 무의식적으로 나타내는 신호의 의미를 포착한다. 만일 검사자가 배가 고프거나 아동이 많은 문항을 정확하게 답해서 생각했던 것보다 더 많은 시간이 걸리면(검사자의 점심시간이 늦어지면), 그 영재아는 간단한 반응만 하고 검사를 끝내 버릴 가능성이 있다. 반대로, 만일 평가자가 영재아가 생각하는 것을 진실로 즐기고 정확한 답을 할 때마다 기뻐해준다면, 그 아동은 검사자의 눈 속에 반짝이는 별에게 대답하고 최선을 다하려고 노력한다.

> 검사를 실시하는 동안 일반적으로 이 아동들은 매우 즐거워한다. 검사 자체의 본질적인 도전은 종종 그들이 학교에서 경험하는 것과

다르다. 그들은 일반적으로 행복하고, 종종 꽤 유머러스하며, 실제로 최선을 다하려는 동기 부여가 잘 되어 있다.

… 검사실에서는 종종 웃음소리가 난다. 검사자가 이 아동들을 좋아하고 높은 수준의 민감성, 반추성, 완벽성, 호기심을 편안하게 받아주면 아동은 더 편안하게 검사를 수행할 수 있다. (Gilan, 2008a, pp. 59, 65)

영재를 위한 노련한 검사자를 구하기 위한 좋은 출발점은 Hoagies Gifted Education 홈페이지 '영재와 특수 영재 검사에 익숙한 심리학자들' (www.hoagiesgifted.org/psychologists.htm)을 방문하는 것이다. 심리학자들이 스스로 자신의 이름을 이 리스트에 올릴 수 없다. 그들과 좋은 경험을 가졌던 가족이나 명단에 이름이 이미 올려져 있는 다른 심리학자들의 추천을 받아야 한다.

질적 평가

전문 검사자는 양적 정보뿐만 아니라 질적 정보도 사용하여 한 아동의 전체적인 그림을 그린다. 평가 이전과 평가 도중에 아동의 행동을 관찰한 결과에 따라 판단한다. '대략' 혹은 '엄밀하게'라는 용어를 말하는 아동은 그들의 실제 점수와 상관없이 언어발달이 빠른 것을 보여준다. 부모나 형제의 IQ 점수, 발달 지표보다 빠른 발달, 강한 호기심, 심오한 도덕적 관심, 뛰어난 연상이나 일반화, 완벽주의, 발달된 어휘력, 세부적인 것에 대한 날카로운 주의력, 비상한 공감, 생생한 상상, 뛰어난 기억력, 일찍 글 읽기 혹은 레고에 대한 집착, 학업 성취, 독서 취미, 비상하게 조숙한 추론에 대한 부모의 관찰 등이 모두 아동의 능력을 판단하기 위해 신중하게 고려된다. 영재에 대한 노련한 검사자는 이런 정보를 사용하여 아동의 능력 수준에 대한 전체적인 그림을 그린다. 이 전체적인 그림 위에 IQ 검사 결과는 추가적인 정보로 자리를 잡는다. "고도 영재든 극영재든 영재를 확인하기 위해 우리가 배운 그 성질들을 가지고 영재를 판단할 수 있다. 마찬가지로, 아동의 발달 역사는 표출된 혹은 잠재적인 능력 수준을 판단하는 데 있어서 매우 중요한 정보다"(Gilman, 2008a, p. 59).

Annemarie Roeper는 이와 같은 것을 관찰에 의존하는 한 가지 평가 방법을 개발했다. 그녀의 남편 George와 함께 Annemarie는 미시간 주 블룸필드 힐스에 초기 영재 학교들 중 하나인 Roeper School을 세웠다. 그 학교는 70년 이상 운영되고 있다. 앤마리 로퍼 질적 평가 방법[Annemarie Roeper(AMR) Method of Qualitative Assessment(QA)]이 전통적인 검사의 대안으로 혹은 함께 사용되었으며 그것은 영재성 평가를 위한 독특한 접근을 제공한다.

> 인간 심리는 대단히 복잡하기 때문에 표준화 심리측정 검사로 충분히 측정할 수가 없다. 한 인간을 이해하기 위한 충분히 복잡한 유일한 도구는 바로 또 다른 인간이다. AMR 방법을 사용하는 검사자들은 아동이나 성인을 이해하기 위한 도구로 자신들을 사용한다. AMR 질적 평가 방법은 개인의 내적 세계를 보여주는 평가 과정에 더 광범위한 관점을 제공한다. (Roeper, 2012)

심리측정 평가는 영재아들의 지능 수준을 예측하는 이 방법의 효능성을 반복적으로 보여주었다. AMR 질적 평가는 몇몇 사립 학교에서 학생을 선발하는 방법으로 독립적으로 사용되었다. 평가자는 놀이치료와 비슷한 비구조화된 관찰 속에서 그 아동을 경험한다. 평가자는 선입견 없이 그 아동의 세계에 들어간다. "AMR 질적 평가 방법의 가장 핵심적인 요소는 아동이 자유롭게 표현할 수 있는 개방적이고 완전히 비판단적인 분위기를 제공하는 것이다"(Roeper, 2012). 아동들은 그들의 관심과 경험, 희망, 실망감 그리고 그들이 가지고 있는 문제에 대해 자주 개방적으로 이야기한다. 아동들과 함께 이야기하는 것 이외에, 평가자들은 전략이나 문제 해결 능력을 필요로 하는 게임도 함께 하고, 아동들이 자료를 만들고, 그림을 그리고 혹은 이야기를 만드는 것으로 자신을 표현할 수 있도록 한다.

질적 평가는 IQ 검사에서 수행을 잘 못하는 아동이나 검사 천장이 너무 낮아서 능력을 다 발휘하지 못하는 아동을 위한 훌륭한 대체 검사다. 아동의 인지 기능 수준에 대한 정보를 제공하는 것 이외에, 질적 평가는 아동의 내면세계와 정서적 기능을 엿볼 수 있고 가정, 학교, 동료, 혹은 자기개념과 관련한 문제들을 알아볼 수 있다. AMR 질적 방법의 비디오 테이프는 멀론가족재단(Malone Family Foundation)의 지원금을 받아서 만들어졌으며, Roeper Institute(2012)에서 구할 수 있다. Roeper 박사와 25년 동안 함께 일한 Anne Beneventi는 AMR 질적 평가 방법의 현 책임자가 되었다. 그녀는 다음과 같이 말한다.

질적 평가 방법(QA)의 목적은 개인의 본질적인 가치와 독특성을 인식하고 반영하며 긍정적 자존감과 세상과의 상호작용을 향상시키는 것이다.

AMR 질적 평가 방법(QA)은 개인의 인지적 추동의 기저가 되는 강렬함과 민감성에 초점을 맞춘다. QA는 개인의 인지 발달과 정서 발달을 구분하지 않지만 일반적으로 동의하는 영재성의 특성 뒤에 있는 정서적 요구를 이해하려고 한다. 예를 들어 만일 한 아동이 공룡에 큰 관심을 가지고 있다면, 방대한 지식이 발달된 인지 능력에 대한 증거가 된다. 학습하고자 하는 추동은 깊이와 복잡성에 대한 개인의 욕구다. 그 영재아는 자신이 살고 있는 세상의 기원에 대해 더 잘 이해하기 위하여 공룡에 대하여 알고 싶은 욕구를 가지고 있을 수 있다. 공룡에 대한 커다란 관심을 인지적으로 표현된 정서적 욕구로 이해하는 것은 그 아동의 내면적 경험을 더 자세하게 이해할 수 있도록 해준다. (Beneventi, March 2012, p. 1)

영재아를 검사하고 해석하는 것에는 미묘한 많은 차이점이 있다. 긍정 오류는 확률이 매우 낮다. 추상적 추론을 거짓으로 할 수 없기 때문에 영재 범위의 점수들은 '우연히' 일어나지 않는다(Silverman, 1986a). 하지만 부정 오류는 많다. 검사에서 영재 범위로 나타나는 것보다 훨씬 더 많은 아동들이 영재다. '이것은 아동의 능력에 대한 타당한 추정치이다' 라고 일반적으로 검사 보고서에 있는 문구는 영재를 평가할 때는 더 많은 고려가 필요하다. 얼마큼 정확할 수 있는가? 영재아의 능력에 대한 과소평가는 불행하게도 훨씬 많이 발생하고 있다.

전문 검사자가 영재성이 과소평가될 수 있다는 중요한 한계점까지 인식한다면, 그는 다른 자료들을 함께 고려해서 검사 결과를 확인할 것이다. 예를 들어 한 아동의 광범위 글 읽기 점수가 160인데 IQ 점수가 125라면 그 IQ 점수는 아마도 과소평가되었을 것이다. 한 아동이 그의 잠재력 이상으로 성취하는 것은 불가능하다. **어떤 연령**의 아동이라도 그의 능력의 최고 지표를 영재성에 대한 가장 좋은 추정치로 보아야 한다 (Silverman, 2009a). 다른 측정치가 이 지표보다 낮다면, 평가자는 그 과소평가된 이유를 알아내기 위해 자세히 조사할 필요가 있다. 아동의 발달 수준이 어느 정도로 빠른지 정확하게 진단하는 것은 가치 있는 투자다. 그것은 심리측정 자료만으로 할 것이 아니라 임상적 판단에 기초해야 한다. IQ 점수가 그것 자체로 모든 것을 설명하지 않는다. 그것은 영재성을 이해하는 전문가들의 손 안에서 현명하게 사용되어야 하는 도구일 뿐이다.

1) 이 책을 집필하고 있는 이 시점에서는 DSM-V에서도 같은 용어를 사용하여 분류할지는 정확하게 알 수 없다.
2) 역주 : 16개의 선택형 하위검사가 포함되어 있는 웩슬러 4판의 통합판을 말한다.

영재성 101

7

영재의 최적 발달

우리 능력을 믿는 사람들은 우리를 자극하는 이상의 것을 한다. 우리를 그들은 위해 더 쉽게 성공할 수 있는 분위기를 만들어준다.

– John Lancaster Spalding

성공 지향적인 우리 문화 속에서 영재성의 최적 발달이란 개인의 잠재적 능력을 최대한 발휘하여 큰 인물이 되는 것으로 생각한다. 수많은 영재들 중에서 지속적인 명성을 얻는 사람은 극소수이기 때문에 이것은 비현실적이고 피상적인 기대다. Dabrowski(1972)의 이론에서 최고 낮은 수준의 가장 자기중심적인 목표는 돈, 명성, 권력이다.

인본주의 심리학에서는 최적 발달을 다르게 개념화한다. 자기 잠재력의 실현은 Maslow의 자아실현self-actualization, Dabrowski의 2차 통합, Jung의 개성화individuation, 혹은 인간 발달에 대한 여러 이론적 관점들로 이해할 수 있다. 그는 의미 있는 삶을 살고 있는가? 그는 성취했다고 느끼는가? 그는 친절하고 행복한가? 그는 개인적 통합감을 가지고 있는가? 그는 진정성이 있는가? 그는 이타적인가? 내적 발달의 목표는 성품을 깊게 하고, 갈등을 극복하고, 자신의 최고 모습이 되기 위해 자신의 잠재력을 실현하는 것이다. 가족, 교육자 그리고 심리학자들은 내적 발달을 지지하거나 혹은 영재들이 어려움을 이기고 성공하기 위해 '더 노력하도록' 힘을 줄 수 있는 사회적 중개자 역할을 할 수 있다.

심리학자들은 내적 세계의 깊이를 보여줄 수 있다. 그들은 최고로 빠른 속도로 춤을 추는 댄서로서 '성공적'이지만 내적 세계가 비참하게 파괴되어 있어서 고통을 받고 있는 사람을 보아 왔다. 그들은 외적 삶이 펼쳐질 수 있는 기반이 되는 내적 삶을 살찌우는 것의 중요성을 이해한다. 이 핵심적인 가치 체계로부터 영재성은 자신과 사회를 풍부하게 할 수 있다.

부모의 중요한 역할에 대한 존중 대 비난

탁월한 사람을 키우는 부모의 역할은 거의 1세기 동안 연구되어 왔다 (예 : Bloom, 1985; Cox, 1926; Goertzel & Hansen, 2004). 최근 연구는 부모가 영재아의 학업적, 사회적, 정서적 발달에서 도구적 역할을 하는 것을 발견했다(Campbell & Verna, 2007; Cho & Campbell, 2011; Garn, Matthews, & Jolly, 2010; Hebert, Pagnani, & Hammond, 2009; Reichenberg & Landau, 2009; Wu, 2008). 대부분의 문헌은 부모를 개인적으로 지지를 필요로 하는 사람보다는 그들 자녀의 성공을 위한 도구로서의 부모에 초점을 맞춘다.

영재 자녀를 가지고 있다는 것을 처음 알게 되거나 혹은 다른 형제자매들을 희생시키고 한 아동의 요구에 반응해야 하는 소피의 선택을 해야 할 때 영재 부모들이 겪는 갈등에 대해서는 거의 주목하지 않았다. Bloom (1985)은 세계적 수준의 어린 연기자들에 대한 연구에서 부모들에게 다음과 같이 존중을 표한다.

그들은 아동 중심적이고 자신의 시간과 자원과 에너지를 자녀들에게 최고의 환경을 제공하기 위해 기꺼이 헌신한다. 그들은 자녀의 발달에 도움이 될 수 있다고 생각되면 그 어떤 희생도 아까워하지

않았다. (p. 510)

Piechowski 또한 양육자의 역할을 인정했다.

> 분명히 말해서, 아버지는 직장 일에 전념하고 어머니는 영재 아동
> 에 전념하는 것으로 분리해서 생각하지 않는 이상, 힘든 직장 일에
> 많은 에너지를 투자하면서 재능을 가진 아이를 기르는 데 같은 양
> 의 에너지를 투자하는 것은 거의 불가능하다. … 크게 성취한 사람
> 과 명성을 얻은 사람에게는 일반적으로 그들에게 특별히 헌신하는
> 부모나 멘토가 있다(Albert, 1980b). 아동을 위해 살지만 자신을 버
> 리지 않고, 소유하려고 하지 않으면서 귀하게 여기고 지도하기 위
> 해서는 의심할 여지없이 상당한 헌신과 성실함이 필요하다. 따라서
> 세대 양성은 성취하는 사람을 위해 필요한 것으로 보인다. 이 관점
> 의 근거가 되는 아이디어는 한마디로 아동의 재능을 육성하는 사람
> 의 커다란 중요성을 인정하는 것이다. (Piechowski, Silverman,
> & Kearney, 1989, p. 54에서 인용)

슬프게도 이렇게 영재 부모들을 높게 평가하는 일은 드물다. 이 부모들
이 자녀들을 옹호할 때, 교육자들은 종종 그들을 '밀어붙인다'고 생각한
다(Cole & DellaVecchia, 1993). 우리가 지난 33년 동안 영재개발센터
에서 만난 수천 명의 부모들 중 일부는 안달하고 어려운 점이 있었지만,
모든 부모들은 진정으로 자녀들의 행복을 걱정했고 그들의 요구를 이해
하고 싶어 했다. 대부분은 학교로부터 거부적인 태도를 경험했다. 한 부
모는 "당신의 자녀가 당신의 사랑을 받으려면 '영재' 여야만 됩니까?"라는 질
문을 받았다. Alsop(1997)은 호주에서 영재아 부모의 83%가 교사들로

부터 마치 그들이 '밀어붙인다'는 취급을 받았다는 것을 발견했다(p. 31). Coleman(2012)은 이 태도를 '관습적인 관점'으로 본다.

> 성인들(교사, 심리학자, 교장)의 관습적인 관점은 아동의 추동은 일반적으로 내적 지향적이기보다는 외적 지향적이며, 그 동기는 자녀가 아니라 밀어붙이는 부모에게서 나온다. 비록 가족과 영재성에 대한 문헌에서는 지난 세기 초부터 영재아들의 생각에는 부모가 그들을 앞으로 밀어붙이는 것이 아니라는 결과가 반복적으로 나타났지만, 이 관점은 놀랍도록 변하지 않고 있다(Bloom, 1985; Olszewski-Kubilius, 2002; Tannenbaum, 1983; Terman & Oden, 1947). '너는 이것을 해야만 해' 보다는 기회가 제공되어야만 영재성이 나타난다. (p. 388)

영재아들은 그들 부모들보다 훨씬 더 똑똑한가? 부모들은 자녀들의 능력을 질투하는가? 그들은 자녀 지능의 위엄에 눌려 자녀를 '부모화' 시키는가? 그들은 자녀의 삶에 '과하게 관여' 하는가? 그들은 자녀를 너무 많이 억압하는가? 그들은 자녀에게 무엇이 최선인지에 대하여 교사들보다 모르는가? 그들은 교사에게 부당한 요구를 하는가? 이것들은 내가 영재 부모들에 대한 문헌을 살펴보고 얻은 해결되지 않은 의문점들이다(Silverman, 1993a). 한 연구자는 영재 자녀를 '별'이라고 부르고 자기애적인 자아 욕구를 충족시키려고 하는 어머니들이 있다고 했다(Cornell, 1984).

이런 사실에 놀라서 나는 수천 명의 부모들을 만나본 영재개발센터 부소장인 Betty Maxwell에게 전화를 했다. "베티, 한 가지 확인할 일이 있어요. 여러 해 동안 내가 영재 부모들을 옹호하다 보니 실제로 그들이 얼마나 역기능적인지 내가 모르고 있는 걸까요?" 오히려 그녀는 부모들이 자녀들에 대한 적절한 관심을 가지고 있고 자녀들의 능력에 대해 정확하게 인식하고 있다고 나에게 웃으면서 확신시켜 주었다.

> 우리는 외롭고, 우리 아이를 옹호하는 것에 대해 '엘리트주의'라고 비난받고, 아이에 대한 간단한 이야기만 해도 자랑한다고 비난받고, 그리고 아이를 밀어붙인다고 비난받는데, 사실은 그들이 과격하게 우리 뒤에서 끌어당기고 있다. 그래서 외롭다. 영재나 이중 특수아의 특이한 점과 도전성을 이야기하면, 확대 가족이라고 해도 당신이 겪는 것을 이해하지 못할 것이다. (J. Merrill, 2012, pp. iii-iv)

많은 영재 부모들은 자녀들이 압력을 행사하고 있다고 불평한다. 그들의 학습 속도와 지식 탐구욕은 종종 부모가 편안하게 느낄 수 있는 정도를 넘는다. Cho와 Campbell(2011)은 영재아들이 부모로부터 더 많은 자원을 끌어낸다고 주장한다. 부모로부터 자녀에게로 한 방향으로만 영향을 미치는 것이 아니라, 재능 발달에 있어서 '쌍방향 혹은 상호 원인이 되는 영향'을 미치는 것을 그들은 발견했다(p. 42). Alomar(2003)는 쿠웨이트에서 246명의 영재 부모와 일반아 부모를 연구한 결과 비슷한 결론에 도달했다. 영재아의 인지적 그리고 정서적 측면은 그 부모들이 자녀와 상호작용하는 방식에 달려 있었다. "영재성이 부모의 더 강력한 관여와 지지를 필요로 하면 그에 따라 부모가 행동하는 것을 포함해서, 부모는 자녀의 선천적인 요구에 따라 행동한다"(Alomar, 2003, p. 99).

영재아의 부모에 대한 부정적 관점은 지속적으로 문헌에 나타난다 (예 : Hermann & Lawrence, 2012; Mudrak, 2011). '독립적으로 학습 하려는 타고난 욕구'를 이야기하는 부모들은 영재성에 대한 비효과적이 고 '구조화된' 관점을 가지고 있다는 비난을 받는다(Mudrak, 2011, p. 206). 그리고 어떤 교육자들은 부모들을 귀찮게 생각한다. 나는 너무나 여 러 번 교사와 행정가들이 "만일 영재아 부모들을 대처할 필요가 없다고만 하면 나는 영재아들과 함께하는 것이 좋아."라고 말하는 것을 들었다.

영재개발센터에 자녀를 데리고 온 6,000가구의 가족들 중 대다수를 차지하는 건강하고 기능적인 부모들에 대한 이야기는 왜 못 듣는가? 혹 은 호주 멜버른에 있는 CHIP에서 평가받은 '건강한 가족 기능'을 하는 535가구의 가족은(Alsop, 1997, p. 33)? 혹은 Bloom(1985)이 연구한 스타 연기자들을 적극적으로 지지하고 격려하고 있는 부모들은? 혹은 이중 특 수 자녀들을 위해 지칠 줄 모르고 옹호하는 불굴의 부모들은(Assouline, Foley Nicpon, & Huber, 2006; Yssel, 2012)?

> 영재아가 있는 가족에 대해 심리학과 일반 문헌에서 소개하는 많은 부정적인 면과는 반대로, 연구자들은 대다수의 가족들이 건강한 상 호작용 패턴, 높은 수준의 심리적 적응 그리고 긍정적인 대처 전략 을 가지고 있는 것을 발견했다. (May, 2000, p. 58)

투사법 검사를 실시했을 때(예 : 미완성 문장), 아동들은 그들이 부모 의 지지를 받는다고 느끼고 학교에서는 불행하다고 일관성 있게 지적한 다. 부모들이 낙담하는 데는 합당한 원인이 있다.

우리의 가장 큰 관심사는… 이 극영재아의 중심핵이 영원히 숨겨질 것이라는 점이다. … 그녀는 그녀의 지능을 선생님이 못 보게 숨기는 것 같고, 학교에 입학하기 이전과 같은 지적 발달을 보이지 않는 것 같다. … 우리는 그녀가 유치원 입학 2개월 후에 자신의 능력을 사용하는 방법을 기본적으로 바꾸는 것을 보았다. 많은 영재들과 달리 그녀가 높은 사회성 지능도 가지고 있는 것이 다행으로 생각되지만, 우리는 그녀가 사회적으로 수용받기 위해 정신적 능력을 희생하고 있는 것이 걱정된다. 우리는 또한 언제가 될지 모르지만 이 '수준 낮게' 보이게 하는 행동이 전체 생활에 전례를 남기게 된다는 것을 알고 있으며 크게 걱정하고 있다. 학교에 가기 시작한 지 4개월 만에 그녀는 매일 아침 학교 가기 전에 배가 아프다고 하기 시작했다. 그녀는 사회적 상호작용을 좋아하지만 다른 아이들이 그녀의 지능 수준에 한참 못 미치는 것을 알고 있다. 그녀에게 학교생활이 힘드냐고 물었을 때 그녀는 '아무것도 모르는 것처럼 가장하는 것이 힘들다.'고 말했다.

영재아 부모가 심리학자의 도움을 찾는 가장 큰 이유는 자녀의 교육 문제에 대한 걱정이다(Alsop, 1997). 메인과 콜로라도 주에서 수행된 한 연구에서는 IQ 170 이상인 아동의 거의 모든 가족이 가지고 있는 주요 갈등은 학교였다($N = 38$)(Silverman & Kearney, 1989). 특수 영재아 부모 241명 중 53% 이상이 자녀가 현재 다니고 있는 학교의 교육과정이 충분히 도전적이지 못하다고 보고했고 35%는 자녀가 학교에서 개인적인 관심을 받지 못하고 있다고 느꼈다(K. Rogers & Silverman, 2001). 이런 불만은 극 상위에서만이 아니라 모든 영재들에게 만연하다(연구들의 요약은 Moon, 2003 참조). 중도 영재아의 부모들에 대한 전국적인 조사에서($N = 30$), "무모들 중 절반 이상이 학업 활동과 교실 환경이 적절한 도전이나 의미를 거의 제공하지 못하고 아동의 학업 동기를 방해한다고 지적했다"(Garn et al., 2010, p. 269). Alsop(1997)의 연구에서 47명의 부모 중 28% 이하가 그들 자녀가 적절한 교육 환경 속에 있다고 느꼈다. 좀 더 규모가 큰 385명의 부모들을 대상으로 한 연구에서는 초등학교 영재 학생을 가진 부모들 중 47%와 고등학교 영재 학생을 가진 부모의 53%가 자녀들의 요구가 학교에서 충족되지 않는다고 느꼈다(Feldhusen & Kroll, 1985; Moon, 2003). 더 최근에 Morawska와 Sanders(2009)는 '학교 문제'가 영재아를 둔 가정의 가장 큰 요구라는 것을 확인했다.

이 연구들은 많은 부모들이 학교가 영재 자녀에게 적절히 도전적이지 않다고 생각한다는 것을 보여준다. 부모를 비난하는 것이 적절한 해결방법일까? '피해자 비난하기' 심리는 심리학에서 강력한 저항을 받았지만, 교육계에서는 피해간 것으로 보인다. 하지만 어떤 영재아 부모들은 사회적 기술이 부족하다. 이것은 그들의 관심을 무력화하거나 영재아들의 모든 부모를 고정관념화하는 것을 정당화하는가? 20년 전에 나는 이것을 '부모 때리기'라고 했다(Silverman, 1993b). 이런 편견의 근원은 다음과 같다.

a. 영재아들의 특별한 요구에 대한 인식이 부족하기 때문에, 영재아 부모들이 그들 자녀에 대한 특별한 특권을 원하고 있다고 생각한다(예 : George, 1992).

b. 교육자들의 영재성에 대한 훈련 부족과 학생들에게 무엇이 최선인지 교육자가 가장 잘 안다는 생각이 합쳐져서

c. 심리학자와 상담자들이 영재들의 독특한 관심사에 전혀 노출되어

있지 않아서 영재아와 그 부모들에 대한 오해가 생긴다(Silverman, 1993a).

d. 영재들의 주 옹호자인 어머니들의 지능도 높다는 사실에 대한 인식이 부족하다(Silverman, 1993b).

> '학교에서 내 딸이 1학년 초급 독본을 받았을 때 나는 교장선생님에게 가서 이야기하고 싶었다'고 한 어머니가 교육청 담당자에게 설명했다. "그 아이는 '작은집 이야기'를 집에서 2년 동안 읽었어요. 하지만 무슨 말을 해야 할지 몰라서 나는 가지 않았습니다. 큰 의미가 없을지 모르지만, 나도 학교 입학하기 전에 글을 읽을 줄 알았습니다. 그들은 나보다 아이들을 가르치는 것에 대해 더 잘 압니다. 나는 그저 부모일 뿐이지요."
> (Tolan, 1992, p. 1, 8)

학교는 영재아의 어머니보다 아버지를 더 진지하게 생각하는 경향이 있다. 나는 두 부모가 함께 학교 관계자에게 이야기할 것을 권고한다.

영재들의 많은 부모들이 대처해야만 하는 공공연한 경멸이 영재아에 대한 편견보다 더 불쾌하다. 적어도 아동에게는 그를 옹호해주는 부모가 있다. 영재의 부모는 학교 시스템 안에서는 지지를 거의 받지 못한다(Alsop, 1997). 사이버 공간에서 그들은 온라인 공동체와 지원 집단 속에서 서로를 발견하고 서로 도움을 준다. 이런 유형의 지원조차 어떤 행정가들은 '불평 집단'이라고 업신여긴다.

이 아이들 한 명 한 명이 다 다르고, 아이를 키우는 방법을 찾아보려고 해도 잡지나 책이나 인터넷 블로그에도 소개되어 있지 않고, 또한 일반적인 사회적 인식도 따뜻하지 않다. 따라서 물이 새고 있는 배에서 깨진 스티로폼 컵으로 물을 퍼내고 있을 때 같은 배를 탄 다른 부모를 발견하게 되면 우리는 흥분한다. 우리들이 같은 삶을 살고 있는 것은 아니지만, 비슷한 점들이 있기 때문에 우리가 함께 있을 때는 우리를 이해하지 못하는 사람들에 의힌 판단을 받지 않을 것임을 알고 잠깐 편안해질 수 있다. (J. Merrill, 2012, pp. 9-10)

이 부모들을 조롱해서는 안 된다. 그들은 충고를 받을 수 있고 옹호자가 되어줄 수 있는 지식 있는 부모-친화적인 심리학자와 상담자의 안식처를 필요로 한다(May, 2000). 그들이 자녀의 발달에서 중요한 역할을 하기 때문이기도 하지만 개인으로서도 인정과 존중을 받을 자격이 있다. 교육은 아동에 초점을 맞춘다. 심리학의 실천에서, 우리는 부모의 최적 발달에 대해서도 관심을 확장시킬 필요가 있다. 영재아의 부모들은 학교 문제에 대한 지원과 자녀 양육의 지도를 받기 위해서 전문가들을 필요로 한다. 그들은 그들 자녀를 한 집단의 구성원으로서만 생각하지 않고 개인적으로 관심을 가지는 심리학 분야에서의 옹호자들을 필요로 한다. 그들은 당신을 필요로 한다.

부모를 위한 심리 지원 서비스

Moon(2003)은 영재와 가족이 필요로 하는 두 가지 유형의 지원 서비스가 있다고 주장한다. 그녀는 예방적인 **부모 지도** 지원 유형과 회복적인 가족치료 지원 유형으로 구분했다. 부모 지도의 목적은 초기 중재와 사회적 그리고 정서적 문제의 예방을 통해 '최적 발달'을 촉진하는 것이다(p.

388). 부모 지도에서 강조하는 점은 평가, 검사 해석 그리고 학교와 가정을 위한 권고를 하는 것이다. 여러 가지 측면에서 이것은 평가를 실시하는 심리학자의 기능과 복잡한 관계의 문제를 파헤치는 치료사 기능 간의 훌륭한 이분법이다. 하지만 문제가 발생하는 것을 예방하기 위해 심리학자를 찾는 부모는 거의 없고 대부분은 문제가 생기면 서비스를 찾는다. 예외적인 경우라면 부모가 영재 자녀를 영재 학교에 보내려고 하는데 그 학교에서 지능 검사 결과를 요구할 때이다. 넓은 의미에서 보면 자녀에 맞는 영재 학교에 보내는 것은 사회적 그리고 정서적 문제를 예방하는 데 도움이 된다고 볼 수 있다.

평가는 예방적일 뿐만 아니라 치료적일 수도 있다. 평가는 왜 어떤 아동이 또래 친구와 어울리지 않는지, 왜 반복 연습을 못 견디는지, 왜 손으로 글 쓰기를 싫어하는지, 왜 어떤 때는 똑똑하고 또 어떤 때는 바보같다고 생각하는지 설명할 수 있고, 나아가 이런 문제들을 개선하기 위해 학교를 변화시킬 수 있다. 둘째 아이가 자기도 영재라는 것을 알게 될 때 종종 형제자매 간의 경쟁의식이 극적으로 완화된다. 내향적인 아동이 학교에서는 보여주지 않았던 놀라운 능력을 일대일 상황에서는 보여준다. 다른 소녀들과 어울리기 위해 자신의 능력을 감추는 영재 소녀들이 아는 사람이 없는 상황에서 검사를 할 동안에는 재능을 나타낼 수 있다. 적대적인 아동의 '나는 안 할 거야'라는 말이 그동안 탐지되지 않았던 학습장애가 표면에 드러날 때 '나는 할 수 없어'라는 말이라는 것을 이해할 수 있다. 때로는 아동이 숙제하기 위해 키보드를 만질 때 미성취가 사라지기도 한다. 영재성의 발견은 종종 열망을 불타게 하고 자기개념을 치유하도록 개선한다. "나는 내가 미쳤다고만 생각했어!"

부모 지도 이외에, 가족치료는 관계를 개선하고, 갈등을 해소하고, 적극적으로 귀를 기울이게 하고, 가족의 변화를 돕고, 미성취의 근본적인 원인을 탐색하고, 영재 가족의 복잡한 생활의 역동성에 대한 이해를 증진하고, 지각하고 상호작용하는 새로운 방법을 개발하기 위해 필요하다(Leviton, 출판 중). 평가는 가족치료의 서곡으로 작용할 수 있다. 부모 지도는 평가의 함의에 초점을 맞추고 있으며, 간헐적으로 평가 전, 평가 중, 평가 후에 실시된다. 가족치료는 대개 가족의 상호작용에 대처하기 위하여 몇 회에 걸쳐 실시된다.

영재 가족이 직면하는 문제(Morawska & Sanders, 2009; Reichenberg & Landau, 2009) 그리고 여러 가지 접근의 효과성(Moon, 2003)에 대한 실증적 연구는 부족하지만, 임상적 경험에서는 많은 것을 배울 수 있다. 6장에서 논의한 이슈들은 모두 부모 지도에 적용할 수 있다.

a. 아동의 발달 차이의 의미를 이해하기
b. 아동의 능력에 대한 정확한 평가를 하기
c. 검사 결과의 의미를 받아들이기
d. 도움이 되는 교육 지원을 결정하기
e. 적절한 학년 배치를 결정하기
f. 부모가 더 효과적으로 옹호하도록 도와주기
g. 도움이 되는 자원을 찾기(예 : 장학금, 심화 프로그램, 특별 학교 등)
h. 이중 특수성 진단하기와 수용을 획득하기

특수 영재아와 극영재아의 부모들은 추가적인 관심사를 가지고 있다. 이 아동들은 놀라운 속도로 학습하기 때문에 부모들은 종종 그들을 홈스쿨링을 하거나, 더 많은 자원이 있는 도시로 가족이 이사를 하거나, 사립학교 비용을 마련할 방법을 찾거나, 장거리 학습 프로그램을 사용하거나, 2년 혹은 3년 속진을 시킨다. 속진은 교육 기간을 압축시켜서 아동을 아주 어린 나이에 대학 과정에 준비시킨다(Solow & Rhodes, 2012). 이것은 완전히 새로운 의문점을 갖게 한다. "이제 우리는 무엇을 해야 하나? 우리 아이를 대학에서 학점을 인정받는 AP 과목을 앞당겨 수강하게 할 것인가? 온라인 수업을 통해 우리 아이가 대학 수준의 정보에 접하게 해야 하나? 우리 아이와 함께 대학 캠퍼스에 가서 수업을 청강해야 하나? 아이에게 대학 과정을 수강하도록 허락해야 하나? 대학에 일찍 들어가도 집에서 다닐 수 있게 학교 가까이 이사를 해야 하나? 우리 아이가 집을 떠나서 혼자 대학에 다닐 수 있는 준비가 되어 있을까? 이 아이에게 모든 에너지를 집중시켰는데 아이가 떠난 빈 둥지에서 우리는 살 준비가 되어 있나? 이 결정들이 우리 아이에게 어떤 영향을 미칠까?"(Silverman & Kearney, 1989).

평가와 함께, 영재 부모들은 가족치료의 영역이라고 할 수 있는 정서적 이슈에 대한 다음과 같은 도움을 필요로 할 수 있다.

a. 영재 자녀의 특별한 요구 때문에 생기는 가족 내에서의 긴장 완화 (예 : 갈등적인 부모 인식)(Cornell, 1984)
b. 이웃, 확대 가족 그리고 공동체 구성원들의 태도에 대처하기

   c. 아동의 강렬함, 완벽주의, 고조된 민감성, 내향성 혹은 과흥분성에
     대처하기

   d. 아동이 친구를 찾고 더 좋은 또래 관계를 맺도록 도와주기

   e. 미성취를 전환시키기

   f. 복잡한 가족 역동성 대처하기

   g. 가족들 자신의 영재성을 받아들이기

   h. 그들 자신의 포부를 개발하기

영재의 가족들이 스트레스와 관련된 증후군, 이혼, 이사, 형제자매 경쟁
의식, 부모 갈등, 우울, 혹은 자살 사고와 같은 더 전형적인 이유로 치료
를 받을 수도 있지만, 조건들이 관련이 없는 것처럼 보이더라도 반드시
영재성과 관련지어 고려해보아야 한다. 그것은 종종 거실 한가운데 있는
코끼리와 같다. 영재아가 가족 중에 한 명이든 여러 명이든 영재아를 기
르는 일은 결혼을 파경에 이르게까지 할 수 있는 긴장을 만든다. 시간이
충분하지 않고, 돈이 충분하지 않고, 각각의 모든 기대를 충족시킬 만한
에너지가 충분하지 않다. "영재아들이 요구하는 것은… 가족을 경제적으
로 매우 어렵게 만든다"(Alomar, 2003, p. 96). 영재성과 가족치료 모두
를 훈련받은 치료사에 의한 단기간의 가족치료가 효과가 있는 것으로 나
타났다(Moon, 2003). 영재 치료사는 정서적 자원과 창의적인 문제 해결
을 위한 에너지를 해방시켜 줌으로써 빠르게 가족의 균형과 조화를 가져
다줄 수 있다(Leviton, 출판 중).

   영재의 부모들이 심리학자들에게 무엇을 원하는지 확인한 연구자는

거의 없다. 심리학자들이 영재성의 평가에 더 관심이 있었던 시절에, Dembinski와 Mauser(1978)는 일리노이와 캘리포니아 주에서 자녀가 특별 프로그램에 등록되어 있는 부모 105명의 요구에 대한 연구를 했다. 위에서 논의한 지도 이슈 이외에, 52%는 가족을 위한 추가적인 지원 서비스에 대해 물어보았고(예 : 상담), 67%는 읽기 자료를 요구했고, 82%는 자녀를 위해 집에서 어떻게 해주어야 하는지 알고 싶어 했고, 73%는 영재아를 위한 양육 방법에 대해 물었고, 54%는 비슷한 관심을 가지고 있는 다른 부모들과 연락하고 싶어 했다. 이 요구들은 오늘날까지 여전히 계속된다. 영재의 정서적 요구 지지하기(Supporting Emotional Needs of the Gifted, SENG)(DeVries & Webb, 2007)에 의해 운영되는 인기 있는 부모 포럼은 부모지지 그룹, 부모 교육, 그리고 부모 지도에 대한 지속적인 요구가 있다는 것을 입증한다.

최적의 가정환경

어린 영재아를 둔 부모들은 자녀의 발달에 효과적으로 대응하기 위한 방법뿐만 아니라 가정에서 어떤 자극을 제공해야 하는지에 대하여 심리학자들에게 상담한다. 이런 유형의 초기 중재가 예방적으로 들리지만, 그 요청은 일반적으로 어머니의 걱정과 불안 때문에 발생한다. 이 젊은 어머니들은 자녀를 위해 최선을 다하고 싶어 하지만, 미묘한 메시지를 전달받는다. 자녀의 능력을 '부풀려서 자랑한다고' 보일 수도 있고, 친구와 이웃과 친척들로부터 '정상적으로' 성장할 수 있게 아이가 다르다는 것을 강조하지 말라는 주의를 받을 수도 있다(Alsop, 1997). Alsop의 연구에서 20% 이상의 부모들은 가족들로부터 받는 충고가 '마음 아프게' 한다고 생각했다(p. 30). 교사로 훈련을 받은 어머니들은 '밀어붙이는' 것으로 인식될까 봐 두려워했다. 다른 사람들이 그들 자녀의 빠른 발달을 '과한 투자' 때문이라고 할 것이라는 두려움 때문에 그들은 가정환경 자극의 혐의에 대한 무죄를 항변한다. "나는 아이에게 읽기를 가르치지 않았다. 진실코! 내가 안 볼 때 아이가 스스로 읽기를 깨우쳤다."

가정 심화home enrichment는 모든 아동을 위해 권고해야 한다. 대부분의 성취에 대한 변량은 가정환경 때문이다. "학교는 학생의 성취에 기여하는 변량의 25%를 설명할 수 있다"(J. Gallagher, 2004, p. 122). 인상 깊은 누적된 연구 결과들은 능력과 재능의 개발에 있어서 풍부한 가정환경의 중요성을 보여준다(Albert, 1978; Alomar, 2003; Chan, 2005; Feldman, 1986; Kulieke & Olszewski-Kubilius, 1989; N. Robinson & Noble, 1991; Tannenbaum, 1992). 선천적인 차이를 의문시하던 한 때(예 : Ericcson, Nandagopal, & Roring, 2009), 그리고 능력보다 노력을 강조하는 아시아 문화에서는(Wu, 2008) 자녀의 능력을 최대한 개발하는 책임이 거의 부모에게 있다. "영재성은 가정에서 시작되고 가정에서 개발된다"(Reichenberg & Landau, 2009, p. 874).

높은 능력을 가진 푸에르토리코 학생들은 성공의 주된 자원을 어머니라고 인식하는 반면에(Garrett, Antrop-Gonzalez, & Velez, 2010), 아버지의 역할이 아들의 능력 발달에 중요하다는 것을 강조하는 연구들도 있다. Hebert 등(2009)은 자녀 발달에 대한 아버지의 역할에 대한 연구들을 다음과 같이 요약했다 ― "학업적 성공, 나쁜 행동이나 정서적 문제를 일으키지 않기, 그리고 긍정적인 사회 행동과 같은 긍정적인 아동의 결과에 아버지가 관련되어 있다"(p. 243). 이 연구자들은 사례 접근법을 활용하여 전기나 자서전이 출판된 10명의 유명한 사람들의 아버지-아들 간의 긍정적인 관계를 연구했다. 아버지는 아들의 길잡이와 뒷받침이 되어 주었고, 아들이 스스로 결정하도록 했으며, 아들이 그 무엇을 선택하든 최선을 다하도록 격려했다. 상호 존중과 존경은 이런 관계에서 생겨났다. "아버지들은 그들을 무조건적으로 믿고, 강한 직업 윤리의 모델이 되고, 그들에 대한 높은 기대를 하고, 그들을 존중하고, 그들의 업적을 자랑스럽게 생각한다"(p. 269). 이것들이 효과적인 부모-자녀 관계에서의 핵심 요소다.

Cho와 Campbell(2011)은 한국에서 영재 교육을 받는 908명의 학생들과 일반 교육을 받는 866명의 학생들에 대한 연구를 수행했다. 연구 결과 수학과 과학 성적의 가장 영향력 있는 예측 변인은 '아버지의 관여'로 나타났다(p. 45). 일반 아동의 부모들은 아동이 성장함에 따라 교육에 덜 관여했다. 과학영재센터에 등록한 학생의 아버지들은 고등학교까지 자녀의 교육에 계속적으로 관여했다.

확대 가족, 특히 조부모의 중요성을 간과해서는 안 된다. 어른을 공경하고, 확대 가족이 공동체 속에서 살고, 혹은 양육에 조부모가 중요한 역할을 하는 문화에서는 조부모가 특히 중요하다. 이스라엘에서 영재아와 그들 가족을 여러 해 연구한 Erika Landau는 조부의 영향이 조금씩 증가하고 있다고 지적했다.

입시 면담에서 "당신이 알고 있는 것을 어디에서 배웠습니까?"라고
질문하면, 30년 전에는 학생들 대부분이 '학교'라고 대답했다. 20
년 전에는 '집'이라고 대답한 아동이 더 많았다. 10년 전에는 학교
라고 대답한 학생이 거의 없었고 '나의 할머니/할아버지'라고 따뜻
한 미소를 지으면서 대답하는 학생이 더 많았다. (Reichenberg &
Landau, 2009, p. 881)

그 결과 Landau는 조부모를 위한 워크숍을 제공하기 시작했다. 아동은
조부모로부터 무조건적인 사랑을 받는 것을 좋아하고 조부모들은 부모
들보다 더 인내심이 있는 것을 그녀는 발견했다. VanTassel-Baska
(1989)는 경제적으로 불우한 가정 출신의 15명의 영재 청소년들을 연구
했으며 그들 중 절반은 흑인이었다. 그녀는 외할머니가 가족 중에서 가장
지배적인 인물이었으며, 외할머니가 손녀들을 안정적으로 양육하는 것
을 발견했다. Garrett 등(2010)은 할머니가 푸에르토리코 초등학생들의
높은 학업 성취에 긍정적인 영향을 미친다고 했다. 이제는 영재아를 위한
조부모의 역할에 대한 책들이 출판되고 있다(Webb, Gore, Karnes, &
McDaniel, 2004).

대응을 잘하는 부모는 아동이 이끄는 대로 따라주고 아동의 관심사를
확대시킨다. 부모는 자녀의 인격을 존중하고 스스로 자유롭게 선택하도
록 한다. 그들은 자극을 줄 수 있는 다양한 활동에 자녀를 노출시키고 자
녀가 무엇에 특히 관심이 있는지 주의를 기울이며, 그 후에 아동의 관심
영역을 집중적으로 심화시킨다(Munger, 1990). 결정적으로 중요한 것
은 결과가 아니라 과정에 초점을 맞추는 것이다. 그들은 결과에 집착하

지 않고 자녀를 위해 제공하는 심화 활동을 즐긴다. 그들은 자녀들과 죽을 때까지 지속되는 튼튼한 관계를 쌓는다. 질적 시간을 함께 보내는 가족은 가까운 유대를 형성한다. 부모가 자녀와 시간을 보내는 것을 즐기면 자녀는 어른이 되었을 때 부모와 시간을 보내는 것을 즐기게 될 것이다. "당신은 자녀가 성인이 되었을 때 그들과 어떤 관계를 가지기를 원하는가? 당신이 지금 무엇을 하느냐에 따라 그 관계의 모습이 결정된다." (낙제점수를 받고 집에 왔을 때 부모로부터 큰 소리로 야단맞은 자녀가 결국은 그 부모를 양로원에 보내기로 결정할 것이라고 부모들에게 나는 말해준다!)

가족 분위기는 가족의 가치관으로 가득 차 있다. 콜로라도와 메인 주의 특수 영재아 부모들은 잘 정립된 가치관과 자녀에 대한 높은 기대를 가지고 있고, 독서에 많은 시간을 보내고, 지적 욕구의 모델이 되어 주었다 (Silverman & Kearney, 1989). 콜로라도 집단에서, 어머니들의 첫 번째 관심사는 독서였고, 아버지들에게는 스포츠가 첫 번째이고 그다음이 독서였다. 영재아의 부모들은 부지런한 경향이 있고, 그런 가치관을 기대할 뿐만 아니라 본보기를 보여줌으로써 전해주었다(Hebert et al., 2009). 영재아들은 부모로부터 존중을 받는다고 느끼고, 그것은 그들이 부모에 대한 존중심을 개발할 수 있도록 해준다. 그들은 또한 부모의 온정과 사랑이 얼마나 많은 도움을 주었는지에 대하여 기술했다(American Association for Gifted Children, 1978). 부모는 여러 가지 방법으로 자녀에 대한 사랑과 존중을 나타낸다 —바쁜 생활 속에서 자녀들을 위한 시간을 마련하고, 자녀들에게 집중하고, 귀 기울이고, 질문하고, 자녀들의 결정을 존중하고, 자녀들을 신뢰하고, 자녀들의 호기심을 북돋아주고, 자율성을 주고, 자녀들의 관심사를 지지하고, 자녀들을 믿는다.

3세에 스스로 글 읽기를 깨치고 더 어려운 수학을 공부하고 싶어 하는 조숙한 아이를 부모는 어떻게 해야 하나? 아동이 놀랍도록 다른 속도로 학습하면 부모는 그에 따라 적절히 대응해야 한다. 부모는 교사보다 자녀의 자연스러운 학습 궤도를 따라갈 수 있는 더 많은 자유를 가지고 있다. 만일 아동이 그 활동을 하고 싶어 하고, 관심이 있고, 즐긴다면 직접 부모가 지도하는 것이 매우 적절하다. 중요한 기준은 그 학습이 재미있는가 하는 것이다. 만일 부모와 자녀가 모두 그것을 즐긴다면, 그것은 해롭지 않다. 비판을 할 필요가 없다. 이 세상에는 배워야 할 것이 너무 많고 배우는 방법도 그만큼 많다. 가능한 모든 방식으로 아동의 삶을 심화시키는 것에 대하여 그 가족은 칭찬을 받아야 한다. 초기 가정환경 자극은 아동은 물론 다른 생물체를 위해서도 건강하다.

부모는 자녀가 알고 싶어 하는 것이 그 무엇이든 가르치는 것을 두려워하지 않아야 한다. 부모가 자녀의 첫 번째 교사이기 때문에, 부모는 그 역할을 효과적으로 하는 것에 대해 존중받아야 한다. 불행하게도 부모들은 부당한 비판을 더 많이 받고 좋은 부모인 것에 대한 인정은 거의 받지 못한다. 자녀의 성취 이외의 다른 표시가 없는데(그것도 양육태도의 질을 반영할 수도 있고 반영하지 못할 수도 있다), 부모들은 그들이 잘하고 있다는 것을 어떻게 알 수 있는가? 심리학자들은 그들의 효과성에 대하여 긍정적인 피드백을 줄 수 있는 입장에 있다. 자기개념 척도, 투사법 검사(미완성 검사와 같은), 그리고 자녀와의 면담을 통해 그들 자녀가 집에서 안정감과 지지를 받는다고 느끼는 것을 부모에게 확인시켜 줄 수 있다. 이 측정치들은 또한 주의가 필요한 점들도 나타낼 수 있다. 양육태도에 있어서 영재성은 소중한 속성이며, 특별한 상이 주어져야 한다.

무엇보다 영재성은 그 아동의 특별한 성질을 돌보고 또한 그들이 빨리 무르익을 수 있도록 현명하게 단계적으로 대처하는 양육자의 정교한 노력을 통해 개발된다. … 뛰어난 내적 자원을 가지고 있는 아동은 그들의 요구를 충족시키는 '안성맞춤'의 양육을 받을 때에만 그들의 잠재력을 꽃피울 수 있다. 그러나 필수적인 내적 자원이 아동에게 없으면, 아무리 많은 (혹은 어떤 유형의) 영양분도 범재와 영재를 구분하는 차이를 만들 수 없다. (Tannenbaum, 1992, p. 128)

영재 가족의 최적 발달

영재아는 무작위로 임신에 의해 태어나지 않는다. 영재성은 가족의 문제다. 한 아이가 영재이면 대개 모든 아이들이 영재다(Silverman, 1988, 2009e). Terman은 3명의 영재아가 있는 20가정, 4명의 영재아가 있는 10가정 그리고 5명의 영재아가 있는 2가정을 발견했다(Terman & Oden, 1959). 이것은 유전학에 대해 더 많은 훈련을 받은 의사들에게는 놀라운 일이 아닐 것이다. 하지만 나에게는 형제자매의 IQ 점수가 비슷하다는 것이 뜻밖의 일이었다.

1979년, 영재개발센터에서 측정한 대다수의 아동은 첫째였다. 이것은 나의 주목을 끌지 못했다. 첫째가 과대표성을 가진 것으로 나타난

Terman(1925)의 연구, 유명한 건축가들에 대한 MacKinnon(1962)의 연구, 그리고 많은 다른 연구들과 일치하는 결과였기 때문이다. 그런데 2가족이 그들의 둘째 아이가 영재가 아니라고 생각하지만 검사를 받게 하고 싶다고 영재개발센터에 둘째를 데리고 왔다. 그들은 첫째 아이가 평가받은 결과 학업 성취, 학습 유형, 학습 욕구에 대하여 알게 되었으니 둘째에 대해서도 그와 같은 중요한 정보를 얻고 싶다고 했다. 모두가 놀랍게도 이 둘째 아이들은 그들의 첫째의 IQ와 몇 점 차이 나지 않는 점수를 받았다. 이 아이들이 '영재같이' 행동하지 않았기 때문에 우리는 모두 어리둥절했다. 그들의 행동이나 성취는 바로 교재에서 걸어 나온 것같은 첫째들과는 달랐다. 외부는 평균인데 내부는 영재인 아이가 있을 수 있는가? 더 자세히 살펴본 후에 나는 둘째를 평가받도록 데리고 오는 부모가 거의 없다는 것을 알게 되었다. 그래서 형제자매의 IQ 점수를 곧바로 조사했다. 부모들이 둘째 아이의 영재성을 종종 인식하지 못하기 때문에, 충분한 샘플을 모으기 위해서 영재개발센터는 둘째 아동의 검사에 대해 상당한 할인을 해주어야만 했다. 형제자매 148개 표본을 비교한 결과, 73%가 IQ 점수 차가 13점 이내였고, 62%가 10점 이내 그리고 36%가 5점 이내였다 (Silverman, 1988)(표 7.1 참조).

둘째 아이의 영재성이 덜 인식되는 것은 첫째만 평가를 받기 위해 데리고 오는 가정에서 일어나는 어떤 형제자매 경쟁의식을 설명할 수 있다. 영재성을 확인받지 못한 아동은 확인된 사람을 원망할 수 있다. 한 집단 내에서, 첫째는 완벽주의고, 믿을 수 있고, 정리를 잘하고, 중요하고, 어른 같고, 신중한 경향이 있고(Leman, 1984), 반면에 둘째는 대개 반대되

표 7.1 영재 형제자매 148개 표본의 IQ 점수 분포

IQ 차이	발표된 범위	확장된 범위
0	3	
1	4	<5%
2	14	14%
3	11	22%
4	10	28%
5	13	36%
6	6	41%
7	5	45%
8	9	51%
9	13	60%
10	3	62%
13	5	73%

는 성격, 경향성 그리고 흥미를 보여준다. 첫째는 일반적으로 성취 욕구가 강하고 성인의 기대에 잘 따르는 반면(Leman, 1984), 둘째는 그들 자신의 고수의 북소리를 따르는 경향이 있으며 흔히 반항적이다(Sulloway, 1996).

한 표본에서 첫째 아동이 대부분일 때 우리는 의사, 변호사, 교수, 그리고 다른 전문직을 기대할 확률이 높다(Schachter, 1963). 하지만 예술가, 작가 그리고 그 외 사회적으로 정의하는 성공의 길을 따르려고 하지 않는 소수의 사람들도 있다. (Simonton, 2003, p. 363)

첫째의 그늘에 살고 있는 둘째 아이는 종종 그들의 영재성이 확인될 때 꽃을 피운다.

　만일 영재인 형제자매의 IQ가 비슷하다면, 그들 부모의 IQ는 어떨까? Betty Meckstroth가 Kathi Kearney의 영재 학급에서 수업을 했을 때, 여덟 살 제이슨이 영재성은 어디에서 오느냐고 질문했다. 영재성의 원천과 원인에 대하여 그리고 환경과 유전의 영향에 대하여 자세한 설명을 들은 후에, 제이슨은 고개를 끄덕이면서 "나는 영재성이 우리한테서 온다고 생각해요. 첫째 우리는 우리가 영재라고 들었고 그리고 우리 부모들도 그들이 영재라고 생각하니까요"(Meckstroth, 1991, p. 98)라고 말했다.

　부모들은 종종 자녀에게서 보는 영재성의 특성들이 그들이 아이였을 때와 똑같다고 소심하게 인정한다. Bouchard와 Lykken(1999)과 같은 연구자들은 '지능에 대한 매우 강력한 유전적 영향에 대한 증거'(p. 92)를 제시한다. 부모나 조부모의 IQ 점수를 알면 아동의 점수는 그 점수에서 10점 차이 이내의 범위에 있다는 것을 알 수 있다(Silverman, 2009e). "가족 연구는 가족에는 일반지능 g가 흐른다는 것을 보여준다"(Plomin & Price, 2003, p. 115). 영재들의 부모는 자녀만큼 똑똑하지 않다는 이야기가 너무 많이 반복되었다. 조부모들이 농담으로 "영재성은 한 세대를 거른다!"고 말해도 역시 도움이 안 된다. 영재 부모들이 그들 자녀들만큼 실제로 지능이 높고 그들은 영재아를 기르는 내적 자원을 가지고 있다는 것을 확신시켜 줄 필요가 있다.

　물고기가 물을 의식하지 못하듯이, 영재 가족들은 영재성을 의식하지 못할 수 있다. Munger(1990)에 의하면 부모 자신들이 영재이고 그들의 친구들이 대부분 영재일 경우 자녀의 영재성을 인식하지 못할 때가 종종 있다고 한다. 만일 부모, 조부모, 이모, 삼촌, 사촌, 조카를 포함한 전체

문중이 모두 지능이 매우 높을 때, 그 아이는 그 가족에게는 '정상적으로' 자라고 있는 것으로 보일 수 있다.

왜 부모가 자신의 영재성을 수용하는 것이 중요한가? 자신의 영재성에 주의를 기울이면 자녀의 비전형적인 발달을 인식할 가능성이 높아진다. 그런 기본적인 특성을 부정하면 자신과 자녀에 대한 왜곡된 관점을 갖게 되는 원인이 될 수 있다.

> 고등학교를 졸업할 때 혹은 대학교나 대학원 과정을 마칠 때 영재 아들이 사라지는 것이 아니다. 그들은 영재 성인이 된다. 만일 영재 들이 그들의 독특한 정신 능력을 알지 못하고 성인기에 접어든다면 삶이 해체되고, 좌절하고, 능력을 실현시키지 못하고, 자신의 진정 한 내적 존재로부터 멀어지게 된다. (Tolan, 1994/1995, p. 19)

부모가 생각하는 영재성의 정의를 알아보는 것이 중요하다. 영재성을 존중받는 성취와 같은 것이라고 믿는 사람은 자신의 영재성을 인정할 수 없다. 비록 그가 아이일 때 영재 프로그램에 배치되었다고 해도, 그가 영재 성인이 된다는 가능성을 완전히 부정한다. "도대체 누가 '영재 엄마'라는 말을 들어보았는가?"(Silverman & Kearney, 1989, p. 53). 부모는 자녀의 기본적인 역할모델이다. 만일 부모가 부정한다면 영재아가 자신의 능력을 믿고 마음껏 능력을 발휘하기가 어렵다. 이것은 특히 영재 소녀들에게 중요하다. "만일 나의 어머니가 영재일 수 없다면, 내가 어떻게 영재일 수가 있을까?"

최소한 자신에게 자신의 능력을 인정하는 것은 겸손의 부족이라 할 수 없다. 그것은 어릴 때부터 괴롭혀 왔던 그 차이에 대한 긍정적인 설명이다. "그들은 이 차이가 부족한 점, 오점, 성격적 결함이나 정신 질병의 신호로 생각하고 살아 왔을지도 모른다"(Tolan, 1994/1995, p. 14). 자신의 당혹감을 기꺼이 극복하고 자신도 특이한 마음을 가지고 있다고 인정하는 정신 건강 분야 종사자들은 부모들이 이런 부분을 가질 수 있도록 도와준다(Kuipers, 2010). 네덜란드에 있는 Willem Kuipers(2010)는 많은 영재 성인들에게 영재보다는 더 기분 좋게 들리는 '추가 지능(eXtra intelligent, Xi)'이라는 말을 만들어냈다. 만일 사람들이 불쾌하게 받아들인다면 '추가 강렬함eXtra intense'을 뜻하는 Xi라고 말할 수도 있을 것이다(p. ix). 그는 Xi들이 그들 지능과 강렬함이 이해받지 못할 때 직업 세계에서는 특별히 어려움이 있다고 한다. 그는 직장에서 영재 성인들의 어떤 '골칫거리'를 '자산'으로 재구성했다(p. 49).

의심할 여지없이 분명한 영재 성인들이 그들이 영재라는 생각을 거부하고, 다른 능력을 가지고 있는 다른 사람들이 '진짜 똑똑한 사람들이다'라고 믿는다(Tolan, 1994/1995, p. 17). 1999년 Stephanie Tolan은 영재 부모들에게 도움이 되는 한 가지 비유를 제공했다. 그녀는 개인의 비상한 능력을 '점'으로 그리고 그들이 잘 못하는 것을 '빈 공간'으로 묘사한다. 우리는 우리의 점은 별로 중요하지 않은 재주로, 당연한 것으로 생각하는 경향이 있다. 나에게는 '빈 공간'인 부족한 능력을 다른 사람이 가지고 있으면 그 사람의 '점'은 중요하고 가치 있다고 생각한다. 같은 지능을 가지고 있는 두 사람이 다른 사람의 영재성은 볼 수 있지만 자신의 것은 못 볼 수 있다. 창의적인 작가는 물리학자를 영재라고 생각하고, 물리학자는 창의적인 작가를 영재라고 생각할 수 있다. "자신의 빈 공간에 초점을 맞추고 자신의 점은 당연한 것으로 생각하고, … 그리고 자신의 점보다 다른 사람의 점을 더 높은 가치가 있다고 생각하면, 매우 지적인 사람이라도 '바보스럽거나' 부적절하다고 생각하게 될 수 있다"(Tolan, 1999, pp. 149-150).

어떤 사람은 자신은 영재라고 인정하지 않지만 형제자매 중에는 영재가 있다고 인정한다. 형제자매의 IQ가 비슷하다는 것을 알게 되면 부모의 자아개념이 변할 수 있다. 자신이 그의 형제자매만큼 똑똑하고, 영재인 자녀와 능력이 비슷하다는 것을 알게 되면 학교에 다시 가거나 새로운 직업에 입문하는 것과 같이 그 부모의 삶에 중요한 변화가 일어난다.

> 아들이 검사받는 것을 보고 깊은 감명을 받은 한 아버지는 자신의 능력을 이해하기 위해 상담을 요청했다. 그도 어렸을 때 그의 아들과 같은 비상한 조숙성을 보였는데 확인받아 본 적이 없었다. 그의 타고난 능력이 활용되지 못했다. 그의 아들이 검사를 받았을 때 그는 자신의 미성취 패턴을 깨닫게 되었고 자신을 위한 새로운 포부를 가지기 시작했다. (Silverman & Kearney, 1989, p. 53)

교육자들이 '어려워하는' 부모들은 종종 그들이 어렸을 때 대우받았던 방식 때문에 정서적으로 불구가 된 영재 성인들이다(Tolan, 1992). 그들은 그들의 성인 생활과 부모로서의 결정에 영향을 미치는 영재성을 둘러싸고 있는 해결되지 않은 유아기의 이슈들을 가지고 온다. 만일 그들이 자신의 허락 없이 한 학년 높은 수준에 배치되었다면, 그들 자녀에 대한 속진을 반대할 수 있다. 만일 그들이 똑똑한 아이라는 이유로 모욕을 당했다면, 자신의 자녀가 영재로 판명되는 것을 원치 않을 수 있다. 만일 그들이 교사를 두려워했다면, 자녀의 선생님에게 접근하기가 어려울 수 있다. 만일 그들이 능력을 숨기는 게임을 배우고 능력을 희생시키기도 했다면, 그들의 자녀도 같은 선택을 하도록 기대할 수 있다.

어릴 때 너무 똑똑해서 상처를 받은 사람은 자기혐오적인 성인이 될 수 있다. 이것은 자녀 양육을 위한 좋은 기반이 못 된다. 영재성이 모든 가족 구성원을 도울 수 있다는 것을 이해하는 가족치료사는 영재성이 어떻게 전체 가족 구조에 영향을 미치는지 본다. 가족 구성원들의 상승된 민감성, 강렬함, 과흥분성은 영재성의 지표로 재구성될 수 있고 더 효과적으로 대처할 수 있다. 현명한 치료사는 영재 자녀의 부모들이 어린 시절에 경험한 것, 영재아로서 부딪혔던 장애물과 해결했던 방법을 탐색한다. 그들은 부모가 자신의 경험을 자녀의 경험과 구분할 수 있도록 도와준다. 정체성 발달(Mahoney, 1998)에서 영재성이 중요한 영향을 미친다는 것을 이해하는 치료사는 부모가 자신을 더 잘 이해하고, 그의 차이점을 인정하고, 그의 영재성을 그의 정체성과 통합할 수 있도록 도와줄 수 있다.

Hollingworth(1926)는 보살핌의 주요 의무를 가지고 있으면서 자신의 능력도 충분히 개발하고 싶어 하는 영재 여성이 가지고 있는 어려움이 있다고 말한다. 그녀는 이것을 '여성의 문제'라고 말했다(pp. 348-349) (3장 참조). 이것은 치료 과정에서 다루어져야 하는 문제다. 어떤 여성들은 보살핌의 역할에 매우 충실하고 어떤 여성들은 그렇지 않다. 예외적으로 에너지가 넘치는 여성은 직장생활과 어머니 역할의 균형을 맞추려고 노력하지만 녹초가 되어버릴 수 있다. 그들은 확대 가족, 가까이 살고 있는 조부모, 주거 도우미, 아기 도우미, 혹은 아내 대신에 기꺼이 주부 역할을 맡으려고 하는 남편과 같은 강력한 지원 시스템을 만들 필요가 있다. 오늘날 많은 가족에게 재택근무가 그 대안이 될 수 있다. 두 자녀를 홈스쿨링하기 위해 직장을 포기했던 한 어머니가 어느 날 나의 사무실에 나타나서는 "나는 18년간 집에 갇혀 있었어요. 언제 내 차례가 오는 건가요?"라고 말했다.

성인기의 영재성은 자아실현을 위한 잠재력으로 정의된다는 것에 대하여 놀라는 부모들이 많다. Maslow(1962)는 자아를 실현한 창의적인 사람들을 연구하고서, 생산적이고 재능이 있는 사람들이 건강하고 진보적이고 성숙하다고 생각했던 그의 고정관념을 버려야 한다는 것을 발견했다.

> … 많은 다른 사람들과 마찬가지로 나는 창의성을 산출물로 생각했고, 둘째로 무의식적으로 창의성을 특정한 영역에만 국한해서 생각하고 있었다는 것을 곧 알게 되었다. … 이론가, 예술가, 과학자, 발명가, 작가들만 창의적이고 그 외 영역과는 관련이 없다고 생각했었다. (p. 135)

Maslow는 부모들 속에서, 가난한 사람들 속에서 생산성을 통해 자신을 드러내지 않는 사람들 속에서 자아실현하는 사람을 발견했다.

모든 가족 구성원의 최적 발달을 위해서는 전체 가족 시스템을 통한 영재성의 이해가 필요하다. 이런 인식은 한 아동의 타고난 능력을 지원하는 것을 강조하던 것에서 모든 사람의 능력을 지원하는 방향으로 변하게 한다. 강렬함이 예상될 수 있다. 도로에 튀어나온 돌기들이 있듯이 말이다 (J. Merrill, 2012). 하지만 영재 가족들은 공감과 문제 해결에 대한 선천적인 잠재력을 가지고 있다. 가족의 성장과 발달의 과정은 가족 구성원 모두의 삶을 풍부하게 할 수 있다.

> 내가 항상 좋아하는 디즈니 영화는 픽사가 만든 인크레더블이다. …
> 그들은 영재 가족이다. Parr 가족 전체가 이상하고, 다르고, 복잡
> 하다. 그들은 사회의 안전을 위한다는 생각으로 그들의 위대한 능
> 력을 숨긴다. 그들은 능력을 숨기는 것이 생각했던 것만큼 쉽지 않
> 아 실세계에 나와서는 힘든 시간을 보낸다. 하지만 집에서는 숨기
> 지 않아도 안전하고 인정을 받기 때문에, 그들은 편안한 본연의 모
> 습을 할 수 있다. 익숙한 이야기인가? (J. Merrill, 2012, p. 53)

"영재아 양육에 대한 가장 좋은 점은 그 과정에서 우리를 찾아볼 수 있다는 것이다"(Tolan, 1992, p. 10).

최적 학교 환경

영재 아동과 그의 부모들이 학교에 대한 현명한 결정을 하도록 도움을 주기 위해서는 심리학자들이 영재성이 꽃필 수 있는 환경의 유형에 대해 알아야 한다. 아동이 다니는 학교의 환경이 부적절할 때, 심리학자는 효과적으로 옹호하기 위한 방법에 대해 부모를 코치할 필요가 있다(Gilman, 2008a). 그 방법으로는 월반을 할 수 있도록 편지 쓰기, 학교 환경 속에서

아동을 관찰하기, 아동의 지적, 학업적, 정서적 기능을 평가하기, 그리고 때로는 아동을 대신해서 학교 직원과 함께 중재하기 등이 있다. 분명히 영재아를 정말 싫어하는 교사가 있다(Geake & Gross, 2008; McCoach & Siegle, 2007). 어떤 아동도 아동의 영재성을 못마땅하게 여기는 교사에게 1년 내내 공부하게 강요해서는 안 된다. 가끔은 심리학자가 아동을 더 지지적인 교사에게 배울 수 있도록 추천할 필요가 있다. 그는 또한 영재 학생이 특별 프로그램이나 대학교에 입학하거나 장학금을 받을 수 있도록 추천서를 써 줄 수도 있다.

영재에게 가장 효과적인 교수 전략과 방법을 알고 있는 전문가는 또한 교육청과 교사들도 지원할 수 있다. 영재를 가르치는 전문 교사들은 상담자의 주종목에 대한 지식도 어느 정도 개발한다(Silverman, 1993a). 그들은 학습을 촉진하고, 도발적인 질문을 하고, 피드백을 보류하고 대신에 "넌 어떻게 생각해?"라고 묻는다. 정신 건강 분야 종사자들은 이 접근을 활용하고 교사들이 교사/상담자로서의 기술을 개발할 수 있도록 도와줄 수 있다.

영재아들은 보통 아이들과는 질적으로 다른 방식으로 역할들에 반응한다. 그들은 그들과 함께 일하는 사람들의 개인적인 삶과 신념에 대해 더 많이 알기를 원하는 것 같다. 내가 6학년 학생들을 가르치던 당시 학생들 중 한 명이 식료품 가게에서 나를 만났을 때 그 자리에 갑자기 멈췄다 — 온 얼굴에는 충격이라고 써 있었다. 나는 "그래, 나는 장을 봐. 또한 먹기도 해."라고 말하고 싶은 충동을 참아야만 했다. 같은 반에 있는 한 영재 학생은 내가 어디에서 태어났는지, 형제자매가 몇인지, 몇 째로

태어났는지, 지난 선거에서 누굴 그리고 왜 찍었는지에 대해 알고 싶어
했다.

영재 학생들은 무엇을 원하는가?

영재 학생들을 효과적으로 가르치고 상담하기 위한 가장 중요한 원리는
'아이에게 물어보라' 이다. 어린 영재아조차 훌륭한 정보를 가지고 있다.
어떤 영재 서비스 담당자는 한 초등학교 1학년 영재 학생에게 "너는 무엇
을 원하니?"라고 물었다. 그러자 그는 "더 많은 책이요. 우리 교실에 있는
책을 모두 다 읽었어요."라고 대답했다. 한 모범적인 고등학교 교사가
"나는 학생들과 앉아서 한 사람씩 '네가 원하는 것이 무엇이야?'라고 말
할 것이다."라고 기록했다(Gentry, Steenbergen-Hu, & Choi, 2011, p.
118). Harrison(2004)은 어린 영재아들의 요구를 간단하게 '복잡성과 연
결에 대한 탐구'(p. 78)라고 묘사했다. 더 나이가 많은 영재아들도 같은
염원을 가지고 있다.

어느 여름 내가 4학년에서 8학년까지 구성된 한 집단과 일할 때 "너희
선생님들이 너에 대해서 무엇을 알았으면 좋겠니?"라고 물었다. 그들의
대답은 다음과 같다.

- 어떤 선생님은 모든 학생이 같은 내용을 공부하도록 한다. 우리는
  더 어려운 것을 공부하고 싶다. 우리는 우리가 전혀 이해할 수 없을
  정도로 어려운 공부를 원하는 것은 아니다. 우리의 지식을 확장할
  수 있는 도전적인 것을 원한다.

- 우리는 선생님이 우리가 더 어려운 공부를 할 수 있도록 내버려 두고 제지하지 않을 때 신난다.
- 우리는 더 많이 공부하는 것을 원치 않는다. 우리는 쉬운 과제를 많이 하는 것보다 도전적인 과제를 원한다. 쉬운 과제를 많이 하면 지겨워진다. 도전적인 과제란 시간이 더 걸리지만 할 수 있다고 믿을 수 있는 과제다.
- 과제의 양이 아니라 과제의 질이 중요하다.
- 배우는 것에 문제가 있거나 다른 사람들에게 문제를 일으키는 학생들만큼 우리는 주목을 받지 못하고 있다. 교사들은 우리도 도움을 필요로 한다는 것을 모른다.
- 우리는 다른 학생들과 눈에 띄게 다른 취급을 받고 싶지 않다. 우리가 정규 교실에서 다른 공부를 하면 다른 학생들이 우리를 놀린다.
- 우리는 종종 왕따라고 느낀다.
- 다른 영재 학생들과 배치될 때 우리는 더 정상적으로 느끼지만, 특별하기는 더 어렵다.

이 학생들은 너무 쉬운 추가적인 과제를 받는 것을 싫어했다. 그들은 그들의 지식을 넓힐 수 있는 도전적이지만 동시에 그들이 해낼 수 있는 과제를 원했다. Vygotsky(1962, 1978)가 말한 학생의 '근접발달영역'을 찾는 것이 교수의 예술이다 — 학생이 도달한 최고의 숙달 수준. 영재 학생들은 도전, 추상 그리고 복잡성을 추구하지만, 과제의 난이도는 아동이 자신할 수 있는 수준을 넘어서는 안 된다. 그 학생들은 또한 왕따라고 느끼고 교사로부터 주목을 덜 받는다고 말했다. Vygotsky의 또 다른 원리는 인지와 정서의 불가분성이다(Coleman, 2012; Kanevsky, 2011). 영재 학생들은 그들의 언어와 복잡한 질문과 창의성이 비웃음을 당하지 않는 안전하고 지지적인 교실 환경뿐만 아니라 교사들과의 보살핌 관계를 추구한다(Harrison, 2004; Kanevsky, 2011). 영재들을 가르치는 모범적인 교사들은 그들과 정서적으로 관계를 맺는다(Gentry et al., 2011).

학생들의 소리로 표면화된 또 다른 이슈는 정규 학급에서 다른 과제를 하는 것이 표시가 나서 급우들의 놀림을 당하는 위험성 대 영재들끼리 배치해서 특별한 느낌이 들지 않도록 하는 문제다. Vygotsky(1978)는 사회적 활동 학습을 고려했으며, 학생은 자신보다 좀 더 앞선 사람들과 이야기를 함으로써 가장 잘 배운다고 했다. 일반 교실에서 아픈 엄지손가락처럼 튀어나오고, 왕따같고, 선생님으로부터 관심도 받지 못하는 영재 학생은 자극적이고 지지적인 환경 속에서 다른 영재아들과 함께 협동하는 보통 학생보다 잘 배우지 못할 것이다(French, Walker, & Shore, 2011). 대부분의 영재 학생들은 선생님에게 도움을 청하는 것을 좋아하지 않는다(Kanevsky, 2011). 교사들은 영재 학생의 이런 과묵함에 대해 그들은 스스로 공부할 수 있어야 하며 다른 학생들은 교사의 관심을 더 필요로 한다는 뜻을 무의식적으로 전달함으로써 보상한다(French et al., 2011).

소아과 의사에서부터 상담자와 학교심리학자까지 정신 건강 분야 종사자들은 아동과 청소년이 학교를 싫어하거나, 외롭다고 하거나, 낮은 자기가치감 혹은 낮은 효능감을 표현할 때 그들이 교실에서 지지를 받지 못하는 것을 반영할 수 있다는 점을 인식해야 한다. …
학생에게 학교에서 혼자라고 느끼는지, 다른 학생들과 어떤 활동을
함께하고 싶은지 물어보고, 이 문제에 대해 교사와 상의하는 것이
도움이 될 것이다. (French et al., 2011, pp. 155-156)

Lannie Kanevsky(2011)는 학생의 학습 선호 양식을 조사하면 학생들
이 좋아하는 것을 알 수 있으며 이것은 아동의 근접발달영역 내에서의 학
습을 촉진한다고 주장했다. 그녀는 영재아는 '이상한' 주제에 대하여 학
습하고, 복잡한 아이디어와 문제를 가지고 씨름하고, 어려운 문제에 대한
창의적인 해결방법을 찾는 것을 좋아한다는 것을 발견했다. 영재아와 일
반아 간의 가장 큰 차이점은 영재아는 '아주 사소한 정보를 많은 연습을
하면서 느린 속도로 공부하는 것'(p. 287)을 싫어한다는 것이었다. 그들
은 또한 '교실의 모든 학생들이 내용을 이해할 때까지 기다려서 새로운
다음 과제로 넘어가기를 기다리는 것'(p. 287)을 좋아하지 않았다. "영재
아동이 학교에서 가장 많이 경험하는 것이 앉아서 기다리는 것이다"
(Coleman, 2012, p. 382). Kanevsky(2011)가 말하는 그가 학생의 선호
에 대한 연구를 하게 된 원동력이 되는 일화는 다음과 같다.

어느 날 내가 교실에서 연구하고 있을 때, 알렉스가 나에게 와서 나
의 연구에 대한 질문을 했다. … "K 박사님, 왜 수업과 활동을 끝낸
후에 설문지에 답을 해야 해요?"
"음, 나는 너희들 모두가 가장 잘 학습할 수 있는 방법을 찾으려
고 노력 중이야."
그는 바닥을 내려다보았다. 나는 그가 할 말이 더 많은데 그것을

외교적으로 표현할 방법을 찾고 있다는 것을 알았다. 그는 조심스럽게 고개를 들고 눈을 피하면서 "그러면 왜 바로 그렇게 하라고 하지 않아요?"

나는 그렇게 했고 이제 항상 그렇게 한다. 알렉스는 나의 가장 현명한 스승 중 한 명이며 이 연구에 대한 영감을 주었다. (p. 279)

영재를 가르치기 위한 예술

영재들은 영재 교사에게 배울 수 있는 행운을 만날 때 꽃을 피운다. 영재를 위한 효과적인 교사는 그들과 정서적으로 연결한다. 그들은 특징, 과흥분성 그리고 성격 유형이 학생들과 비슷한 경우가 많다(Silverman, 1998b). Gentry 등(2011)은 그들이 연구한 모범적인 교사들 중 2/3 이상이 영재 교육에 대한 공부를 했음을 발견했다. 영재 교육을 더 공부하려고 하는 사람들은 일반적으로 영재라는 것에 대한 부담에 민감하다. 그들은 교과서보다는 학생들이 발견하는 것에 기쁨을 느끼면서 정성을 다해 가르친다. 그들은 교육이 가능한 순간을 알고, 심도 깊은 학습과 사고를 할 수 있도록 전문적인 전략을 사용한다(VanTassel-Baska, 2012a). 그들은 인간 마음의 아름다움을 깊이 인식하는 매우 특별한 집단의 사람들이다. 어떤 종류의 지원이 제공되는지와 관계없이, 궁극적인 목적은 아동을 소중하게 생각하는 교사를 찾는 것이다.

몇 해 전에 나는 초등교육, 특수교육, 유아교육, 그리고 영재 교육(영재아 및 재능아, G/T)에 종사하는 숙달(전문) 교사와 초보 교사의 교수 전략에 대한 질적 연구를 수행했다(Silverman, 1995b). 나는 언어적 · 비언어적 상호작용을 관찰하고 기록했다. 관찰 결과를 교수, 질문, 피드백, 개인적 상호작용의 네 가지 유형으로 나눌 수 있었다. 4개 집단에서 실제로 사용된 교수 기법에는 차이가 발견되지 않았다. 하지만 G/T 교사들은 질문하는 데 더 많은 시간을 보내고 직접 교수를 하는 데는 더 적은 시간을 보냈다. 모든 학생들의 질문에 답을 하는 대신에, 그들은 질문한 학생이나 반 학생들에게 질문을 되돌리는 경향이 있었다(예 : "코너가 답한 것에 대해 더 이야기하고 싶은 사람?"). 그들은 학생들로부터 그들이 가르치고 싶어 하는 정보를 끌어내려고 노력했다. G/T 교사들은 수렴적인 질문보다 확산적인 질문을 더 많이 했다(예 : "다른 생각을 가지고 있는 사람 없어요?"). G/T 교사들과 유아교육 교사들은 "왜 그렇게 생각하지?"와 같은 질문을 하면서 학생들의 사고 과정을 이해하기 위해 노력했다.

Chan(2011)은 영재 학생들이 그들 교사가 능숙하게 질문하는 기술을 높이 평가한다고 했다. 질문하는 기술은 '높은 수준의 사고력, 창의성과 문제 해결력을 가르치는'(p. 163) 기술 다음으로 두 번째로 중요하다고 영재 학생들은 생각했다. "질문–답변은 영재 학습자들 사이에서는 생각을 유도하는 결정적인 요소다. … 그것은 적절한 시간에 면밀한 질문을 하면서, 그 순간에 개방되어 있는 상태를 필요로 한다"(VanTassel-Baska, 2012a, pp. 498-499).

가장 흥미 있는 차이점은 숙달 G/T 교사가 학생들의 대답에 대한 반응을 하는 방식이었다. 초보 교사는 거의 모든 학생들의 말에 대해 언어적 · 비언어적 피드백을 해주었다. 고개를 끄덕이거나 '그래' 혹은 '응'과 같은 반복적인 반응이었고 학생이 대답한 것을 반복하는 경우도 많았다. 이에 비해서, 숙달 G/T 교사는 유의미하게 적게 대답했다. 의도적으로 학생에게 피드백을 주지 않는 경우도 있었다. 그들은 학생들의 반응에 대응하기보다 학생들의 반응을 수용했다. 그들의 행동은 상담자나 심리학자들의 행동과 비슷했다. 그들은 주의를 기울이고, 관심을 보여주고, 판단을 하지 않았다. 이 전략은 학생들 간의 상호작용을 증진하고 자기평가를 향상시켰다. 학생들은 서로의 아이디어에 대해 더 많은 의견을 제시했다. 교실에서의 논의가 성인들의 대화와 비슷했다.

전문 G/T 교사는 학생들의 대답 내용뿐만 아니라 학생들의 기분에 대해서도 반응했다. 필요할 경우에 그들은 유머와 비언어적인 단서를 사용하여 부드럽게 학생들이 과제에 다시 집중하게 했다. 교사들은 '너'보다는 '우리'라는 말을 더 많이 사용했다. 그들은 "이제 본 주제로 돌아가지 않으면 우리는 이 문제를 오늘 끝낼 수 없을 거야."와 같이 말함으로써 자신을 학생들의 한 무리에 포함시켰다.

학생과 교사의 관계를 공고히 하는 개인적인 상호작용도 또한 달랐다. G/T 교사와 학생 간의 관계는 역할 중심적이지 않고 더 평등하게 보인다. 숙달 G/T 교사는 학생들과 함께 발견하는 것을 즐겼고 학생이 자신보다 더 많이 알아도 위협을 느끼지 않았다. 어떤 교사는 순전히 호기심을 가지고 쉬는 시간에 학생들이 서로 상호작용하는 것을 관찰했다. 그리고 크게 웃기도 했다. 교사와 학생은 서로의 유머를 즐겼다. 이 교사들은 학생들이 재미있다고 생각했고 학생들도 선생님이 재미있다고 생각했다. 이것은 수업 전이나 수업 중이나 수업이 끝난 후에 일어나는 이야기에서 분명히 나타났다. 그들은 종종 학교와 무관한 이슈에 대해 자유롭게

서로의 관점을 교환하면서 논의했다. 내가 관찰한 가장 유의미한 차이점은 이 교사들이 학생들에게 노출하는 개인적인 정보의 수준이었다. 왜? 학생들이 선생님에게 선생님에 대한 질문을 했기 때문이다! 분명히 높은 수준의 신뢰가 있었다.

영재들에게 학교에 대해 기억하는 것이 무엇이냐고 질문하면, 그들은 항상 그들을 지켜보고 존중해준 어떤 선생님과의 관계에 대해 이야기한다. 어떤 교사들은 특정한 전문직에 입문하게끔 영감을 준 그 전문분야에 대한 열정을 가지고 있다. 어떤 교사들은 수행을 잘하지 못하는 아동을 찾아내기 위해 업무 외 시간을 보내고 그 아동이 포부를 달성하기 위해 학교 교육이 어떤 관련성이 있는지 이해하도록 도와준다(Emerick, 1992). Gentry 등(2011)은 영재들을 위한 모범적인 교사를 구분하는 네 가지 주제를 발견했다 — (1) 학생에 대한 개인적인 관심, (2) 자신과 학생들에 대한 높은 기대, (3) 학생의 미래와 흥미와 관련이 있는 학습 내용과 교육 방법, (4) 학생, 교사 그리고 내용에 대한 확고한 열정(p. 116).

나는 내 학생들을 진정으로 알고 있다.

나는… 아이들을 정말 좋아한다. 나는 아이들이 교과 내용을 학습하는 것만이 아니라, 거짓되지 않은 그대로의 그들과 함께하는 것에 관심을 가지고 있고, 그들의 학교 안과 밖의 생활 모두에 관심을 가지고 있다.

내가 학생들에게 교실에서의 가장 좋은 경험이 무엇이냐고 물었을 때, 그들은 그들을 사람 대 사람으로 대해주기 위해 시간과 노력을 아끼지 않은 선생님을 이야기한다.

> 학생들을 사랑하고, 단 하나의 강점이라도 찾아내려고 노력하라. … 당신은 그들이 잘하는 무엇인가를 발견해야 하고, 그 강점이 나타나는 짧은 순간도 놓치지 않아야 한다. 그것들을 특별한 것으로 만들어야 한다. (Gentry et al., 2011, p. 117)

교사와 영재 학생 간에 전 생애에 걸친 유대가 형성되었다.

> 학생들이 졸업하는 마지막 날… 나는 한 번에 한 사람씩 문 쪽으로 데리고 가서는 이 문을 더 이상 학생으로 지나가는 것은 환영하지 않는다고 말했다. 그러나 한 사람의 친구로서 돌아오는 것은 항상 환영한다는 것을 꼭 기억해야 한다고 말했다. 나의 문은 항상 열려 있습니다! (Gentry et al., 2011, p. 121)

교사들은 삶을 변화시킨다. 최근에 한 고등학교 교사가 그의 반에 있는 고도 영재 학생을 위한 열렬한 장문의 추천서를 썼다. 이 노련한 교사는 높은 성취를 나타내는 그의 학생들을 위한 많은 추천서를 썼겠지만, 그는 이 학생의 능력을 다른 각도에서 본 것이 분명했다.

> 그밖에, 그는 생각이 너무나 뛰어나서 인간의 끝없는 지식을 탐구할 수 있는 희귀한 종의 사람입니다. 우리 학교의 대학인정선이수(AP) 영어 과목을 가르치는 교사는 그의 문학작품 분석력에 대하여 극찬했습니다. 그는 시와 단편 소설을 씁니다. 그는 물리학에서 여러 상을 받았습니다. 나아가 그는 이런 것들을 성취하려고 무리하게 노력하지는 않는 것 같습니다. 대상들의 작용 방식을 이해하기 위한 순수한 관심에서 자연스럽게 이런 성취 결과가 나온 것으로 보입니다. 나는 지난 14년 동안 이 학생보다 대학에서 공부하기 위한 더 큰 잠재력을 가

진 학생을 본 적이 없습니다.

　마지막으로(그리고 가장 중요한 것은) 이 학생이 정말 좋은 사람이라는 것을 알려드리고 싶습니다. 흔히 잔인하고 모방적인 고등학교 세상에서, C는 뛰어난 인격과 성숙함을 보여주었습니다. 그는 내가 만나본 가장 관대하고 친절한 학생 중 한 사람입니다. 그는 그의 능력을 인정받고 싶어 하지 않습니다. 그는 그가 직면하는 도전이 무엇이든 최선을 다하는 친절하고 착한 사람일 뿐이라는 것에 최대한 만족하는 것으로 보입니다.

교사는 추천서를 그 학생에게 보여주었다. 그 학생에 대한 교사의 믿음과 존중을 그 학생은 결코 잊을 수 없을 것이다. 그것은 대학교의 문을 개방할 뿐만 아니라, 매우 내향적인 이 청소년의 자신감의 내적인 문도 개방할 것이다.

영재들을 위한 지원

스펙트럼의 반대쪽 끝에 있는 아동들도 마찬가지듯이 영재아들은 규준에서 더 벗어날수록 더 큰 지원을 필요로 한다. 우수 학생들(IQ 120~129)을 위해서는 읽기와 수학에서 능력별 집단을 구성하여 심화와 차별화된 수업을 하는 것으로 충분할 수 있다. 불행하게도, 차별화가 교육에서 유행어가 되었지만 연구에 의하면 정규 수업에서 교사들이 영재 학생들을 위한 핵심적인 교육과정을 표면적으로만 실시할 뿐 제대로 하는 교사들은 거의 없다(Kanevsky, 2011). 이 범위의 아동들은 일반적으로 그들 또래와 배우는 것을 좋아하기 때문에 집단 프로젝트가 권장된다(French et al., 2011). 자율학교independent school는 이런 학생들을 잘 교육한다. 이 수준에서 재능 개발 기회들이 필요하다.

모든 학습자들을 위하여 개발된 다양한 수업 전략이 우수 학습자들에게 매우 중요하다(VanTassel-Baska & Brown, 2007). 높은 수준의 탐색 과정, 창의적인 문제 해결 모델, 비판적 사고, 문제 중심 학습 그리고 구성주의 접근들이 우수 학습자들의 사고 기술을 확장하고 실제 문제를 해결하기 위한 체계적 기반을 제공하기 위해 중요한 요소이다(VanTassel-Baska, 2012a).

평균에서 2표준편차 위에서는 차별화된 발달적 요구가 분명히 있다. 중도 영재아들(모집단의 2~3%)은 속진 학습 과정을 더 필요로 하고 모든 교과목 영역에서 선수학습을 필요로 한다. 집단의 요구에 맞춘 차별화된 교육과정이 "영재에 대한 훈련된 교육자에 의해 전달되어야 한다"(VanTassel-Baska & Little, 2011, p. 10). 영재 학생들은 훈련된 교사, 영재 또래들, 선수학습을 위한 자료, 각자에게 맞는 지속적인 교육과정, 빠른 수업 진도, 상담을 필요로 한다.

이 모든 변화는 전일제 프로그램에서 더 효과적으로 성취될 수 있다. 정규 수업에서 빠져나와 서비스를 받도록 하는 '풀아웃pull-out 프로그램'은 그 학생들에게 화요일마다 몇 시간 동안만 영재라는 인상을 모두에게 준다(Betts, 2012). James Gallagher(2000)는 이 소규모 프로그램이 실제로 효과를 나타내기 위해 필요한 시간을 '비치료적인 교육적 투약'으로 때우고 있기 때문에 '교육적 사기'라고 부른다(p. 10).

전일제 프로그램은 실제로 풀아웃 프로그램보다 비용이 적게 든다. 영재들을 위한 특별 프로그램의 가장 효과적인 측면은 영재들에게 학습에 대해 진지하게 생각하는 그들과 같은 수준의 지적 또래들을 연결해주는 것이다. 영재들의 상호작용은 학습 추동력을 가속시킨다(Coleman, 2012). 진정한 또래들과의 상호작용은 영재 학생들이 지속적인 우정을 개발하도록 해준다. 영재 학생들을 위한 수업 개선을 위해서는 다음과 같은 사항을 고려할 필요가 있다.

- 선수학습계획
- 진단적 평가
- 학습자의 속도에 맞춘 학습 진도
- 압축된 자료
- 차별화된 숙제
- 고수준의 추론
- 자율성
- 기초는 짧게, 심도 깊은 탐색에는 더 많은 시간 할애
- 탐구와 문제 중심 학습
- 더 효과적인 자원에의 접근
- 멘토(Silverman, 1995b)

선수학습계획은 부모와 학생이 함께 설계해야 한다. 새로운 내용을 공부하기 전에 학생들이 이미 숙달한 것이 무엇인지 보여줄 줄 수 있는 진단적/처방적인 접근이 권장된다. 먼저 평가를 하면 교사들이 본 수업을 시작하기 전에 적절한 수업 수준을 결정할 수 있다. 표준화 성취 검사는 아동의 숙달 수준에 대한 전체적인 그림을 보여주고 속진 학습을 위한 객관적인 기반을 제공한다.

Kanevsky(2011)의 연구에서 '나 자신의 속도로 학습하기'를 110개의 선호 문항 중에서 90% 이상의 학생들이 첫 번째 순위로 지적했다(p. 288). 영재 학생들은 '다른 학생들이 학습하는 시간의 반 동안 2배를' 학습할 수 있기 때문에 수업은 합리화되어야 한다(VanTassel-Baska, 2012a, p. 497).

> 수업 진도는 영재 학생들이 그들의 학습 속도에 따라 진행할 수 있는 것을 보장하기 위해 사용할 수 있는 중요한 전략이다. … 적절한 속도 전략은 더 빨리 학습할 수 있는 숙달과 준비도에 대한 비형식적인 평가를 의도적으로 사용하는 것이다. 그것은 또한 영재 학습자들에게 주제에 대해 무엇을 이해하는지 그리고 그것을 얼마나 더 빨리 숙달할 수 있는지 물어보는 것도 포함된다. 흔히 비형식적인 논의가 학습의 진도를 빠르게 할 필요성을 분명하게 한다(VanTassel-Baska, 2012a, p. 498)

같은 분량의 내용을 일반적인 시간보다 더 짧은 시간에 다루는 것을 단축화, 간결화, 압축화 등의 다양한 이름으로 부른다. 영재아들은 어떤 개념을 한 번 제시받으면 그 정보를 거의 영원히 유지하기 때문에 추가적인 연습이 필요없다. 그러므로 **차별화된 숙제**는 차별화된 수업과 마찬가지로 중요하다. 그들은 반복 연습을 하지 않아도 된다고 허락해야 한다. 대신에 그들에게 연습문제 한 페이지 중에서 가장 어려운 문제만 답하도록 할 수 있다. 어떤 영재들에게는 너무 쉬운 숙제를 하는 것이 실제로 가장 어렵다. 고도 영재아들은 수년 전에 숙달한 기초적 기술을 '연습' 해야 하는 것은 '피를 말리는 일' 이라고 주장한다.

수년간 운전을 하고 있는 당신에게 운전 교육을 받으라고 한다고 생각해보라. 이미 자동화되어 있는 기술을 해체하는 것은 얼마나 어렵겠는가? 운전과 같은 복잡한 기술이 숙달되면 처음에 하나하나 다른 기술들을 학습했던 두뇌의 담당 부분에 접근할 수가 없다. 정보는 장기기억에 저장되어 주의를 할 필요성이 줄어들고 효율성이 최대화된다. 케이크 반죽을 일단 하고 나면 어떻게 달걀을 제거할 수 있는가? 그 요소는 전체의 일부가 되어 버렸다. 마찬가지로, 자동화된 기초적 기술은 고등사고와 개념적 인식과 혼합되어 있기 때문에 따로 분리해내 연습할 수가 없다.

높은 수준의 추상적 사고는 이 배고픈 영혼들을 위한 하늘이 주신 양식과 같다. 영재 학생들은 가설적 추론을 하고, 복잡한 이슈를 논의하고, 추상적 추론을 하고, 지식을 추구하는 과정에서 체계적인 절차를 활용할 수 있다. 그들의 교육과정은 비판적 분석, 창의적 통합 그리고 평가를 포함해야 한다. 비유, 유추, 모순과 같은 여러 가지 수준의 의미를 포함하고 있는 자료가 그들의 추상적 사고에 이상적이다. 영재 학생들은 자율성을 필요로 하고 독립적인 연구 프로젝트를 좋아한다(Chan, 2011; Kanevsky, 2011). 그들이 원하는 만큼 깊이 탐구하기 위해서는, '학교 환경에서는 불가능한 방식으로 학습하기 위하여 여러 회에 걸쳐서 하루 종일 학교에 가지 않고' 프로젝트에 전념할 수 있는 시간을 필요로 한다(VanTassel-Baska, 2012a, pp. 500-501).

표준화 IQ 검사와 표준화 성취 검사에서 145 이상(3표준편차 이상)인 아동에게는 Davison Young Scholar 프로그램(www.davidsongifted.

org)과 같은 특별한 기회가 있다. *Challenging Highly Gifted Learners* (Gilman, 2008b)는 교사들이 영재들을 효과적으로 교육할 수 있도록 도움을 주는 간단한 청사진이다. 앞에서 논의한 지원 이외에 모든 형태의 속진을 신중하게 고려할 필요가 있다. 영재 학교나 영재를 위한 전일제 프로그램에서도 이 아동들은 더 빨리 배우고 더 앞선 내용을 필요로 한다.

속진은 다른 어떤 중재보다 더 방대하게 80년 이상 연구된 비용이 들지 않는 대안이다(Colangelo, Assouline, & Gross, 2004; Gross, 2009; Kuo & Lohman, 2011; VanTassel-Baska, 2012a). 그것은 적절한 도전 수준, 수업 속도 그리고 학습자의 복잡한 사고 과정에 따라 교육과정을 조절한다(Kuo & Lohman, 2011; Wood, Portman, Cigrand, & Colangelo, 2010). 연구들은 속진이 학업 성취에 긍정적인 영향을 미치고 사회정서적 발달에 다소 긍정적인 영향을 미친다는 지속적인 결과를 나타낸다(Steenbergen-Hu & Moon, 2011). *A Nation Deceived*(Colangelo, Assouline, & Gross, 2004; Southern & Jones, 2004)는 다음과 같은 18개 유형의 속진을 제시한다.

- 조기 입학
- 과목 속진
- 월반
- 교육과정 압축
- 연속적인 앞서 가기

- 대학인정선수 과목
- 고등학교와 대학교 동시 수학
- 멘토링
- 조기 졸업
- 조기 대학 입학

2권으로 된 이 최종 보고서(www.nationdeceived.org)는 필독서이다!

이런 중재를 하는 시간이 매우 중요하다. 소녀들은 소년들보다 더 빨리 성숙하고 유치원 조기 입학을 위해서도 더 좋은 후보자로 보인다. 소녀들은 조숙한 독서가인 경향이 있으며, 흔히 소년들보다 2년 빠르다(Kerr, 2012). 초등학교에서 소녀들은 소년들보다 월반을 더 많이 하는 경향이 있다(Wells, Lohman, & Marron, 2009). 소녀들은 3학년 또래들에 의해 지배당하기 전에 속진하는 것이 더 좋다. 소년들은 더 늦게 월반을 시키는 것이 사회적으로 그리고 신체적으로 성장하도록 한다 — 신장과 소근육 협응 모두(Colangelo, Assouline, & Lupkowski-Shoplik, 2004). 하지만 초등학교 저학년에서 속진한 아동은 고학년에서 월반한 학생들보다 고등학교에서 수학과 읽기 성취도가 더 높았다(Kuo & Lohman, 2011).

속진을 하면 일찍 대학 입학을 위한 준비가 되고 많은 고도 영재아들은 일찍 대학에 다닌다(Solow & Rhodes, 2012). Steenbergen-Hu와 Moon(2011)은 그들의 메타분석에서, 조기 입학자들이 "그들의 학업과 사회정서 발달에서 큰 이점이 있었다고 믿었다"(p. 51). Boazman과

Sayler(2011)도 또한 "조기 대학 입학자들이 그들의 삶에 대하여 또래보다 전반적으로 더 큰 만족을 나타냈다"(p. 76)고 보고했다. 조기 입학 프로그램에 대해서는 www.hoagiesgifted.com에서 찾아볼 수 있다.

평균에서 4표준편차 이상인(IQ 160 이상) 특수 영재아들은 전 교육과정에서 몇 차례 속진할 필요성이 있다. 전일제 영재 프로그램, 속진, 홈스쿨링, 부분적인 홈스쿨링은 다양한 영재아들의 발달 단계에 따른 적절한 시기에 활용할 수 있는 성공적인 대안들이다.

규준에서 5표준편차 아래(IQ 25)인 아동들이 정규 학교에서 교육을 받을 수 없는 것과 마찬가지로, 규준에서 5표준편차 위인 극영재 범위의 아동들(IQ 175 이상)도 전형적인 공립 학교와 사립 영재 학교에서 교육을 받기에는 너무 앞서 있다. 대부분의 부모들은 홈스쿨링 혹은 원거리 교육과 혼합된 부분적인 홈스쿨링을 한다. 지금은 많은 원거리 학습 기회가 있다. 대학이 극영재아들을 위한 준비가 되기 훨씬 이전에 그들은 대학 공부를 할 준비가 되어 있다. 대학에 너무 어린 나이에 들어가는 영재들은 그의 부모를 동반한다. 그들은 온라인에서 만나거나 특수 영재아와 극영재아를 위한 특별한 학회와 모임에서 서로 만나는 것을 즐긴다. 홈스쿨링 교육과정과 극영재 학생들을 위한 기회들을 위해서는 www.hoagiesgifted.com을 참조하면 도움을 얻을 수 있다.

영재성의 최적 발달은 가능하고 비용도 저렴하다. 유일한 방해물은 영재아들이 투쟁할 권리를 부정하는 가치 체계이며(Kane & Fiedler, 2011), 투쟁을 통해서만 진정한 학습이 일어날 수 있다. 영재의 부모들은 자녀를 위해 더 도전적인 교육을 요구할 권리를 가지고 있다. 심리학자들은 영재들이 더 어려운 공부를 할 수 있도록 지원할 수 있으며 다양한 형태의 속진을 협의할 수 있다. 그 과정에서 평가가 첫 번째 단계다. 영재아의 부모는 조롱 대신에 예의와 존중으로 영재아들이 대우를 받는 안전한 피난항을 필요로 한다. 심리학자들은 또한 이 영재 집단에 대한 노골적인 차별, 고정관념, 낙인을 제거하기 위하여 선두에 나설 수 있다.

영재성 101

8

우리는 앞으로
어디로 갈 것인가

우리는 인간의 영혼을 보살펴야 하고 그것의 성장과 발달을 교육, 정치, 그 외 모든 활동의 목표보다도 우선하도록 해야 한다.

– Annemarie Roeper

현재 우리는 두 가지 세계관 사이에 갇혀 있다. 한 진영에서는 교육자와 학자들이 IQ 검사의 좁은 렌즈를 통해 영재를 정의하는 '보수파'를 타도하려고 애쓰고 있다. 그들은 비틀비틀하는 기반을 가지고 있는 영재 교육의 존재 이유를 확립하기를 바라고 있다. 다른 진영에서는 부모와 전문적으로 영재들과 일하는 심리학자들이 영재성의 외형만을 보는 것에 대하여 비판하고 있다. 그들은 영재들의 내면세계를 인식하고 이해하기를 원한다. IQ 검사는 엘리트주의적인가? IQ 검사를 대체해서 명성에 따라 아동을 교육하는 것은 훨씬 더 엘리트주의적이지 않은가? 두 진영 중 어느 한 진영도 엘리트주의의 총탄을 피할 수 없을 것으로 보인다.

휴전 협정이 눈앞에 보이지 않는다. 영재성 연구가 시작될 때부터 끊임없는 논쟁이 있었고 가까운 미래에 끝날 것 같지는 않다. 어떻게든 여러 가지 관점이 공존하는 방법을 배워야 할 것이다.

당신이 이렇게 갈라져 있는 연구 영역에 진입하는 것이 가치가 있을까? 나는 가치가 있다고 생각한다. 아무것도 확실한 것이 없기 때문에, 새로운 아이디어들을 탐색하기 위한 여지가 많이 있다. 영재성 심리학은 신생이다. 당신은 새로운 무언가를 할 수 있다. 인간의 마음과 특수한 사람들에 대한 당신의 에너지, 당신의 탐색, 당신의 통찰, 당신의 연구를 더 한다면 이 분야를 변화시킬 수 있다. 당신은 무시당하고 학대받고 있다고 생각하는 부모들을 변화시킬 수 있다. 당신은 혼란스러움을 경험하면서 의미를 찾기 위해 애쓰고 있는 영재 성인들을 변화시킬 수 있다. 당신은 이중 특수 청소년들이 좋은 대학에 진학하여 잠재된 능력을 마음껏 발휘할 수 있도록 하기 위해 칼리지 보드 시험에 합격하도록 도와줌으로써 그들을 변화시킬 수 있다. 당신은 살아남기 위해서 자신의 모습을 숨겨야 하는 영재 아동들을 변화시킬 수 있다.

영재성이란 당신에게 어떤 의미인가? 만일 영재 집단에게 설명할 수 없는 어떤 매력을 느낀다면, 당신은 가장하고 있거나 부정하고 있는 영재일지 모른다. 미리 경고하지만 만일 당신이 이 인기 없는 주제와 동맹을 한다면, 또한 당신도 당신을 향한 반주지주의의 비판을 느끼게 될 것이다. 당신은 곧 직접적으로 영재들과 영재들을 옹호하는 사람들에 대하여 존재하는 편견을 알게 될 것이다. 칵테일 파티에서 당신이 하는 일을 다른 사람들에게 이야기한다면 비웃음받을 것을 각오해야 한다. 꽤 많은 사람들이 영재에 대해서 당신보다 더 많이 안다고 생각하고 그들의 의견을 기쁜 마음으로 이야기한다. 만일 당신이 영재들의 수호자가 되고자 한다면, 그것은 명예로운 일이 아니라는 것을 알아야 한다. 이 길은 명성으로 가는 길이 아니다. 큰 낫이 나타날 때, 당신은 키 큰 양귀비와 운명을 함께해야 할 것이다.

하지만 아주 흥미로운 여정이 될 것임을 나는 당신에게 약속한다. 당신은 다양한 흥미로운 사람들을 만나게 될 것이다. 종종 실망스럽기도 하겠지만 결코 지루하지는 않다. 나는 50년 이상 영재를 신나게 연구해 왔다.

의심할 여지없이 당신을 필요로 한다. 앞으로 해야 할 일이 너무 많다.

　Annemarie Roeper는 갔지만 그녀의 연구는 계속 이어져야 할 필요가 있다. 그녀는 아동의 옹호자였고 직관의 옹호자였다. 내가 떠나게 된다면, 아동의 능력을 해석하면서 직관적인 판단을 테이블 위에 올려놓을 강한 확신을 가지고 있는 사람들이 남아 있을까? 말을 해주는 연구 자료의 숫자들만 테이블 위에 덩그러니 남아 있을까? 사람들이 숫자들을 믿지 않게 된 이유는 그것들이 스스로를 대변할 수 있다고 생각했기 때문이다. 중재자가 없다면 결국 그 숫자들은 쓸모없이 버려지고, 이 소중한 영재들은 더욱 눈에 띄지 않게 될 것이다. 분명히 숫자들은 이야기의 작은 일부만 말해주지만, 특별한 요구를 가지고 있는 아동이 존재한다는 것을 실용적, 경험적, 그리고 과학적인 공동체에게 확인시켜줄 수 있다. IQ 검사는 용을 찾아내는 탐지 장치다.

　당신의 소명이 학습장애가 있는 아이들과 일하는 것일지 모른다. 이런 아이들 중에는 그들의 약점만 집중 조명을 받고 그들의 영재성은 무시되어 버린 이중 특수 학습자들이 있다는 것에 유의해야 한다. 내가 USC 특수교육대학원 과정에 들어갔을 때, 곧 수업을 해주실 한 교수님을 다음과 같이 소개받았다. "이분은 영재들이 가지고 있는 학습장애에 관심을 가지고 연구하는 Linda Silverman입니다." Bob McIntyre는 "당신이 연구해야 할 것은 학습장애자들의 영재성입니다."라고 재치 있게 응수했다. 당신은 둘 다 할 수 있다. 이중 특수 아동과 성인을 이해하는 전문가들이 절실하게 필요하다. 그들은 4중의 복합성을 갖고 있다.

　당신은 신진 연구자인가? 우리는 6,000명 이상의 아동을 평가했으며 그 자료들은 분석되고 있는 중으로 대학원생들로 하여금 영재성에 대한 그들의 열정적인 질문에 대한 답을 찾을 수 있도록 하고 있다. 이 자료들은 이 집단에 대한 현존하는 가장 큰 데이터 뱅크다.

이것이 당신이 추구하고자 하는 길이 아니라고 해도 당신이 기여할 수 있는 방법이 있다. 당신은 편견에 맞서기 위한 용기를 가져야 한다. 누군가가 '너무 똑똑하다'는 이유로 무시를 당하는 것을 듣게 되면 개입을 하고 무언가 말을 할 수 있어야 한다. 부모의 비난을 목격하면 침묵을 지키지 말아야 한다. 편협성에 대해 방관하고 아무것도 하지 않는다면 말 없이 그것을 용납하는 것과 마찬가지다. 당신이 보호하는 그 아동이 당신 자신일 수도 있다.

당신은 영재와 이중 특수아에 대한 정보를 교수에게 더 요구할 수 있다. 정보는 공급과 수요의 법칙을 따른다. 만일 많은 사람들이 심리학이나 교육학 분야에서 이런 종류의 훈련을 요구한다면, 교수들은 시간이 부족해서 얼버무리고 넘어갔던 영재성에 대한 분량을 더 할애하기 시작할 것이다. 혹은 교재에서 영재성을 다루지 않고 있다면 새로 집필해서 교재에 삽입할 수도 있다. 이렇게 하면 결국 영재들의 요구에 대한 한 과목이 개설될 수도 있다. 당신은 영재에 대한 보고서를 쓰고 교수에게 그 정보를 제공할 수 있다. 나는 그렇게 했다. 학부 학생이었을 때, 나는 모든 보고서를 내가 열정을 가지고 있던 영재와 연결시켜서 썼다 — 지리 과목조차. 나는 영국의 영재 교육과 미국의 영재 교육을 비교했다. 보고서를 받아보니 "이것은 A학점 보고서이다. 하지만 지리와는 전혀 상관이 없다."라고 적혀 있었다. 어쨌든 그 교수로부터 A학점을 받았다.

만일 영재와 이중 특수아에 대해 열정을 갖게 된다면 그 진가를 알게 될 것이다. 당신이 하는 일에서 창의성이 끊임없이 솟아날 것이다. 당신은 어쨌든 상자 바깥 세상에 있을 것이고, 사람들의 의심스러운 눈총을 받게 되고, 당신은 당신의 창의성에 접근하는 자유를 즐기게 될 것이다. 눈에 잘 보이지 않는 용을 불러들이는 굴을 만들어라. 노래하는 양귀비 합창단의 지휘자가 되어라. "무엇이 필요합니까?"라고 자주 질문하라. 이 아름다운 영혼들로 하여금 당신이 결코 꿈꾸지 못했던 방향으로 당신을 안내하도록 하라.

나는 더 재능이 있고 더 창의적인 아동이 더 많이 태어나고 있다고 믿는다. 우리는 놀랍도록 높은 수준의 영재아들의 수가 증가하고 있는 것을 발견하고 있다. 영재개발센터에서 처음 10년 동안은 IQ 200 이상인 아동을 발견하지 못했다. 그 이후에 우리는 IQ 200 이상인 아동을 97명 발견했다. 그런 아동이 존재한다는 것을 아는 사람은 거의 없다. 나는 그런 영재들이 존재한다는 것을 사람들이 알고 싶어 하지 않는다고 생각한다. IQ 130도 충분히 놀라운 수준이다. 그들이 무엇을 필요로 하는가? 그들로부터 우리는 무엇을 배울 수 있는가? 만일 내가 옳다면, 이 집단을 '이해하는' 전문가에 대한 필요성은 지속적으로 증가할 것이다.

우리는 이제 어디로 가는가? 미래는 당신에게 달려 있다. 나는 이 책이 당신을 이해시키고 또한 당신이 다른 사람들을 이해시키는 데 도움이 되었기를 바란다. 나는 영재 심리학이 당신의 소명이기를 기도한다. 그리고 당신이 귀를 기울이기를 희망한다.

부록

영재아에 대하여 지난 30년간
우리는 무엇을 배웠는가

30주년 기념(1979~2009)

Linda Silverman

영재개발센터

영재개발센터는 1979년 6월에 문을 열어서 지난 30년간 5,600명 이상의 아동을 평가했다. 영재아들만 집중적으로 연구한 결과 우리는 영재성 개발에 대한 상당한 지식을 획득하게 되었다. 1994~1995년에는 3명의 연구자들이 박사후 인턴십을 하면서 우리의 임상 자료를 코딩해주는 작업을 해주어서 통계 분석이 가능하게 되었다. 그들은 애크런대학교의 Frank Falk 박사와 Nancy Miller 박사, 세인트토머스대학교의 Karen Rogers 박사다. 지금까지 우리가 알게 된 몇 가지 중요한 점들은 다음과 같다.

1. 부모들이 자녀의 영재성을 잘 판단할 수 있다—부모가 생각하기에 그 자녀가 **영재성 특성 척도**(Characteristics of Giftedness Scale)

에 있는 특성들 중 3/4의 특성을 나타낸다고 한 아동 1,000명 중 84%가 검사 결과 우수 혹은 영재 범위에 있는 것으로 나타났다. 95% 이상은 최소한 한 영역에서 영재성을 나타냈다. 하지만 그들의 발달은 비동시적이었고 그들의 약점들이 합성 IQ 점수들에서 낮게 나왔다.

2. 발달 지표들보다 빠른 아동의 성장 속도를 관찰함으로써 3세 이전에 영재성을 발견할 수 있다. 이 발달 지표들은 영재성의 증거로 신중하게 사용해야 한다. 발달 속도가 빠른 것을 초기에 확인하는 것이 매우 중요하다. 초기 중재는 모든 아동의 최적 발달을 촉진한다.

3. 부모가 자녀의 영재성을 인식하지 못하면 교사도 그 아동의 영재성을 간과하기가 쉽다. Rita Dickinson(1970)은 그녀가 검사한 IQ 132 이상인 아동의 절반 이상의 부모와 교사들이 그 아동들의 행동에 문제가 있다고 생각하고 영재라고 생각하지 않는 것을 발견했다. 영재아의 정서와 학업의 성장을 위해서는 부모의 지지가 중요하다. 영재개발센터의 부소장인 Gilman(2008a)이 쓴 유명한 책 **영재아의 학업을 지지하기 위한 부모 지침서**(Academic Advocacy for Gifted Children: A Parent's Complete Guide)는 아동을 위해 부모가 효과적으로 지지할 수 있는 방법을 제시하고 있다. **고도 영재 학습자**(Challenging Highly Gifted Learners)(Gilman, 2008b)도 부모와 교사를 위한 훌륭한 책이다.

4. 모든 연령의 아동이나 성인의 영재성을 평가하는 것이 가능하다.

그러나 가장 이상적인 검사 연령은 5~8.5세다. 9세가 되면 고도 영재아는 검사에서 최고점에 도달할 수 있고, 영재 여아의 경우에는 사회성이 발달하면서 자신의 능력을 숨기는 경향이 있다. 영재 여아들은 자신이 분명하게 옳다고 생각하지 않으면 짐작하려고 하지 않기 때문에 결과적으로 IQ 점수가 낮게 나올 수 있다.

5. 일반적으로 형제자매의 IQ 점수 차이는 5~10점 범위에 있다. 부모와 자식은 10점, 조부모와 손자와도 10점 차이 범위 내에 있다. 우리는 형제자매들로 구성된 148개 사례의 자료를 조사한 결과 1/3 이상이 형제자매들 간의 점수 차이가 5점 이하였고, 3/5 이상이 10점 이하였으며, 거의 3/4이 13점 이하의 차이를 나타냈다. 가족 중 한 아이가 영재로 확인되면 나머지 가족 구성원들 모두가 영재일 가능성이 매우 높다.

6. 첫째 아이나 독자보다는 둘째 아이가 영재로 인식되는 사례가 훨씬 적다. 둘째는 첫째와는 반대방향으로 가는 경우가 많고 학업 지향성이 낮은 경향이 있다. 일란성 쌍둥이에서도 첫째가 둘째보다 영재 프로그램에 들어오는 확률이 높다.

7. 유아기의 IQ 검사는 여성과 남성의 IQ가 동등하다는 것을 분명하게 보여준다. IQ 검사가 개발될 때까지만 해도 대부분의 사람들이 '남성의 타고난 우월성'을 믿었다. 오늘날에도 대부분의 유명인이 남성이라는 사실 때문에 남성이 여성보다 천성적으로 지능이 높다고 믿는 사람들이 있다. 하지만 이와 반대로 우리는 IQ 180 이상인 여성을 100명 이상 찾아냈다. 우리 영재개발센터에서 가장 높은

IQ로 기록된 사람은 여자고, 최고 점수를 받은 5명 중 4명이 여자다. 그런데도 부모들은 영재 판별을 위해 딸보다는 아들을 데리고 오는 경우가 더 많으며 이런 성 불평등은 날로 더 심해지는 것으로 보인다. 1979년부터 1989년까지 검사를 받기 위해 온 아동들 중 57%가 남자고 43%가 여자였는데, IQ 160 이상 중에는 51%가 남자고 49%가 여자였다(표 A1 참조). 2008년에는 검사를 받기 위해 온 아동들 중 68%가 남자고 32%만 여자였는데 가장 높은 IQ 범위에는 60%가 남자고 40%가 여자였다.

8. 영재 소녀와 영재 소년은 다른 대처 메커니즘을 가지고 있으며 다른 문제에 직면하는 것으로 보인다. 영재 소녀들은 그들의 능력을 숨기고 다른 아동들과 어울리는 것을 배운다. 영재 소녀들은 초등학교에서는 정신 에너지를 사회적 관계 개발에 집중하고, 중학교에서는 그들의 지능보다는 외모와 사교성으로 친구들의 인정을 받는다. 영재 소년들은 더 쉽게 눈에 띄지만 '미성숙' 하게 보이는 경우가 많고 만일 또래 아동들과 공통의 관심사가 없어서 잘 어울리지 못하게 되면 학교에서 위축될 수도 있다.

9. 영재아 발달은 비동시적asynchronous이다. 영재아의 발달은 고르지

표 A1 IQ 160 이상의 성별 분포

	남성	여성	전체
1979~1989년	94	89	183
1990~2009년	507	298	805
1979~2009년	601	387	988

않은 경향이 있으며, 영재아들은 동년배 또래와 생각하는 것이 다르다고 생각하거나, 연령을 기준으로 하는 학교의 기대에 맞추기 어렵다고 느끼는 경우가 많다. 그들은 정서적으로 강렬하고 세상의 위험성에 대해 더 많이 알고 있다. 그들은 인지적 인식에 부합하는 정서적 자원을 가지고 있지 못할 수 있다. 그들은 그들이 가지고 있는 다른 점을 존중하지 않는 환경 속에서는 위험에 처하게 된다.

10. 비동시성은 **아동용 웩슬러 지능 척도 4판**(WISC-IV)의 인덱스 점수들 간의 큰 차이에서 종종 나타난다. 이런 경우에는 영재 학생 선발을 위해서는 IQ 총 척도 점수(Full Scale IQ score)를 사용하지 않아야 한다. 대신에 작업 기억과 처리 속도를 포함하지 않는 일반 능력 지수(GAI)가 아동의 추론 능력을 더 잘 예측한다. 일반 능력 지수는 국립영재협회(National Association for Gifted Children)의 승인을 받았다(http://www.nagc.org/index.aspx?id=375). WICS-IV에 대한 규준도 현재 찾아볼 수 있다(http://www.pearsonassess.com/NR/rdonlyres/C1C19227-BC79-46D9-B43C-8E4A114F7E1F/0/WISCIV_TechReport_7.pdf).

11. **스탠퍼드-비네 지능 척도 5판**(SB5)은 추상적인 언어 추리 능력보다는 수 능력과 시공간 능력을 더 잘 측정한다. 영재 프로그램을 위한 영재 학생을 선발하기 위해 SB5를 사용할 때에는 커트라인을 120점으로 낮추어야 한다. 라쉬 비율 점수와 같은 영재아를 위한 다른 점수들을 사용할 수 있다. 출판사는 **스탠퍼드-비네**(*L-M*형)를 사용하여 특히 특수 영재아의 추상적인 언어 능력을 평가하는 것을 허

락하며, 다양한 점수를 비교할 수 있도록 하기 위해 SB5와 함께 실시할 것을 권장한다(Carson & Roid, 2004).

12. 창의적인 아동, 여러 다른 문화적 배경을 가지고 있는 아동, 수학 재능 아동, 주의력결핍 아동, 그리고 미성취 아동은 다른 교수 방법을 필요로 하는 시각-공간적 학습자인 경우가 종종 있다. 시각-공간적 학습자들은 일반적으로 그림으로 생각하거나 '감각' 혹은 느낌에 의존하는 반면에, 청각-순차적 학습자는 일반적으로 언어로 생각한다. 전형적인 교육적 전략들은 시각-공간적 학습자보다 청각-순차적 학습자들에게 더 잘 부합한다. 우리는 이 학습 패턴을 확인하는 방법과 시각-공간적 학습자를 가르치기 위한 효과적인 전략을 개발했다(Silverman, 2002). 우리가 개발한 **시각-공간적 학습자 확인 도구**Visual-Spatial Identifier는 학교에서 집단적으로 사용할 수도 있고 개인적으로 사용할 수도 있다. www.VisualSpatial.org를 방문하면 시각-공간적 학습자를 가르치기 위한 전략에 대한 무료 정보를 얻을 수 있다.

13. 영재아들은 그들과 같은 영재아들로 구성된 교실에서 사회적 적응을 더 잘한다. 정규 학급에서는 아동이 더 똑똑할수록 아동의 사회적 자아개념이 더 낮다. 사회적 자아개념은 특별 학급에서 진정한 동료들과 함께할 때 향상된다.

14. 완벽주의, 민감성, 강렬함은 영재성과 연관된 세 가지 성격 특성이다. 이 세 가지는 아동의 복잡한 인지적 · 정서적 발달에서 나온다. Dabrowski 이론에 의하면 과흥분성과 관련된 이 특성들은 성인

기에서의 높은 도덕적 가치관에 대한 잠재력을 나타낸다. 아동이 더 똑똑할수록 더 일찍 그리고 더 심각하게 도덕적 이슈에 더 많은 관심을 가진다. 하지만 아무런 근거 없이 이 잠재력이 발달하는 것은 아니다. 그것은 지지적인 환경 속에서 육성되어야만 한다.

15. 영재아의 약 60%가 내향적이다. 고도 영재아의 약 75%가 내향적이다. 내향성은 내성, 반성, 공격성 억제력, 깊은 민감성, 도덕성 발달, 높은 학업 성취, 학문적 공헌, 성인기의 학문과 미학 분야에서의 리더십, 그리고 자연스러운 중년기 보내기와 상관이 있다. 하지만 내향성은 선의적인 성인들에 의해 오해를 받고 '수정'되는 경우가 많다.

16. 경도, 중등도, 중도, 최중도 지진아들이 서로 다르듯이 경도 영재, 중도 영재, 고도 영재, 특수 영재, 극영재도 서로 다르다. 하지만 영재성 수준 간의 차이는 거의 인식되지 않고 있다.

17. 일반 사람들이 생각하는 것보다 훨씬 더 많은 특수 영재아들이 있다. 우리가 지난 30년간 평가한 5,600명 이상의 아동들 중에서 약 18%가 IQ 160 이상인 특수 영재였다. 2009년 1월 1일 현재, 우리에게는 IQ 160 이상인 아동 988명이 있으며 그중 281명은 IQ 180 이상이고 87명은 IQ 200 이상이다. 우리는 241명의 이런 아동들에 대한 방대한 자료를 가지고 연구했으며 그동안 그 어떤 연구도 이 범위의 IQ를 가진 이렇게 많은 아동을 대상으로 한 적은 없었다 (K. Rogers & Silverman, 1997). 이렇게 높은 수준의 IQ를 가진 아동들에 대한 전반적인 연구 결과가 출판된 것은 지금까지 2개뿐

이다. Leta Hollingworth(1942)는 1916년에서 1939년까지 IQ 180 이상인 12명의 아동을 발견했고 Miraca Gross(1993/2004)는 IQ 160 이상인 60명의 호주 아동들을 연구했다.

18. 학업부진은 어린 나이에 만성적으로 귀에 감염을 앓고(3세 이전에 9개월 이상 지속) 잔류효과로 청각-순차적 처리의 결함과 주의력에 문제가 생겨서 나타나는 경우가 많다. 전형적으로 철자, 산수, 필기, 기계적인 암기, 주의, 글쓰기를 하려는 동기 모두가 영향을 받는다.

19. 영재아들은 학습장애를 숨길 수 있다. 영재개발센터를 방문하는 영재아들 중 약 1/6이 검사에서는 찾아내기 어려운, 중추청각 정보 처리장애(central auditory processing disorder, CAPD), 시각적 처리의 어려움, 감각처리장애, 비행착각, 난독증, 주의력결핍, 아스퍼거 증후군과 같은 학습장애를 가지고 있다. 영재성이 장애를 감춰주고 장애는 IQ 점수를 낮춰주게 된다. 이런 장애들은 아동의 높은 추상적 추론 능력이 어느 정도 그것을 보상해주기 때문에 잘 발견되지 않는다. 그러나 보상을 하기 위해서는 더 많은 에너지가 필요하고, 동기에 영향을 미치고, 스트레스가 많거나 아동이 피로해지면 보상이 불가능해진다.

20. 이중 특수 아동과 시각-공간적 학습자들은 일반적으로 부모 중 최소한 한 사람이 가지고 있는 것과 같은 학습 패턴을 가지고 있다. 시각-공간적 학습자와 이중 특수성을 가지고 있는 아동은 연령이 높아지면서 더 똑똑해지는 경향이 있고 성공적인 성인이 되는 경

우가 많다.

21. 분만 시간이 길거나, 산도에 비해 머리가 너무 크거나, 유도분만을 위하여 4시간 이상 자궁수축제를 사용하거나, 응급 제왕절개를 하거나, 유아 신체의 어떤 부분에 탯줄이 감기거나, 분만 시 산소가 부족한 경우 등 어려운 출산 역사는 감각처리장애(SPD)를 일으킬 수 있다. 부모, 교사와 소아과 의사는 감각-운동 결함을 개선하기 위한 결정적인 시기가 출생에서 7세까지라는 것에 유의해야 한다. 크든 작든 결점이 보이면, 그 문제를 아동이 성장하면서 극복하도록 기다리지 말고 즉각적으로 소아작업치료pediatric occupational therapy를 받도록 해야 한다.

22. 영재성은 엘리트주의적인 것이 아니다. 영재성은 모든 사회경제적, 인종적, 국가적 집단에 존재한다(Dickinson, 1970). 모든 문화에는 추상적 추리력이 뛰어나고 그들의 동년배 또래들보다 발달 속도가 빠른 아동들이 있다. 상층 계급에서 비율적으로 영재가 많지만, 부자보다는 가난한 사람이 수적으로는 더 많기 때문에 하층 계급의 영재아들의 수가 훨씬 많다(Zigler & Farber, 1985). 그러므로 영재들이 엘리트라는 이유로 영재에 대한 지원을 거부한다면 가난한 사람들이 가장 큰 피해를 당하게 된다. 부자들은 지원이 없어도 다른 대안이 있기 때문이다.

23. 평등주의적인 영재 프로그램을 시도하려고 하면 할수록 그 설득력은 더 떨어진다. 상위 3%와 하위 3%의 아동들은 비정형적인 발달 패턴을 가지고 있고 차별적인 교육을 필요로 한다. 상위 10%와 하

위 10% 아동들은 각각 상위 15%와 하위 15%의 아동들과 통계적으로 혹은 발달상으로 차이가 없으며, 그들만을 위해 특별한 처치를 하는 것은 타당하지 않다. 2000년대에 들어서면서 이것을 이해하는 학교들이 점점 늘어나고 있으며, 특별한 처치를 가장 필요로 하는 학생들을 위한 심층적인 서비스를 제공하고 있다. 영재들을 위한 자급자족적인 연령통합 프로그램과 급진적인 속진 교육이 인기를 얻고 있다.

 참고문헌

Albert, R. S. (1978). Observations and suggestions regarding gifted-ness, familial influence, and the achievement of eminence. *Gifted Child Quarterly, 22,* 201–211.

Albert, R. S. (1980). Exceptionally gifted boys and their parents. *Gifted Child Quarterly, 24,* 174–179.

Alexander, E. (1992). Learning to fly: A homeschooling retrospective. *Understanding Our Gifted, 5*(1), 1, 11–14.

Ali, R. (2012, January 19). *Dear colleague letter.* Office of Assistant Secretary, Office of Civil Rights. Retrieved February 4, 2012, from www2.ed.gov/about/offices/list/ocr/letters/colleague-201109.html

Alomar, B. O. (2003). Parental involvement in the schooling of children. *Gifted and Talented International, 18,* 95–100.

Alsop, G. (1997). Coping or counseling: Families of intellectually gifted students. *Roeper Review, 20,* 28–34.

Alsop, G. (2003). Asynchrony: Intuitively valid and theoretically reliable. *Roeper Review, 25,* 118–127.

Amend, E. R., & Beljan, P. (2009). The antecedents of misdiagnosis: When normal behaviors of gifted children are misinterpreted as pathological. *Gifted Education International, 25,* 131–143.

Amend, E. R., & Peters, D. B. (2012). Misdiagnosis and missed diagnosis of gifted children: The importance of accurate assessment. In T. L. Cross & J. R. Cross (Eds.), *Handbook for counselors serving students with gifts & talents: Development, relationships, school issues, and counseling needs/interventions* (pp. 585–596). Waco, TX: Prufrock Press.

American Association for Gifted Children. (1978). *On being gifted.* New York, NY: Walker.

American Heritage Dictionary of the English Language (4th ed.). (2000). Boston, MA: Houghton Mifflin. Retrieved February 9, 2012, from http://ahdictionary.com/word/search.html?q=gifted

American Psychiatric Association. (1994). *Diagnostic and statistical manual of mental disorders* (4th ed.). Washington, DC: Author.

American Psychiatric Association. (2013). *Diagnostic and statistical manual of mental disorders* (5th ed.). Washington, DC: Author. Retrieved February 21, 2012, from www.dsm5.org/proposedrevision/pages/proposedrevision.aspx?rid=384

Andreasen, N. C. (1987). Creativity and mental illness: Prevalence rates in writers and their first-degree relatives. *American Journal of Psychiatry, 144,* 1288–1292.

Aristotle. (1962). *On the generation of animals, IV:6* (A. Platt, Trans.). New York, NY: Great Books, Encyclopedia Britannica.

Assouline, S. G., Foley Nicpon, M., & Huber, D. H. (2006). The impact of vulnerabilities and strengths on the academic experiences of twice-exceptional students: A message to counselors. *Professional School Counseling, 10*(1), 14–24.

Assouline, S. G., Foley Nicpon, M., & Whiteman, C. (2010). Cognitive and psychosocial characteristics of gifted students with written language disability. *Gifted Child Quarterly, 54,* 102–115.

Asynchrony. (2011). *Encyclopaedia Brittanica.* Retrieved January 8, 2011, from www.britannica.com/EBchecked/topic/134273/asynchrony

Babcock, W. L. (1895). On the morbid heredity and predisposition to insanity of the man of genius. *Journal of Nervous and Mental Disease, 20,* 749–769.

Bailey, C. L. (2011). An examination of the relationships between ego development, Dabrowski's theory of positive disintegration, and the behavioral characteristics of gifted adolescents. *Gifted Child Quarterly, 55,* 208–222.

Barber, C., & Mueller, C. T. (2011). Social and self-perceptions of adolescents identified as gifted, learning disabled, and twice-exceptional. *Roeper Review, 33,* 109–120.

Baska, A. (2009). The eminent remains: The life, studies, and archives of Sir Francis Galton. In B. MacFarlane & T. Stambaugh (Eds.), *Leading change in gifted education: The festschrift of Dr. Joyce VanTassel-Baska* (pp. 469–479). Waco, TX: Prufrock Press.

Baum, S. M. (2009). Learning disabilities. In B. Kerr (Ed.), *Encyclopedia of giftedness, creativity and talent* (Vol. 2, pp. 527–529). Thousand Oaks, CA: Sage.

Baum, S. M., & Owen, S. V. (2004). *To be gifted and learning disabled: Strategies for helping bright students with LD, ADHD, and more.* Mansfield Center, CT: Creative Learning Press.

Beljan, P. (2005). Behavioral management of gifted children: A neuropsychological approach. *2e Twice-Exceptional Newsletter, 9,* 1, 16–18.

Benbow, C. P. (1990). Leta Stetter Hollingworth: A pilgrim in research in her time and ours. *Roeper Review, 12*(3), 210–215.

Beneventi, A. (2012, March). The Annemarie Roeper Method of Qualitative Assessment. *Gifted Development Center Newsletter.* Available from www.gifteddevelopment.com

Berche Cruz, X. (1987, August). *Developmental differences in gifted and average children.* Paper presented at the Seventh World Conference on Gifted and Talented Children, Salt Lake City, UT.

Besjes-de Bock, K. M., & de Ruyter, D. J. (2011). Five values of giftedness. *Roeper Review, 33,* 198–207.

Betts, G. (2012, January). *Celebrations and new directions.* Presented at the Colorado Academy for Educators of Gifted, Talented and Creative, Golden, CO.

Bianco, M., Harris, B., Garrison-Wade, D., & Leech, N. (2011). Gifted girls: Gender bias in gifted referrals. *Roeper Review, 33,* 170–181.

Binet, A. (1909/1975). *Les idees modernes sur les enfants.* Paris: Ernest Flammarion. (Translated and reprinted from *Modern ideas about children,* by S. Heisler, Trans., 1975, Menlo Park, CA: Suzanne Heisler.)

Binet, A. (1911). Avant-propos: Le bilan de psychologie en 1910. *L'Année Psychologique, 17,* 5–11.

Binet, A., & Henri, V. (1896). La psychologie individuelle. *L'Annee Psychologique, 2,* 411–465.

Binet, A., & Simon, T. (1905). Application des methods nouvelle au diagnostic du niveau intellectual chez des enfants normaux et anormaux d'hospice et d'ecole primaire. *L'Annee Psychologique, 11,* 191–244.

Binet, A., & Simon, T. (1908). Le developpement de l'intelligence chez les enfants. *L'Annee Psychologique, 14,* 1–94.

Bland, L. C. (2012). Achievement-based conceptions of giftedness. In T. L. Cross & J. R. Cross (Eds.), *Handbook for counselors serving students with gifts & talents: Development, relationships, school issues, and counseling needs/interventions* (pp. 21–38). Waco, TX: Prufrock Press.

Bloom, B. S. (Ed.). (1985). *Developing talent in young people*. New York, NY: Ballantine Books.

Boazman, J., & Sayler, M. (2011). Early college entrance and life satisfaction. *Roeper Review, 33*, 76–85.

Bonner, F. A., II, Lewis, C. W., Bowman-Perrott, L., Hill-Jackson, V., & James, M. (2009). Definition, identification, identity, and culture: A unique alchemy impacting the success of gifted African American millennial males in school. *Journal for the Education of the Gifted, 33*, 176–202.

Boring, E. G. (1950). *A history of experimental psychology*. Englewood Cliffs, NJ: Prentice-Hall.

Borland, J. H. (1990). Leta Hollingworth's contributions to the psychology and education of the gifted. *Roeper Review, 12*, 162–166.

Borsting, E., Mitchell, G. L., Kulp, M. T., Scheiman, M., Amster, D. M., Cotter, S., . . . CITT Study Group. (2012). Improvement in academic behaviors after successful treatment of convergence insufficiency. *Optometric & Vision Science, 89*(1), 12–18.

Bouchard, T. J., Jr., & Lykken, D. T. (1999). Achievement in a sample of twins reared apart: Estimating the role of genetic and environmental influences. In N. Colangelo & S. G. Assouline (Eds.), *Talent development III: Proceedings from the 1995 Henry B. and Jocelyn Wallace national research symposium on talent development* (pp. 81–97). Scottsdale, AZ: Gifted Potential Press.

Burns, D. D. (1980, November). The perfectionist's script for self-defeat. *Psychology Today*, pp. 34–52.

Cain, S. (2012). *Quiet*. New York, NY: Crown.

Campbell, J. R., & Verna, M. A. (2007). Effective parental influence: Academic home climate linked to children's achievement. *Educational Research & Evaluation, 13*, 501–519.

Carroll, J. B. (1993). *Human cognitive abilities: A survey of factor analytic studies*. New York, NY: Cambridge University Press.

Carson, D., & Roid, G. (2004). *Acceptable use of the Stanford-Binet Form L-M: Guidelines for the professional use of the Stanford-Binet Intelligence Scale, Third Edition (Form L-M)*. Itasca, IL: Riverside.

Cayton, T. (2008, November). *Wechsler's "ability to an extraordinary degree": Extended norms on the WISC-IV*. Paper presented at the meeting of the National Association for Gifted Children, Tampa, FL.

Chan, D. W. (2005). Family environment and talent development of Chinese gifted students in Hong Kong. *Gifted Child Quarterly, 49*, 211–221.

Chan, D. W. (2007). Positive and negative perfectionism among Chinese gifted students in Hong Kong: Their relationships to general self-efficacy and subjective well-being. *Journal for the Education of the Gifted, 31*, 77–102.

Chan, D. W. (2009). Dimensionality and typology of perfectionism: The use of the Frost Multidimensional Perfectionism Scale with Chinese gifted students in Hong Kong. *Gifted Child Quarterly, 53*, 174–187.

Chan, D. W. (2010). Healthy and unhealthy perfectionists among academically gifted Chinese students in Hong Kong: Do different classification schemes make a difference? *Roeper Review, 32*, 88–97.

Chan, D. W. (2011). Characteristics and competencies of teachers of gifted learners: The Hong Kong student perspective. *Roeper Review, 33*, 160–169.

Chan, D. W. (2012). Life satisfaction, happiness, and the growth mindset of healthy and unhealthy perfectionists among Hong Kong Chinese gifted students. *Roeper Review, 34*, 224–233.

Charyton, C., Elliott, J. O., Aahman, M. A., Woodard, J. L., & DeDios, S. (2011). Gender and science: Women Nobel Laureates. *Journal of Creative Behavior, 45*(3), 203–214.

Cho, S., & Campbell, J. R. (2011). Differential influences of family processes for scientifically talented individuals' academic achievement along developmental stages. *Roeper Review, 33*, 33–45.

CITT (Convergence Insufficiency Treatment Trial) Study Group. (2008). Randomized clinical trial of treatments for symptomatic convergence insufficiency in children. *Archives of Ophthalmology, 126*, 1336–1349.

Clance, P. (1985). *The imposter phenomenon*. Atlanta, GA: Peachtree.

Clark, B. (1983). *Growing up gifted: Developing the potential of children at home and at school* (2nd ed.). Columbus, OH: Charles E. Merrill.

Colangelo, N. (2002, May). *Anti-intellectualism in universities, schools, and gifted education*. Keynote address presented at the Sixth Biennial Wallace National Research Symposium on Talent Development, University of Iowa, Iowa City, IA.

Colangelo, N., Assouline, S. G., & Gross, M. U. M. (2004). *A nation deceived: How schools hold back America's brightest students* (Vols. 1–2).

Iowa City, IA: The Connie Belin & Jacqueline N. Blank International Center for Gifted Education and Talent Development.

Colangelo, N., Assouline, S. G., & Lupkowski-Shoplik, A. E. (2004). Whole-grade acceleration. In N. Colangelo, S. G. Assouline, & M. U. M. Gross (Eds.), *A nation deceived: How schools hold back America's students* (Vol. 2, pp. 77–86). Iowa City, IA: The Connie Belin & Jacqueline N. Blank International Center for Gifted Education and Talent Development, University of Iowa.

Cole, L. C., & DellaVecchia, R. M. (1993). "Pushy and domineering": A stigma placed on parents of gifted children. *Understanding Our Gifted, 6*(1), 1, 8–10.

Coleman, L. J. (2012). Lived experience, mixed messages, and stigma. In T. L. Cross & J. R. Cross (Eds.), *Handbook for counselors serving students with gifts & talents: Development, relationships, school issues, and counseling needs/interventions* (pp. 371–392). Waco, TX: Prufrock Press.

Columbus Group. (1991, July). *Unpublished transcript of the meeting of the Columbus Group*. Columbus, OH.

Columbus Group. (2013). *Off the charts. Asynchrony and the gifted child.* Unionville, NY: Royal Fireworks Press.

Cornell, D. G. (1984). *Families of gifted children.* Ann Arbor, MI: UMI Research Press.

Cox, C. M. (1926). *Genetic studies of genius: Vol. 2. The early mental traits of three hundred eminent geniuses.* Stanford, CA: Stanford University Press.

Cross, J. R. (2012). Peer relationships. In T. L. Cross & J. R. Cross (Eds.), *Handbook for counselors serving students with gifts & talents: Development, relationships, school issues, and counseling needs/interventions* (pp. 409–425). Waco, TX: Prufrock Press.

Csikszentmihalyi, M. (1990). *Flow: The psychology of optimal experience.* New York, NY: Harper & Row.

Dabrowski, K. (1964). *Positive disintegration.* London: Little, Brown.

Dabrowski, K. (1967). *Personality-shaping through positive disintegration.* Boston, MA: Little, Brown.

Dabrowski, K. (1972). *Psychoneurosis is not an illness.* London: Gryf.

Dai, D. Y. (2009). Essential tensions surrounding the concept of giftedness. In L. V. Shavinina (Ed.), *International handbook on giftedness* (Part 1, pp. 39–80). Amsterdam: Springer Science.

Daniels, S., & Piechowski, M. M. (Eds.). (2009). *Living with intensity: Understanding the sensitivity, excitability, and emotional development of gifted children, adolescents, and adults.* Scottsdale, AZ: Great Potential Press.

Darwin, C. R. (1859). *On the origin of the species by means of natural selection, or the preservation of favoured races in the struggle for life.* London: John Murray.

Darwin, C. R. (1897). *The descent of man and selection in relation to sex* (Rev. ed.). New York, NY: D. Appleton.

Dauber, S. L., & Benbow, C. P. (1990). Aspects of personality and peer relations of extremely talented adolescents. *Gifted Child Quarterly, 34,* 10–15.

Davis, R. D. (with Braun, E. M.). (2010). *The gift of dyslexia: Why some of the smartest people can't read... and how they can learn (revised).* New York, NY: Perigee.

Delbridge-Parker, L., & Robinson, D. C. (1989). Type and academically gifted adolescents. *Journal of Psychological Type, 17,* 66–72.

Dembinski, R. J., & Mauser, A. J. (1978). Parents of the gifted: Perceptions of psychologists and teachers. *Journal for the Education of the Gifted, 1,* 5–14.

DeVries, A., & Webb, J. (2007). *Gifted parent groups: The SENG model* (2nd ed.). Scottsdale, AZ: Great Potential Press.

Dickinson, R. M. (1956). *A technique for locating and for assessing the unmet needs of gifted children in the public schools* (Unpublished doctoral dissertation). University of Denver, Denver, CO.

Dickinson, R. M. (1970). *Caring for the gifted.* North Quincy, MA: Christopher.

Dixon, S. G., Eusebio, E. C., Turton, W. J., Wright, P. W. D., & Hale, J. B. (2011). Forest Grove School District v. T.A. Supreme Court case: Implications for school psychology practice. *Journal of Psychoeducational Assessment, 29*(2), 103–113. doi: 10.1177/0734282910388598

Drews, E. (1972). *Learning together: How to foster creativity, self-fulfillment, social awareness in today's students and teachers.* Englewood Cliffs, NJ: Prentice-Hall.

DuBois, P. H. (1970). *A history of psychological testing.* Boston, MA: Allyn & Bacon.

Dweck, C. S. (1986). Motivational processes affecting learning. *American Psychologist, 41,* 1040–1048.

Dweck, C. S. (2006). *Mindset: The new psychology of success.* New York, NY: Random House.

Dweck, C. S. (2011). Giftedness: A motivational perspective. *Images: Michigan Alliance for Gifted Education Newsletter, 21*(1), 1, 3, 12–13.

Eddles-Hirsch, K., Vialle, W., McCormick, J., & Rogers, K. (2012). Insiders or outsiders: The role of social context in the peer relations of gifted students. *Roeper Review, 34,* 53–62.

Educational Policies Commission. (1950). *Education of the gifted.* Washington, DC: National Education Association.

Ehrlich, V. Z. (1986). Recognizing superior cognitive abilities in disadvantaged, minority, and other diverse populations. In J. R. Whitmore (Ed.), *Intellectual giftedness in young children: Recognition and development* (pp. 55–70). New York, NY: The Haworth Press.

Eide, B. L., & Eide, F. F. (2006). *The mislabeled child.* New York, NY: Hyperion.

Eide, B. L., & Eide, F. F. (2011). *The dyslexic advantage: Unlocking the hidden potential of the dyslexic brain.* New York, NY: Hudson Street Press.

Elementary and Secondary Educational Amendments of 1969, Provisions Related to Gifted and Talented Children, Pub. L. No. 91–230, 84 Stat. 191 (1970).

Emerick, L. J. (1992). Academic underachievement among the gifted: Students' perceptions of factors that reverse the pattern. *Gifted Child Quarterly, 36,* 140–146.

Ericsson, K. A. (2006). The influence of experience and deliberate practice on the development of superior expert performance. In K. A. Ericsson, N. Charness, P. Feltovich, & R. R. Hoffman (Eds.), *Cambridge handbook of expertise and expert performance* (pp. 685–706). Cambridge, UK: Cambridge University Press.

Ericsson, K. A., Nandagopal, K., & Roring, R. W. (2009). An expert performance approach to the study of giftedness. In L. V. Shavinina (Ed.), *International handbook on giftedness* (Part 1, pp. 129–153). Amsterdam: Springer Science.

Esquierdo, J. J., & Arreguín-Anderson, M. (2012). The "invisible" gifted and talented bilingual students: A current report on enrollment in GT programs. *Journal for the Education of the Gifted, 35,* 35–47.

Fagan, T. K. (1990). Contributions of Leta Hollingworth to school psychology. *Roeper Review, 12*(3), 157–161.

Falk, R. F. (2012). *Two factors of emotional overexcitability: Emotional sensitivity and empathy.* Unpublished data. (Available from the Institute for the Study of Advanced Development, 8120 Sheridan Boulevard, Suite C-111, Westminster, CO 80003).

Falk, R. F., & Miller, N. B. (2009). Building firm foundations: Research and assessments. In S. Daniels & M. M. Piechowski (Eds.), *Living with intensity: Understanding the sensitivity, excitability and emotional development in gifted children, adolescents and adults* (pp. 239–259). Scottsdale, AZ: Great Potential Press.

Falk, R. F., Miller, N. B., & Silverman, L. K. (2009, November). *Parents' perceptions of their gifted child's overexcitability.* Paper presented at the 56th annual convention of the National Association for Gifted Children, St. Louis, MO.

Falk, R. F., Piechowski, M. M., & Lind, S. (1994). *Criteria for rating the intensity of overexcitabilities* (Unpublished manuscript). Department of Sociology, University of Akron, Akron, OH. (Available from the Institute for the Study of Advanced Development, 8120 Sheridan Boulevard, Suite C-111, Westminster, CO 80003).

Feagans, L. (1986). Otitis media: A model for long term effects with implications for intervention. In J. Kavanaugh (Ed.), *Otitis media and child development* (pp. 192–208). Parkton, MD: York Press.

Feiring, C., Louis, B., Ukeje, I., & Lewis, M. (1997). Early identification of gifted minority kindergarten students in Newark, NJ. *Gifted Child Quarterly, 41,* 76–82.

Feldhusen, J. (1992). *Talent identification and development in education (TIDE).* Sarasota, FL: Center for Creative Learning.

Feldhusen, J. F. (1998). Identification and assessment of talented learners. In J. VanTassel-Baska (Ed.), *Excellence in educating gifted and talented learners* (3rd ed., pp. 193–210). Denver, CO: Love.

Feldhusen, J. F., & Kroll, M. D. (1985). Parent perceptions of gifted children's educational needs. *Roeper Review, 7*(4), 249–252.

Feldman, D. H. (1984). A follow-up of subjects scoring above 180 IQ in Terman's "Genetic Studies of Genius." *Exceptional Children, 50,* 518–523.

Feldman, D. H. (with Goldsmith, L. T.). (1986). *Nature's gambit: Child prodigies and the development of human potential.* New York, NY: Basic Books.

Feldman, D. H. (1992). Has there been a paradigm shift in gifted education? In N. Colangelo, S. G. Assouline, & D. L. Ambroson (Eds.), *Talent development: Proceedings from the 1991 Henry B. and Jocelyn Wallace National Research Symposium on Talent Development* (pp. 89–94). Unionville, NY: Trillium.

Fiedler, E. (2012). You don't outgrow it! Giftedness across the lifespan. *Advanced Development, 13,* 23–41.

Fisher, K. (1990, April). Interaction with infants is linked to later abilities. *The APA Monitor*, p. 10.

Flanagan, D. P., & Kaufman, A. S. (2004). *Essentials of WISC-IV assessment*. Hoboken, NJ: John Wiley.

Foley Nicpon, M., Allman, A., Siek, B., & Stinson, R. D. (2011). Empirical investigation of twice-exceptionality: Where have we been and where are we going? *Gifted Child Quarterly, 55,* 3–17.

Ford, D., Moore, J. L., & Scott, M. T. (2011). Key theories and frameworks for improving the recruitment and retention of African American students in gifted education. *Journal of Negro Education, 80,* 239–253.

Frank, J. (2006). *Portrait of an inspirational teacher of the gifted* (Unpublished doctoral dissertation). University of Calgary, Calgary, AL.

French, L. R., Walker, C. L., & Shore, B. (2011). Do gifted students really prefer to work alone? *Roeper Review, 33,* 145–159.

Friedrichs, T. P. (2012). Counseling gifted GLBT students along paths to freedom. In T. L. Cross & J. R. Cross (Eds.), *Handbook for counselors serving students with gifts & talents: Development, relationships, school issues, and counseling needs/interventions* (pp. 153–177). Waco, TX: Prufrock Press.

Gagné, F. (1985). Giftedness and talent: Reexamining a reexamination of the definitions. *Gifted Child Quarterly, 29,* 103–112.

Gagné, F. (2012). Differentiated model of giftedness and talent. In T. L. Cross & J. R. Cross (Eds.), *Handbook for counselors serving students with gifts & talents: Development, relationships, school issues, and counseling needs/interventions* (pp. 3–19). Waco, TX: Prufrock Press.

Gallagher, J. J. (1979). Issues in education of the gifted. In A. H. Passow (Ed.), *The gifted and the talented: Their education and development* (pp. 28–44). The 78th Yearbook of the National Society for the Study of Education, Part I. Chicago, IL: University of Chicago Press.

Gallagher, J. J. (2000). Unthinkable thoughts: Education of gifted students. *Gifted Child Quarterly, 44,* 5–12.

Gallagher, J. J. (2004). No child left behind and gifted education. *Roeper Review, 26,* 121–123.

Gallagher, J., & Moss, J. (1963). New concepts of intelligence and their effect on exceptional children. *Exceptional Children, 30*(1), 1–5.

Gallagher, S. A. (1990). Personality patterns of the gifted. *Understanding Our Gifted, 3*(1), 1, 11–13.

Galton, F. (1869). *Hereditary genius: An inquiry into its causes and consequences.* London: Macmillan.

Galton, F. (1883). *Inquiries into human faculty and its development.* New York, NY: Macmillan.

Gardner, H. G. (1983). *Frames of mind: A theory of multiple intelligences.* New York, NY: Basic Books.

Gardner, J. W. (1961). *Excellence: Can we be equal and excellent, too?* New York, NY: Harper & Row.

Garn, A. C., Matthews, M. S., & Jolly, J. L. (2010). Parental influences on the academic motivation of gifted students: A self-determination theory perspective. *Gifted Child Quarterly, 54,* 263–272.

Garrett, T., Antrop-Gonzalez, R., & Velez, W. (2010). Examining the success factors of high-achieving Puerto Rican male high-school students. *Roeper Review, 32,* 106–115.

Garrison, C. G., Burke, A., & Hollingworth, L. S. (1917). The psychology of a prodigious child. *Journal of Applied Psychology, 1,* 101–110.

Gaunt, R. I. (1989). *A comparison of the perceptions of parents of highly and moderately gifted children* (Unpublished doctoral dissertation). Kent State University, Kent, OH.

Geake, J. G., & Gross, M. U. M. (2008). Teachers' negative affect toward academically gifted students: An evolutionary psychological study. *Gifted Child Quarterly, 52,* 217–231.

Gentry, M., Steenbergen-Hu, S., & Choi, B. -Y. (2011). Student-identified exemplary teachers: Insights from talented teachers. *Gifted Child Quarterly, 55,* 111–125.

George, P. (1988). Tracking and ability grouping. *Middle School Journal, 20*(1), 21–28.

George, P. (1992). *How to untrack your school.* Alexandria, VA: Association for Supervision and Curriculum Development.

Gifted and Talented Children's Education Act. Pub. L. No. 95–561, 20 U.S.C. 3312 § 902 (1978).

Gilger, J. W., & Hynd, G. W. (2008). Neurodevelopmental variation as a framework for thinking about the twice exceptional. *Roeper Review, 30,* 214–228.

Gilman, B. J. (2008a). *Academic advocacy for gifted children: A parent's complete guide.* Scottsdale, AZ: Great Potential Press.

Gilman, B. J. (2008b). *Challenging highly gifted learners.* Waco, TX: Prufrock Press.

Gilman, B. J., Robinson, N., Kearney, K., Wasserman, J. D., & Silverman, L. K. (2010, November). *Exploring ideal elements of tests of ability for gifted students*. Paper presented as a signature session at the 57th annual convention of the National Association for Gifted Children, Atlanta, GA. (Available from www.gifteddevelopment.com/PDF_files/NAGC%25202010%2520Handout%2520Exploring%2520Ideal%2520Elements%2520of%2520Tests%2520of%2520Ability.pdf).

Gladwell, M. (2008). *Outliers: The story of success*. New York, NY: Little, Brown.

Goertzel, T. G., & Hansen, A. (2004). *Cradles of eminence: Childhoods of more than 700 famous men and women* (2nd ed.). Scottsdale, AZ: Great Potential Press.

Gogel, E. M., McCumsey, J., & Hewett, G. (1985). What parents are saying. *G/C/T, Issue 41*, 7-9.

Goleman, D. (1995). *Emotional intelligence: Why it can matter more than IQ*. New York, NY: Bantam Books.

Goodwin, C. B., & Gustavson, M. (2010, September). The bow tie: A conceptual model for understanding the educational needs of the twice-exceptional (2e) child. *Parenting for High Potential*, 21-24. Retrieved from http://issuu.com/jmlawler13/docs/php_sept10_1

Goodwin, C. B., & Gustavson, M. (2011). *Making the choice: When typical school doesn't fit your atypical child*. Ashland, OR: GHF Press.

Goodwin, C. B., & Gustavson, M. (2012). Education outside of the box: Homeschooling your gifted or twice-exceptional child. *Understanding Our Gifted, 24*(4), 8-11. Retrieved from www.our-gifted.com/

Goss, D. A., Downing, D. B., Lowther, A. H., Horner, D. G., Blemker, M., Donaldson, L., Malsom, T., Gray, K. H. (2007). The effect of HTS [home therapy system] vision therapy conducted in a school setting on reading skills in third and fourth grade students. *Optometry & Vision Development, 38*(1), 27-32.

Gottfredson, L. S. (2003). The science and politics of intelligence in gifted education. In N. Colangelo & G. A. Davis (Eds.), *Handbook of gifted education* (3rd ed., pp. 24–40). Boston: Allyn & Bacon.

Gottfredson, L. S. (2005). Implications of cognitive differences for schooling within diverse societies. In C. L. Frisby & C. R. Reynolds

(Eds.), *Comprehensive handbook of multicultural school psychology* (pp. 517–554). New York, NY: Wiley.

Gottfredson, L. S. (2011). Intelligence and social inequality: Why the biological link? In T. Chamorro-Premuzic, A. Furnham, & S. von Stumm (Eds.), *Handbook of individual differences* (pp. 538–575). Wiley-Blackwell.

Gottfried, A. W., Gottfried, A. E., Bathurst, K., & Guerin, D. W. (1994). *Gifted IQ. Early developmental aspects: The Fullerton longitudinal study*. New York, NY: Plenum Press.

Gottfried, A. W., Gottfried, A. E., & Guerin, D. W. (2006). The Fullerton Longitudinal Study: A long-term investigation of intellectual and motivational giftedness. *Journal for the Education of the Gifted, 29*, 430–450.

Gowan, J. C. (1977). Background and history of the gifted-child movement. In J. C. Stanley, W. C. George, & C. H. Solano (Eds.), *The gifted and the creative: A fifty-year perspective* (pp. 5–27). Baltimore, MD: The Johns Hopkins University Press.

Gowan, J. C. (1980). Issues on the guidance of gifted and creative children. In J. C. Gowan, G. D. Demos, & C. J. Kokaska (Eds.), *The guidance of exceptional children* (2nd ed., pp. 66–70). New York, NY: Longman.

Grant, B., & Piechowski, M. M. (1999). Theories and the good: Toward a child-centered gifted education. *Gifted Child Quarterly, 43*, 4–12.

Grantham, T. C. (2011). New directions for gifted Black males suffering from bystander effects: A call for upstanders. *Roeper Review, 33*, 263–272.

Gray, T. (1751/1949). Elegy written in a country churchyard. In W. H. Davenport, L. C. Wimberly, & H. Shaw (Eds.), *Dominant types in British and American literature, Volume 1. Poetry and drama* (pp. 250–252). New York, NY: Harper.

Greenspon, T. S. (2012). Perfectionism: A counselor's role in a recovery process. In T. L. Cross & J. R. Cross (Eds.), *Handbook for counselors serving students with gifts & talents: Development, relationships, school issues, and counseling needs/interventions* (pp. 597–613). Waco, TX: Prufrock Press.

Grobman, J. (2009). A psychodynamic psychotherapy approach to the emotional problems of exceptionally and profoundly gifted adolescents and adults. *Journal for the Education of the Gifted, 33*, 106–125.

Gross, M. U. M. (1998). The "me" behind the mask: Intellectually gifted students and the search for identity. *Roeper Review, 20,* 167–174.

Gross, M. U. M. (2004). *Exceptionally gifted children* (2nd ed.). London: Routledge Falmer.

Gross, M. U. M. (2006). Exceptionally gifted children: Long-term outcomes of academic acceleration and non-acceleration. *Journal for the Education of the Gifted, 29,* 404–429.

Gross, M. U. M. (2009). Highly gifted young people: Development from childhood to adulthood. In L. V. Shavinina (Ed.), *International handbook on giftedness* (Part 1, pp. 337–351). Amsterdam: Springer Science.

Haas, S. (2011, December). *The Visual-Spatial Identifier. Gifted Development Center Newsletter.* Available from www.gifteddevelopment.com

Hafenstein, N. L., & Honeck, E. (Eds.). (2011). *Greatest potential, greatest need: Soaring beyond expectations. Conference proceedings and selected articles focusing on the highly gifted.* Denver, CO: The Institute for the Development of Gifted Education, University of Denver.

Hamachek, D. E. (1978). Psychodynamics of normal and neurotic perfectionism. *Psychology, 15,* 27–33.

Harris, B., Plucker, J. A., Rapp, K. E., & Martinez, R. S. (2009). Identifying gifted and talented English language learners: A case study. *Journal for the Education of the Gifted, 32,* 368–393.

Harrison, C. (2004). Giftedness in early childhood: The search for complexity and connection. *Roeper Review, 26,* 78–84.

Harvey, S., & Seeley, K. (1984). An investigation of the relationships among intellectual and creative abilities, extracurricular activities, achievement, and giftedness in a delinquent population. *Gifted Child Quarterly, 28,* 73–79.

Hebert, T. P. (2011). *Understanding the social and emotional lives of gifted students.* Waco, TX: Prufrock Press.

Hebert, T. P., Pagnani, A. R., & Hammond, D. R. (2009). Paternal influence on high-achieving gifted males. *Journal for the Education of the Gifted, 33,* 241–274.

Henderson, L. M., & Ebner, F. F. (1997). The biological basis for early intervention with gifted children. *Peabody Journal of Education, 72*(3 & 4), 59–80.

Hermann, K. M., & Lawrence, C. (2012). Family relationships. In T. L. Cross & J. R. Cross (Eds.), *Handbook for counselors serving students with gifts & talents: Development, relationships, school issues, and counseling needs/interventions* (pp. 393–407). Waco, TX: Prufrock Press.

Hewitt, P. L., & Flett, G. L. (1991). Dimensions of perfectionism in unipolar depression. *Journal of Abnormal Psychology, 100*, 98-101.

Hildreth, G. H. (1966). *Introduction to the gifted*. New York, NY: McGraw-Hill.

Hirsch, N. D. M. (1931). *Genius and creative intelligence*. Cambridge, MA: Sci-Art.

Hoagies' Gifted Education Page. *Psychologists familiar with testing the gifted and exceptionally gifted*. Retrieved October 14, 2012, from www.hoagiesgifted.org/psychologists.htm

Hoehn, L., & Bireley, M. K. (1988). Mental processing preferences of gifted children. *Illinois Council for the Gifted Journal, 7*, 28-31.

Hollingworth, L. S. (1913). The frequency of amentia as related to sex. *Medical Record, 84*, 753-756.

Hollingworth, L. S. (1923). *Special talents and defects*. New York, NY: Macmillan.

Hollingworth, L. S. (1926). *Gifted children: Their nature and nurture*. New York, NY: Macmillan.

Hollingworth, L. S. (1930). Personality development of special class children. *University of Pennsylvania Bulletin: Seventeenth Annual Schoolmen's Week Proceedings, 30*, 442-446.

Hollingworth, L. S. (1931). The child of very superior intelligence as a special problem of social adjustment. *Mental Hygiene, 15*(1), 3-16.

Hollingworth, L. S. (1932). Who is the gifted pupil? *University of Pennsylvania Bulletin, Nineteenth Annual Schoolmen's Week Proceedings, 30*, 239-246.

Hollingworth, L. S. (1939). What we know about the early selection and training of leaders. *Teachers College Record, 40*, 575-592.

Hollingworth, L. S. (1942). *Children above 180 IQ Stanford-Binet: Origin and development*. Yonkers-on-Hudson, NY: World Book.

Howley, A., & Howley, C. (2012). Counseling the rural gifted. In T. L. Cross & J. R. Cross (Eds.), *Handbook for counselors serving students with gifts & talents: Development, relationships, school issues, and counseling needs/interventions* (pp. 121-136). Waco, TX: Prufrock Press.

Hubbard, E. T., & Whitley, C. T. (Eds.). (2012). *Trans-Kin: A guide for family and friends of transgender people*. Boulder, CO: Bolder Press.

Individuals with Disabilities Education Improvement Act of 2004, Pub. L. No. 108-446, 20 U.S.C. § 1401, 118 Stat. 2657 (2004).

Jackson, P. S., & Moyle, V. F. (2009). Inner awakening, outward journey: The intense gifted child in adolescence. In S. Daniels & M. M. Piechowski (Eds.), *Living with intensity: Understanding the sensitivity, excitability, and emotional development of gifted children, adolescents, and adults* (pp. 57–71). Scottsdale, AZ: Great Potential Press.

Jackson, P. S., Moyle, V. F., & Piechowski, M. M. (2009). Emotional life and psychotherapy of the gifted in light of Dabrowski's theory. In L. V. Shavinina (Ed.), *International handbook on giftedness* (Part 1, pp. 437–465). Amsterdam: Springer Science.

Jackson, P. S., & Peterson, J. (2003). Depressive disorder in highly gifted adolescents. *Journal of Secondary Gifted Education, 14*, 175–189.

Jensen, A. R. (1980). *Bias in mental testing.* New York, NY: The Free Press.

Johnson, W., Nijenhuis, J. T., & Bouchard, T. J., Jr. (2008). Still just 1 g: Consistent results from five test batteries. *Intelligence, 36*, 81–95.

Jones, E. D., & Southern, W. T. (1991). Objections to early entrance and grade skipping. In W. T. Southern & E. D. Jones (Eds.), *The academic acceleration of gifted children* (pp. 51–73). New York, NY: Teachers College Press.

Jung, C. G. (1923/1938). *Psychological types or the psychology of individuation* (H. G. Baynes, Trans.). London: Kegan Paul, Trench, Trubner.

Jung, J. Y., McCormick, J., & Gross, M. U. M. (2012). The forced choice dilemma: A model incorporating idiocentric/allocentric cultural orientation. *Gifted Child Quarterly, 56*, 15–24.

Kagan, J. (1998). *Galen's prophecy.* New York, NY: Basic Books.

Kagan, J., & Snidman, N. (2004). *The long shadow of temperament.* Cambridge, MA: Harvard University Press.

Kalbfleisch, M. L. (2009). The neural plasticity of giftedness. In L. V. Shavinina (Ed.), *International handbook on giftedness* (Part 1, pp. 275–293). Amsterdam: Springer Science.

Kane, M., & Fiedler, E. (2011). Into the stratosphere: Providing curriculum for highly, exceptionally, and profoundly gifted students. In N. L. Hafenstein & E. Honeck (Eds.), *Greatest potential, greatest need: Soaring beyond expectations. Conference proceedings and selected articles focusing on the highly gifted* (pp. 71–114). Denver, CO: The Institute for the Development of Gifted Education, University of Denver.

Kanevsky, L. K. (1994). A comparative study of children's learning in the zone of proximal development. *European Journal of High Ability, 5*(2), 163–175.

Kanevsky, L. (2011). Deferential differentiation: What types of differentiation do students want? *Gifted Child Quarterly, 55*, 279–299.

Kaufman, A. S. (1992). Evaluation of the WISC-III and WPPSI-R for gifted children. *Roeper Review, 14*, 154–158.

Kaufman, A. S. (1994a). *Intelligent testing with the WISC-III.* New York, NY: John Wiley.

Kaufman, A. S. (1994b). A reply to Macmann and Barnett: Lessons from the blind men and the elephant. *School Psychology Quarterly, 9*, 199–207.

Kaufman, A. S. (2009). *IQ testing 101.* New York, NY: Springer.

Kaufman, J. C. (2009). *Creativity 101.* New York, NY: Springer.

Kaufmann, F. A., & Sexton, D. (1983). Some implications for home-school linkages. *Roeper Review, 6*, 49–51.

Kay, K., Robson, D., & Brenneman, J. F. (Eds.). (2007). *High IQ kids: Collected insights, information and personal stories from the experts.* Minneapolis, MN: Free Spirit.

Kearney, K. (1992). Life in the asynchronous family. *Understanding Our Gifted, 4*(6), 1, 8–12.

Kearney, K. (2009, November). *Move over, Galton! Hidden, surprising 19th century sources regarding conceptions of giftedness.* Presented at the National Association for Gifted Children 56th Annual Convention, St. Louis, MO. [Available from author.]

Kearney, K. (2011, March). *Homeschooling gifted children.* Presented at the Homeschoolers of Maine 21st Annual Convention, Rockland, ME.

Kearney, K., & LeBlanc, J. (1993). Forgotten pioneers in the study of gifted African-Americans. *Roeper Review, 15*, 192–199.

Kennedy, D. M., & Banks, R. S. (with Grandin, T.) (2011). *Bright not broken: Gifted kids, ADHD, and autism.* San Francisco, CA: Jossey-Bass.

Kerr, B. A. (1990). Leta Hollingworth's legacy to counseling and guidance. *Roeper Review, 12*(3), 178–181.

Kerr, B. A. (1991). *A handbook for counseling the gifted and talented.* Alexandria, VA: American Association for Counseling and Development.

Kerr, B. A. (1994). *Smart girls two.* Dayton, OH: Ohio Psychology Press.

Kerr, B. A. (Ed.). (2010). *The encyclopedia of giftedness, creativity and talent.* Thousand Oaks, CA: Sage.

Kerr, B. A. (2012). Developmental issues for gifted and creative girls: Milestones and danger zones. In T. L. Cross & J. R. Cross (Eds.), *Handbook for counselors serving students with gifts & talents: Development, relationships, school issues, and counseling needs/interventions* (pp. 315–331). Waco, TX: Prufrock Press.

Kipfer, B. A. (2010). *Roget's international thersaurus* (7th ed., Rev., Updated). New York, NY: Harper Collins.

Kitano, M. (2012). Social-emotional needs of gifted students of color. In T. L. Cross & J. R. Cross (Eds.), *Handbook for counselors serving students with gifts & talents: Development, relationships, school issues, and counseling needs/interventions* (pp. 209–225). Waco, TX: Prufrock Press.

Kuipers, W. (2010). *Enjoying the gift of being uncommon: Extra intelligent, intense, and effective.* Zoetermeer, the Netherlands: Free Musketeers.

Kulieke, M. J., & Olszewski-Kubilius, P. (1989). The influence of family values and climate on the development of talent. In J. VanTassel-Baska & P. Olszewski-Kubilius (Eds.), *Patterns of influence on gifted learners: The home, the self, and the school* (pp. 40–59). New York, NY: Teachers College Press.

Kuo, Y. -L., & Lohman, D. F. (2011). The timing of grade skipping. *Journal for the Education of the Gifted, 34,* 731–741.

Latz, A. O., & Adams, C. M. (2011). Critical differentiation and the twice oppressed: Social class and giftedness. *Journal for the Education of the Gifted, 34,* 773–789.

Lawrence, B. K. (2009). Rural gifted education: A comprehensive literature review. *Journal for the Education of the Gifted, 32,* 461–494.

Lee, S. -Y., Matthews, M. S., & Olszewski-Kubilius, P. (2008). A national picture of talent search and talent search educational programs. *Gifted Child Quarterly, 52,* 55–69.

Lee, S. -Y., Olszewski-Kubilius, P., & Peternel, G. (2010). Achievement after participation in a preparatory program for verbally talented students. *Roeper Review, 32,* 150–163.

Lefrancois, G. R. (1981). *Adolescence* (2nd ed.). Belmont, CA: Wadsworth.

LeGuin, U. K. (1976). *Very far away from anywhere else.* New York, NY: Bantam.

Lehrer, J. (2012). *Imagine: How creativity works.* Boston, MA: Houghton Mifflin Harcourt.

Leman, K. (1984). *The birth order book: Why you are the way you are.* Old Tappan, NJ: Fleming H. Revell.

Leviton, L. P. (1995). Blossoms in Satir's garden: Lynne Azpeitia's work with gifted adults. In L. K. Silverman (Ed.), *Advanced development: A collection of works on giftedness in adults* (pp. 127–146). Denver, CO: Institute for the Study of Advanced Development.

Leviton, L. P. (2011, May). Gotta dance. *Gifted Development Center Newsletter*. Retrieved from www.gifteddevelopment.com

Leviton, L. P. (in press). *Peace within, peace between: Powerfully transforming relationships using Satir practices*. Palo Alto, CA: Science and Behavior Books.

Lewis, B. A. (1998). *The kids' guide to social action: How to solve the social problems you choose—and turn creative thinking into positive action* (2nd ed.). Minneapolis, MN: Free Spirit.

Lewis, M., & Louis, B. (1991). Young gifted children. In N. Colangelo & G. A. Davis (Eds.), *Handbook of gifted education* (pp. 365–381). Boston, MA: Allyn & Bacon.

Lips, H. M. (2005). *Sex and gender: An introduction* (5th ed.). Boston, MA: McGraw-Hill.

Livingston, A., & Nachazal, T. (Eds.) (with Planty, M., Hussar, W., Snyder, T., Kena, G., Kewal Romani, A., Kemp, J., ... Ferguson, K.). (2009, June). *The condition of education, 2009*. Report number NCES 2009–081. Washington, DC: US Department of Education, National Center for Education Statistics, Institute of Education Sciences.

Lombroso, C. (1888/1905). *L'uomo di genio in rapporto alla psichiatria, alla storia, ed al estetica* [The man of genius (2nd ed.). New York, NY: Robert Scott]. Torino: Fratelli Bocca.

Louis, B. (1993). How parents identify giftedness in young children. *Understanding Our Gifted, 5*(5), 1, 7–10.

Louis, B., & Lewis, M. (1992). Parental beliefs about giftedness in young children and their relation to actual ability level. *Gifted Child Quarterly, 36*, 27–31.

Lovecky, D. V. (1986). Can you hear the flowers singing? *Journal of Counseling and Development, 64*, 572–575.

Lovecky, D. V. (1990/1995). Warts and rainbows: Issues in the psychotherapy of the gifted. In L. K. Silverman (Ed.), *Advanced development: A collection of works on giftedness in adults* (pp. 107–125). Denver, CO: Institute for the Study of Advanced Development. (Reprinted from *Advanced Development*, 1990, 2, 65–83.)

Lovecky, D. V. (1991). The divergently thinking child. *Understanding Our Gifted, 4*(4), 3–4.

Lovecky, D. V. (1994). Exceptionally gifted children: Different minds. *Roeper Review, 17,* 116–120.

Lovecky, D. V. (2004). *Different minds: Gifted children with AD/HD, Asperger syndrome, and other learning deficits.* London: Jessica Kinglsey.

Lovecky, D. V. (2009). Moral sensitivity in young gifted children. In D. Ambrose & T. Cross (Eds.), *Morality, ethics and gifted minds* (pp. 161–176). New York, NY: Springer Science.

Lovecky, D. V. (2011). Friendship and the gifted. In N. Hafenstein & E. Honeck (Eds.), *Greatest potential, greatest need: Soaring beyond expectations. Conference proceedings and selected articles focusing on the highly gifted* (pp. 142–176). Denver, CO: The Institute for the Development of Gifted Education, University of Denver.

Lovecky, D. V., Kearney, K., Falk, R. F., & Gilman, B. J. (2005, August). *A comparison of the Stanford-Binet 5 and the Stanford-Binet Form L-M in the assessment of gifted children.* Paper presented at the 16th biennial conference of the World Council for Gifted and Talented Children, New Orleans, LA.

Lovett, B. J., & Lewandowski, L. J. (2006). Gifted students with learning disabilities? Who are they? *Journal of Learning Disabilities, 39,* 515–585.

Lubin, B., Wallis, R. R., & Paine, C. (1971). Patterns of psychological test usage in the United States: 1935 – 1969. *Professional Psychology, 2,* 70–74.

Luther, M. (1533/1967). *Table talk: To Conrad Cordatus, Feb./Mar., 1533* (T. G. Tappert, Trans.). In J. Pelikan & H. T. Lehmann (Eds.), *Luther's works, Vol. 54.* Philadelphia, PA: Fortress Press.

MacKinnon, D. W. (1962). The nature and nurture of creative talent. *American Psychologist, 17,* 484–495.

Mahoney, A. S. (1998). In search of the gifted identity: From abstract concept to workable counseling constructs. *Roeper Review, 20,* 222–226.

Maker, C. J. (1986). Qualitatively different: Is it a key concept in defining giftedness? In C. J. Maker (Ed.), *Critical issues in gifted education: Defensible programs for the gifted* (pp. 1–4). Austin, TX: Pro-Ed.

Marland, S. P., Jr. (1971/1972). *Education of the gifted and talented: Report to the Congress of the United States by the U.S. Commissioner of Education, Volume 1*. Pursuant to Public Law 91-230, Section 806. Washington, DC: U.S. Government Printing Office.

Martin, L. T., Burns, R. M., & Schonlau, M. (2010). Mental disorders among gifted and nongifted youth: A selected review of epidemiologic literature. *Gifted Child Quarterly, 54*, 31-41.

Martinson, R. A. (1974). *The identification of the gifted and talented*. Ventura, CA: Office of the Ventura County Superintendent of Schools.

Maslow, A. H. (1962). *Toward a psychology of being*. Princeton, NJ: D. Van Nostrand.

Maslow, A. H. (1971). *The farther reaches of human nature*. New York, NY: Viking Press.

Matthews, M. A. (2009). Gifted learners who drop out: Prevalence and prevention. In L. V. Shavinina (Ed.), *International handbook on giftedness* (Part 1, pp. 527-536). Amsterdam: Springer Science.

Matthews, M. S., & Kirsch, L. (2011). Evaluating gifted identification practice: Aptitude testing and linguistically diverse children. *Journal of Applied School Psychology, 27*, 155-180.

Maxwell, E. (1995). The changing developmental needs of the gifted: Birth to maturity. In J. L. Genshaft, M. Bireley, & C. L. Hollinger (Eds.), *Serving gifted and talented students: A resource for school personnel* (pp. 17-30). Austin, TX: Pro-Ed.

May, K. M. (2000). Gifted children and their families. *The Family Journal, 8*, 58-60.

McBee, M. (2010). Examining the probability of identification for gifted programs in Georgia elementary schools: A multilevel path analysis study. *Gifted Child Quarterly, 54*, 283-297.

McCoach, D. B., & Siegle, D. (2007). What predicts teachers' attitudes toward the gifted? *Gifted Child Quarterly, 51*, 246-255.

McDermott, P. A., Fantuzzo, J. W., & Glutting, J. J. (1990). Just say no to subtest analysis: A critique on Wechsler theory and practice. *Journal of Psychoeducational Assessment, 8*, 290-302.

McGuffog, C., Feiring, C., & Lewis, M. (1987). The diverse profile of the extremely gifted child. *Roeper Review, 10*(2), 82-88.

McKenzie, R. G. (2010). The insufficiency of response to intervention in identifying gifted students with learning disabilities. *Learning Disabilities Research & Practice, 25*(3), 161-168.

Meckstroth, E. (1989). On testing. *Understanding Our Gifted, 1*(5), 4.

Meckstroth, E. (1991). Guiding the parents of gifted children: The role of counselors and teachers. In R. M. Milgram (Ed.), *Counseling gifted and talented children: A guide for teachers, counselors, and parents* (pp. 95–120). Norwood, NJ: Ablex.

Meeker, M. N., Meeker, R. J., & Roid, G. H. (1985). *Structure of Intellect Learning Abilities Test (SOI-LA) manual.* Los Angeles, CA: Western Psychological Services.

Mendaglio, S. (2008). *Dabrowski's theory of positive disintegration.* Scottsdale, AZ: Great Potential Press.

Merrill, J. (2012). *If this is a gift, can I send it back? Surviving in the land of the gifted and twice exceptional.* Ashland, OR: GHF Press.

Mika, E. (2006). Giftedness, ADHD, and overexcitabilities: The possibilities of misinformation. *Roeper Review, 28,* 238–242.

Miller, A. L., & Speirs Neumeister, K. L. (2012). Multiple variables for predicting creativity in high ability adults. *Advanced Development, 13,* 84–102.

Montague, H., & Hollingworth, L. S. (1914). The comparative variability of the sexes at birth. *The American Journal of Sociology, 20,* 335–370.

Moon, S. M. (2003). Counseling families. In N. Colangelo & G. A. Davis (Eds.), *Handbook of gifted education* (3rd ed., pp. 388–402). Boston, MA: Allyn & Bacon.

Mooney, J. (2007). *The short bus: A journey beyond normal.* New York, NY: Henry Holt.

Morawska, A., & Sanders, M. R. (2009). Parenting gifted and talented children: Conceptual and empirical foundations. *Gifted Child Quarterly, 55,* 163–173.

Morrison, W. F., & Rizza, M. G. (2007). Creating a toolkit for identifying twice-exceptional students. *Journal for the Education of the Gifted, 31,* 57–76.

Morrissey, A. -M., & Brown, P. M. (2009). Mother and toddler activity in the zone of proximal development for pretend play as a predictor of higher child IQ. *Gifted Child Quarterly, 53,* 106–120.

Mrazik, M., & Dombrowski, S. C. (2010). The neurobiological foundations of giftedness. *Roeper Review, 32,* 224–234.

Mudrak, J. (2011). 'He was born that way': Parental constructions of giftedness. *High Ability Studies, 22,* 199–217.

Munger, A. (1990). The parent's role in counseling the gifted: The balance between home and school. In J. VanTassel-Baska (Ed.),

A practical guide to counseling the gifted in a school setting (2nd ed., pp. 57–65). Reston, VA: The Council for Exceptional Children.

Myers, I. B., & McCaulley, M. H. (1985). *Manual: A guide to the development and use of the Myers-Briggs Type Indicator.* Palo Alto, CA: Consulting Psychologists Press.

National Aeronautics and Space Administration [NASA]. (2012, May 22). *Coaching.* Retrieved August 19, 2012, from http://ohcm.ndc. nasa.gov/career/csa5.htm

National Association for Gifted Children. (2008, January). *Use of the WISC-IV for gifted identification.* Retrieved January 23, 2008, from www.nagc.org/index.aspx?id=375

National Association for Gifted Children. (2011a). *Redefining giftedness for a new century: Shifting the paradigm.* Retrieved January 25, 2012, from www.nagc.org/index.aspx?id=6404

National Association for Gifted Children. (2011b). *What is giftedness? Other definitions from the field.* Retrieved January 2, 2011, from www.nagc.org/index.aspx?id=574

National Association for Gifted Children Britain. (2007). *Giftedness and high ability: Definitions of giftedness.* Retrieved January 17, 2007, from www.nagcbritain.org.uk/giftedness/definitions.html

National Research Council. (2002). *Minority students in special and gifted education* (Committee on minority representation in special education, M. S. Donovan & C. T. Cross, Eds.). Washington, DC: National Academy Press.

Neihart, M. (2007). The socioaffective impact of acceleration and ability grouping: Recommendations for best practice. *Gifted Child Quarterly, 51,* 330–341.

Neihart, M., Reis, S. M., Robinson, N. M., & Moon, S. M. (Eds.). (2002). *The social and emotional development of gifted children. What do we know?* Waco, TX: Prufrock Press.

Neumann, L. C. (2009). Twice exceptional. In B. Kerr (Ed.), *Encyclopedia of giftedness, creativity, and talent* (Vol. 2, pp. 906–910). Thousand Oaks, CA: Sage.

Newland, T. E. (1976). *The gifted in socio-educational perspective.* Englewood Cliffs, NJ: Prentice-Hall.

Nisbet, J. F. (1893). *The insanity of genius and the general inequality of human faculty physiologically considered.* London: Ward & Downey.

No Child Left Behind Act of 2001, 20 U.S.C. 70 §6301 et seq. (2002).

Office of Educational Research and Improvement [OERI]. (1993). *National excellence: A case for developing America's talent.* Washington, DC: U. S. Government Printing Office.

Olsen Laney, M. (2002). *The introvert advantage: How to thrive in an extrovert world.* New York, NY: Workman.

Panter, B. (2009). *Creativity & madness—Psychological studies of art and artists* (Vol. 2). Los Angeles, CA: AIMED Press.

Paolini, C. (2003). *Eragon: Inheritance Book One.* New York, NY: Alfred A. Knopf.

Parker, W. D. (1997). An empirical typology of perfectionism in academically talented children. *American Educational Research Journal, 34,* 545–562.

Parker, W. D. (2000). Healthy perfectionism in the gifted. *The Journal of Secondary Gifted Education, 11,* 173–182.

Parker, W. D., & Stumpf, H. (1995). An examination of the Multidimensional Perfectionism Scale with a sample of academically talented children. *Journal of Psychoeducational Assessment, 13,* 372–383.

Parkinson, M. L. (1990). Finding and serving gifted preschoolers. *Understanding Our Gifted, 2*(5), 1, 10–13.

Pearson, K. (1914). *The life, letters and labours of Francis Galton* (Vol. 1). Cambridge: University Press.

Perrone-McGovern, K. M., Boo, J. N., & Vannatter, A. (2012). Marital and life satisfaction among gifted adults. *Roeper Review, 34,* 46–52.

Persson, R. S. (2009). The unwanted gifted and talented: A sociobiological perspective of the societal functions of giftedness. In L. V. Shavinina (Ed.), *The international handbook of giftedness* (Part 2, pp. 913–924). Amsterdam: Springer Science.

Peter, R., & Stern, W. (1922). *Die auslese befahigter Volksschuler in Hamburg.* Leipzig: Barth.

Peterson, J., & Ray, K. (2006). Bullying among the gifted: The subjective experience. *Gifted Child Quarterly, 50,* 252–269.

Pfeiffer, S. (2003). Challenges and opportunities for students who are gifted: What the experts say. *Gifted Child Quarterly, 47,* 161–169.

Piechowski, M. M. (1991a). Emotional development and emotional giftedness. In N. Colangelo & G. A. Davis (Eds.), *Handbook of gifted education* (pp. 285–306). Boston, MA: Allyn & Bacon.

Piechowski, M. M. (1991b). Giftedness for all seasons: Inner peace in a time of war. In N. Colangelo, S. G. Assouline, & D. L. Ambroson

(Eds.), *Talent development* (pp. 180–203). Proceedings of the Henry B. and Jocelyn Wallace National Research Symposium on Talent Development. Unionville, NY: Trillium Press.

Piechowski, M. M. (2006). *"Mellow out," they say. If I only could. Intensities and sensitivities of the young and bright.* Madison, WI: Yunasa Books.

Piirto, J. (2009). Eminent women. In B. Kerr (Ed.), *Encyclopedia of giftedness, creativity, and talent* (Vol. 1, pp. 314–318). Thousand Oaks, CA: Sage.

Piirto, J., & Fraas, J. (2012). A mixed-methods comparison of vocational and identified-gifted high school students on the Overexcitability Questionnaire. *Journal for the Education of the Gifted, 35,* 3–34.

Plato. (n.d./1944). *The republic* (B. Jowett, Trans.). New York, NY: The Heritage Press.

Plomin, R., & Asbury, K. (2005). Nature and nurture: Genetic and environmental influences on behavior. *Annals of the American Academy of Political and Social Science, 600,* 86–94.

Plomin, R., & Price, T. S. (2003). The relationship between genetics and intelligence. In N. Colangelo & G. A. Davis (Eds.), *Handbook of gifted education* (3rd ed., pp. 113–123). Boston, MA: Allyn & Bacon.

Plucker, J. A. (2000). Flip sides of the same coin or marching to the beat of different drummers? A response to Pyryt. *Gifted Child Quarterly, 44,* 193–195.

Plucker, J. A., Callahan, C. M., & Tomchin, E. M. (1996). Wherefore art thou, multiple intelligences? Alternative assessments for identifying talent in ethnically diverse and low income students. *Gifted Child Quarterly, 40,* 81–92.

Postma, M., Peters, D., Gilman, B., & Kearney, K. (2011, June). RTI and the gifted child: What every parent should know. *Parenting for High Potential,* 16–23 (Available at www.gifteddevelopment.com).

Pramathevan, G. S., & Garces-Bascal, R. M. (2012). Factors influencing altruism in the context of overseas learning experiences among gifted adolescent girls in Singapore. *Roeper Review, 34,* 145–157.

Pritchard, M. C. (1951). The contributions of Leta S. Hollingworth to the study of gifted children. In P. A. Witty (Ed.), *The gifted child* (pp. 47–85). American Association for Gifted Children. Boston, MA: D. C. Heath.

Probst, B., & Piechowski, M. M. (2012). Overexcitabilities and temperament. In T. L. Cross & J. R. Cross (Eds.), *Handbook for counselors serving students with gifts & talents: Development, relationships, school issues, and counseling needs/interventions* (pp. 53–73). Waco, TX: Prufrock Press.

Pyryt, M. C. (2000). Finding "g": Easy viewing through higher order factor analysis. *Gifted Child Quarterly, 44,* 190–192.

Reams, R., Chamrad, D., & Robinson, N. (1990). The race is not necessarily to the swift: Validity of WISC-R bonus points for speed. *Gifted Child Quarterly, 34,* 108–110.

Reichenberg, A., & Landau, E. (2009). Families of gifted children. In L. V. Shavinina (Ed.), *International handbook of giftedness* (Part 2, pp. 873–883). Amsterdam: Springer Science.

Renzulli, J. S. (1977). *The enrichment triad model: A guide for developing defensible programs for the gifted.* Mansfield, CT: Creative Learning.

Renzulli, J. S. (1978). What makes giftedness? Reexamining a definition. *Phi Delta Kappan, 60,* 180–184.

Renzulli, J. S., & Park, S. (2000). Gifted dropouts: The who and the why. *Gifted Child Quarterly, 44,* 261–271.

Renzulli, J. S., & Reis, S. M. (2003). The schoolwide enrichment model: Developing creative and productive giftedness. In N. Colangelo & G. A. Davis (Eds.), *Handbook of gifted education* (3rd ed., pp. 184–203). Boston, MA: Allyn & Bacon.

Renzulli, J. S., Reis, S. M., & Smith, L. H. (1981). The revolving door model: A new way of identifying the gifted. *Phi Delta Kappan, 62,* 648–649.

Reynolds, C. R., & Kamphaus, R. W. (2007). *Reynolds Intellectual Assessment Scale—Interpretive report system* (RIAS-IR). Lutz, FL: Psychological Assessment Resources.

Reynolds, C. R., & Shaywitz, S. E. (2009). Response to intervention: Ready or not? Or, from wait-to-fail to watch-them-fail. *School Psychology Quarterly, 24,* 130–145.

Rimm, S. (2008). Underachievement syndrome: A psychological defense pattern. In S. I. Pfeiffer (Ed.), *Handbook of giftedness in children* (pp. 139–160). New York, NY: Springer Science.

Rimm, S. (2009). Underachievement. In B. Kerr (Ed.), *Encyclopedia of giftedness, creativity and talent* (Vol. 2, pp. 911–914). Thousand Oaks, CA: Sage.

Rimm, S., Gilman, B. J., & Silverman, L. K. (2008). Non-traditional applications of traditional testing. In J. VanTassel-Baska (Ed.), *Alternative assessments with gifted and talented students* (pp. 175–202). Waco, TX: Prufrock Press.

Rivero, L. (2002). *Creative home schooling: A resource guide for smart families*. Scottsdale, AZ: Great Potential Press.

Robertson, S. G., Pfeiffer, S. I., & Taylor, N. (2011). Serving the gifted: A national survey of school psychologists. *Psychology in the Schools, 48*(8), 786–799.

Robinson, H. B. (1981). The uncommonly bright child. In M. Lewis & L. A. Rosenblum (Eds.), *The uncommon child* (pp. 57–81). New York, NY: Plenum Press.

Robinson, N. M. (1993). Identifying and nurturing gifted, very young children. In K. A. Heller, F. J. Monks, & A. H. Passow (Eds.), *International handbook of research and development of giftedness and talent* (pp. 507–524). Oxford: Pergamon Press.

Robinson, N. M. (1996). Counseling agendas for gifted young people: A commentary. *Journal for the Education of the Gifted, 20*, 128–137.

Robinson, N. M. (2004). Effects of academic acceleration on the social-emotional status of gifted students. In N. Colangelo, S. G. Assouline, & M. U. M. Gross (Eds.), *A nation deceived: How schools hold back America's brightest students* (Vol. 2, pp. 59–67). Iowa City, IA: The Connie Belin & Jacqueline N. Blank International Center for Gifted Education and Talent Development.

Robinson, N. M. (2005). In defense of a psychometric approach to the definition of academic giftedness: A conservative view from a die-hard liberal. In R. J. Sternberg & J. E. Davidson (Eds.), *Conceptions of giftedness* (2nd ed., pp. 280–294). New York, NY: Cambridge University Press.

Robinson, N. M. (2008a). The social world of gifted children and youth. In S. I. Pfeiffer (Ed.), *Handbook of giftedness in children: Psycho-educational theory, research, and best practices* (pp. 33–51). New York, NY: Springer Science.

Robinson, N. M. (2008b). The value of traditional assessments as approaches to identifying academically gifted students. In J. VanTassel-Baska (Ed.), *Alternative assessments with gifted and talented students* (pp. 157–174). Waco, TX: Prufrock Press.

Robinson, N. M., & Noble, K. D. (1991). Social-emotional development and adjustment of gifted children. In M. C. Wang, M. C. Reynolds, & H. J. Walberg (Eds.), *Handbook of special education: Research and practice, Volume 4: Emerging programs* (pp. 57–76). New York, NY: Pergamon Press.

Robinson, N. M., & Olszewski-Kubilius, P. M. (1996, December). Gifted and talented children: Issues for pediatricians. *Pediatrics in Review, 17*(12), 427–434.

Robinson, N. M., & Robinson, H. (1992). The use of standardized tests with young gifted children. In P. S. Klein & A. J. Tannenbaum (Eds.), *To be young and gifted* (pp. 141–170). Norwood, NJ: Ablex.

Robinson, N. M., Zigler, E., & Gallagher, J. (2000). Two tails of the normal curve: Similarities and differences in the study of mental retardation and giftedness. *American Psychologist, 55,* 1413–1424.

Roedell, W. C. (1988). "I just want my child to be happy": Social development and young gifted children. *Understanding Our Gifted, 1*(1), 1, 7, 9–11.

Roedell, W. C. (1989). Early development of gifted children. In J. VanTassel-Baska & P. Olszewski-Kubilius (Eds.), *Patterns of influence on gifted learners: The home, the self, and the school* (pp. 13–28). New York, NY: Teachers College Press.

Roeper, A. (1982). How the gifted cope with their emotions. *Roeper Review, 5*(2), 21–24.

Roeper, A. (1991/1995). Gifted adults: Their characteristics and emotions. In L. K. Silverman (Ed.), *Advanced development: A collection of works on giftedness in adults* (pp. 21–34). Denver, CO: Institute for the Study of Advanced Development. (Reprinted from *Advanced Development,* 1991, *3,* 85–98.)

Roeper, A. (2011a). *Beyond old age: Essays on living and dying.* Berkeley, CA: Azalea Art Press.

Roeper, A. (2011b, June). For the symposium on gifted adults. *Gifted Development Center Newsletter.* Retrieved February 21, 2012, from www.gifteddevelopment.com/Speakers_Bureau/SymposiumSpeech.html

Roeper, A. (2012). *The AMR method of qualitative assessment.* Retrieved March 7, 2012, from http://roeperconsultationservice.blogspot.com/p/annemarie-roeper-method-sm-of.html

Roeper, A., & Silverman, L. K. (2009). Giftedness and moral promise. In D. Ambrose & T. L. Cross (Eds.), *Morality, ethics, and gifted minds* (pp. 251–264). New York, NY: Springer Science.

Rogers, C. R. (1961). *On becoming a person: A therapist's view of psychotherapy.* Boston, MA: Houghton Mifflin.

Rogers, C. R. (1969). *Freedom to learn.* Columbus, OH: Charles E. Merrill.

Rogers, K. B. (2004, July). *Keeping gifted learners in school: Can education plans make a difference?* Presented at the 25th anniversary conference of the Gifted Development Center, Denver, CO.

Rogers, K. B., & Silverman, L. K. (1997, November 7). *Personal, social, medical and psychological factors in 160+ IQ children.* National Association for Gifted Children 44th Annual Convention, Little Rock, AK.

Rogers, K. B., & Silverman, L. K. (2001). The physical, social, emotional and environmental differences of profoundly gifted children: A comparative study. In N. Colangelo & S. G. Assouline (Eds.), *Talent development IV: Proceedings from the 1998 Henry B. and Jocelyn Wallace National Research Symposium on Talent Development* (pp. 419–423). Scottsdale, AZ: Great Potential Press.

Rogers, M. T. (1986). *A comparative study of developmental traits of gifted and average youngsters* (Unpublished doctoral dissertation). University of Denver, Denver, CO.

Rogers, M. T., & Silverman, L. K. (1988). Recognizing giftedness in young children. *Understanding Our Gifted, 1*(2), 5, 16–17, 20.

Roid, G. H. (2003). *Stanford-Binet Intelligence Scales interpretive manual: Expanded guide to the interpretation of SB5 test results.* Itasca, IL: Riverside.

Ronvik, R. W. (1993). Re-examining the foundations of giftedness. *Understanding Our Gifted, 5*(6), 1, 8–10, 14.

Rothenberg, A. (1990). *Creativity and madness: New findings and old stereotypes.* Baltimore, MD: The Johns Hopkins Press.

Rudasill, K. M., Capper, M. R., Foust, R. G., Callahan, C. M., & Albaugh, S. B. (2009). Grade and gender differences in gifted students' self-concepts. *Roeper Review, 32,* 340–367.

Ruf, D. L. (2003). *Use of the SB5 in assessment of high abilities.* Assessment Service Bulletin No. 3. Itasca, IL: Riverside.

Saint-Exupery, A. de. (1943). *The little prince.* New York, NY: Harcourt, Brace & World.

Sankar-DeLeeuw, N. (2002). Gifted preschoolers: Parent and teacher views on identification, early admission, and programming. *Roeper Review, 24,* 172–177.

Sankar-DeLeeuw, N. (2004). Case studies of gifted kindergarten children: Profiles of promise. *Roeper Review, 26,* 192–207.

Schechtman, Z., & Silektor, A. (2012). Social competencies and difficulties of gifted children compared to nongifted children. *Roeper Review, 34,* 63–72.

Schlesinger, J. (2009). Creative mythconceptions: A closer look at the evidence for the "mad genius" hypothesis. *Psychology of Aesthetics, Creativity, and the Arts, 3*(2), 62–72.

Schopenhauer, A. (1851/1914). *Parerga and paralipomena, II* (T. B. Saunders, Trans.). In K. Francke (Ed.), *The German classics of the nineteenth and twentieth century: Vol. 15.* New York, NY: The German Publication Society.

Schuler, P. A. (2000). Perfectionism and the gifted adolescent. *The Journal of Secondary Gifted Education, 11,* 183–196.

Schultz, D. (1981). *A history of modern psychology* (3rd ed.). New York, NY: Academic Press.

Schultz, S. M. (2012). Twice-exceptional students enrolled in Advanced Placement classes. *Gifted Child Quarterly, 56,* 119–133.

Seagoe, M. V. (1975). *Terman and the gifted.* Los Altos, CA: William Kaufmann.

Seeley, K. (1998). Facilitators for talented students. In J. VanTassel-Baska (Ed.), *Excellence in educating gifted and talented learners* (3rd ed., pp. 473–488). Denver, CO: Love.

Seeley, K. (2003). High risk gifted learners. In N. Colangelo & G. A. Davis (Eds.), *Handbook of gifted education* (3rd ed., pp. 444–451). Boston, MA: Allyn & Bacon.

Shah, N. (2012, January 31). Feds say more students may qualify for disability services: OCR urges schools to reconsider who gets special services. *Education Week.* Retrieved February 4, 2012, from www.edweek.org/ew/articles/2012/02/01/19speced.h31.html?tkn=XPXFX6bli

Shah, P., & Miyake, A. (Eds.). (2005). *The Cambridge handbook of visuospatial thinking.* New York, NY: Cambridge University Press.

Shaywitz, S. E., Holahan, J. M., Freudenheim, D. A., Fletcher, J. M., Makuch, R. W., & Shaywitz, B. A. (2001). Heterogeneity within the gifted: Higher IQ boys exhibit behaviors resembling boys with learning disabilities. *Gifted Child Quarterly, 45,* 16–34.

Sheely, A. R. (2007). Birds and bees: Sex and the high-IQ adolescent. In K. Kay, D. Robson, & J. F. Brenneman (Eds.), *High IQ kids: Collected insights, information and personal stories from the experts* (pp. 300–310). Minneapolis, MN: Free Spirit.

Shin, H. S., Park, S. C., & Maples, W. C. (2011). Effectiveness of vision therapy for convergence dysfunctions and long-term stability after vision therapy. *Opthalmic & Physiological Optics, 31,* 180–189.

Silverman, L. K. (1978). Characteristics of giftedness. *Colorado Association for the Gifted and Talented Newsletter, 5*(2), 8. Updated version available at www.gifteddevelopment.com

Silverman, L. K. (1986a). The IQ controversy—Conceptions and misconceptions. *Roeper Review, 8,* 136–140.

Silverman, L. K. (1986b). Parenting young gifted children. *Journal of Children in Contemporary Society, 18,* 73–87.

Silverman, L. K. (1986c). What happens to the gifted girl? In C. J. Maker (Ed.), *Critical issues in gifted education, Vol. 1: Defensible programs for the gifted* (pp. 43–89). Austin, TX: Pro-Ed.

Silverman, L. K. (1988, October). The second child syndrome. *Mensa Bulletin, 320,* 18–20.

Silverman, L. K. (1989). Invisible gifts, invisible handicaps. *Roeper Review, 12*(1), 37–42.

Silverman, L. K. (1992). Scapegoating the gifted: The new national sport. *CAG Communicator, 22*(3), 16–19.

Silverman, L. K. (Ed.). (1993a). *Counseling the gifted and talented.* Denver, CO: Love.

Silverman, L. K. (1993b). Parent bashing. *Understanding Our Gifted, 6*(1), 15.

Silverman, L. K. (1993c). Social development, leadership, and gender issues. In L. K. Silverman (Ed.), *Counseling the gifted and talented* (pp. 291–327). Denver, CO: Love.

Silverman, L. K. (1995a). Highly gifted children. In J. Genshaft, M. Bireley, & C. L. Hollinger (Eds.), *Serving gifted and talented students: A resource for school personnel* (pp. 217–240). Austin, TX: Pro-Ed.

Silverman, L. K. (1995b, August 3). *Instructional strategies* (translated into Chinese). Eleventh World Council conference on gifted and talented children, Hong Kong. Available from www.gifteddevelopment.com

Silverman, L. K. (1998a). Developmental stages of giftedness: Infancy through adulthood. In J. VanTassel-Baska (Ed.), *Excellence in educating gifted and talented learners* (3rd ed., pp. 145–166). Denver, CO: Love.

Silverman, L. K. (1998b). Personality and learning styles of gifted children. In J. VanTassel-Baska (Ed.), *Excellence in educating gifted & talented learners* (3rd ed., pp. 29–65). Denver, CO: Love.

Silverman, L. K. (2001). Diagnosing and treating visual perceptual issues in gifted children. *Journal of Optometric Vision Development, 32,* 153–176.

Silverman, L. K. (2002). *Upside-down brilliance: The visual-spatial learner.* Denver, CO: DeLeon.

Silverman, L. K. (2003). *Characteristics of Giftedness Scale: Research and review of the literature.* Available from the Gifted Development Center website: www.gifteddevelopment.com

Silverman, L. K. (2007). A new era in identification of the gifted. *Gifted Education Communicator, 8*(1), 26–31.

Silverman, L. K. (2008). The theory of positive disintegration in the field of gifted education. In S. Mendaglio (Ed.), *Dabrowski's theory of positive disintegration* (pp. 157–174). Scottsdale, AZ: Great Potential Press.

Silverman, L. K. (2009a). The measurement of giftedness. In L. Shavinina (Ed.), *The international handbook on giftedness* (Part 2, pp. 947–970). Amsterdam: Springer Science.

Silverman, L. K. (2009b). Searching for asynchrony. A new perspective on twice-exceptional children. In B. MacFarlane & T. Stambaugh (Eds.), *Leading change in gifted education: The Festschrift of Dr. Joyce VanTassel-Baska* (pp. 169–181). Waco, TX: Prufrock Press.

Silverman, L. K. (2009c). The two-edged sword of compensation: How the gifted cope with learning disabilities. *Gifted Education International, 25*(2), 115–130.

Silverman, L. K. (2009d). Visual-spatial learners. In B. Kerr (Ed.), *Encyclopedia of giftedness, creativity and talent* (Vol. 2, pp. 928–931). Thousand Oaks, CA: Sage.

Silverman, L. K. (2009e, March). *What we have learned about gifted children, 30th anniversary: 1979–2009.* Second national symposium on assessing gifted learners, Van Nuys, CA. (See Appendix.)

Silverman, L. K. (2011). Effective practices for secondary school students. In N. L. Hafenstein & E. Honeck (Eds.), *Greatest potential, greatest need: Soaring beyond expectations. Conference proceedings and selected articles focusing on the highly gifted* (pp. 139–141). Denver, CO: The Institute for the Development of Gifted Education, University of Denver.

Silverman, L. K. (2012a). Asynchronous development: A key to counseling the gifted. In T. L. Cross & J. R. Cross (Eds.), *Handbook for counselors serving students with gifts & talents: Development, relationships, school issues, and counseling needs/interventions* (pp. 261–279). Waco, TX: Prufrock Press.

Silverman, L. K. (2012b). [The percentage of female Nobel Laureates]. Unpublished raw data compiled from The Nobel Foundation website, http://nobelprize.org/ and Female Nobel Prize Laureates listed on The Nobel Prize Internet Archive, http://almaz.com/nobel.html. Retrieved February 4, 2012.

Silverman, L. K. (2012c). [Reasons parents seek assessment for their gifted children]. Unpublished raw data.

Silverman, L. K., Cayton, T., & Raiford, S. (2008, November). *Taking the top off the WISC-IV: Extending norms for exceptionally gifted students.* Presented at the National Association for Gifted Children 55th annual convention, Tampa, FL.

Silverman, L. K., Chitwood, D. G., & Waters, J. L. (1986). Young gifted children: Can parents identify giftedness? *Topics in Early Childhood Special Education, 6*(1), 23–38.

Silverman, L. K., & Conarton, S. A. (2005). Gifted development: It's not easy being green. In D. Comstock (Ed.), *Diversity and development: Critical contexts that shape our lives and relationships* (pp. 233–251). Pacific Grove, CA: Wadsworth/BrooksCole.

Silverman, L. K., Gilman, B. J., & Falk, R. F. (2004, November). *Who are the gifted using the new WISC-IV?* Paper presented at the National Association for Gifted Children 51st annual convention, Salt Lake City, UT.

Silverman, L. K., & Kearney, K. (1989). Parents of the extraordinarily gifted. *Advanced Development, 1*, 41–56.

Silverman, L. K., & Miller, N. B. (2009). A feminine perspective of giftedness. In L. Shavinina (Ed.), *The international handbook on giftedness* (Part 1, pp. 99–128). Amsterdam: Springer Science.

Simonton, D. (2003). When does giftedness become genius? And when not? In N. Colangelo & G. A. Davis (Eds.), *Handbook of gifted education* (3rd ed., pp. 359–387). Boston, MA: Allyn & Bacon.

Simonton, D. K. (2009). *Genius 101.* New York, NY: Springer.

Singal, D. J. (1991). The other crisis in American education. *The Atlantic Monthly, 268*(5), 59–74.

Snyderman, M., & Rothman, S. (1990). *The IQ controversy, the media and public policy.* New Brunswick, NJ: Transaction.

Solow, R., & Rhodes, C. (2012). *College at 13: Young, gifted, and purposeful*. Scottsdale, AZ: Great Potential Press.

Southern, W. T., & Jones, E. D. (Eds.). (1991). *The academic acceleration of gifted children*. New York, NY: Teachers College Press.

Speirs Neumeister, K. L. (2004a). Factors influencing the development of perfectionism in gifted college students. *Gifted Child Quarterly, 48*, 259–274.

Speirs Neumeister, K. L. (2004b). Understanding the relationship between perfectionism and achievement motivation in gifted college students. *Gifted Child Quarterly, 48*, 219–231.

Stalnacke, J., & Smedler, A. -C. (2011). Psychosocial experiences and adjustment among adult Swedes with superior general mental ability. *Journal for the Education of the Gifted, 34*, 900–916.

Stambaugh, T. (2009). Promising students of poverty: Pathways and perils to success. In B. MacFarlane & T. Stambaugh (Eds.), *Leading change in gifted education: The festschrift of Dr. Joyce VanTassel-Baska* (pp. 135–147). Waco, TX: Prufrock Press.

Stanley, J. C. (1990). Leta Hollingworth's contributions to above-level testing of the gifted. *Roeper Review, 12*(3), 166–171.

Steenbergen-Hu, S., & Moon, S. M. (2011). The effects of acceleration on high ability learners: A meta-analysis. *Gifted Child Quarterly, 55*, 39–53.

Sternberg, R. J. (1985). *Beyond IQ: A triarchic theory of human intelligence*. Cambridge: Cambridge University Press.

Storfer, M. (1990). *Intelligence and giftedness*. San Francisco, CA: Jossey-Bass.

Subotnik, R. F., Olszewski-Kubilius, P., & Worrell, F. C. (2011). Rethinking giftedness and gifted education: A proposed direction forward based on psychological science. *Psychological Science in the Public Interest, 12*(1), 3–54.

Sulloway, F. J. (1996). *Born to rebel*. New York, NY: Vintage.

Sumption, M. R., & Luecking, E. (1960). *Education of the gifted*. New York, NY: The Ronald Press.

Tannenbaum, A. J. (1983). *Gifted children: Psychological and educational perspectives*. New York, NY: Macmillan.

Tannenbaum, A. J. (1992). Early signs of giftedness: Research and commentary. *Journal for the Education of the Gifted, 15*, 104–133.

Taylor, J. B. (2006). *My stroke of insight: A brain scientist's personal journey*. New York, NY: Viking.

Terman, L. M. (1906). Genius and stupidity: A study of some of the intellectual processes of seven "bright" and seven "stupid" boys. *Pedagogical Seminary, 13*, 307–373.

Terman, L. M. (1916a). *The measurement of intelligence*. Boston, MA: Houghton Mifflin.

Terman, L. M. (1916b). *The Stanford revision of the Binet-Simon tests*. Boston, MA: Houghton Mifflin.

Terman, L. M. (1917). The intelligence quotient of Francis Galton in childhood. *American Journal of Psychology, 28*, 209–215.

Terman, L. M. (1925). *Genetic studies of genius, Vol. 1: Mental and physical traits of a thousand gifted children*. Stanford, CA: Stanford University Press.

Terman, L. M. (1931). The gifted child. In C. Murchison (Ed.), *A handbook of child psychology* (pp. 568–584). Worcester, MA: Clark University Press.

Terman, L. M. (1944). Review of Leta Stetter Hollingworth: A biography. *Journal of Applied Psychology, 28*, 357–359.

Terman, L. M., & Merrill, M. A. (1973). *The Stanford-Binet Intelligence Scale: 1973 norms edition*. Boston, MA: Houghton Mifflin.

Terman, L. M., & Oden, M. H. (1947). *Genetic studies of genius, Vol. 4: The gifted child grows up*. Stanford, CA: Stanford University Press.

Terman, L. M., & Oden, M. H. (1959). *Genetic studies of genius, Vol. 5: The gifted group at mid-life*. Stanford, CA: Stanford University Press.

Terman, L. M., et al. (1925–1959). *Genetic studies of genius, Vols. 1–5*. Stanford, CA: Stanford University Press.

Terrassier, J.-C. (1985). Dyssynchrony–uneven development. In J. Freeman (Ed.), *The psychology of gifted children* (pp. 265–274). New York, NY: John Wiley.

The Roeper Institute. (2012). *Annemarie Roeper method of qualitative assessment videotapes*. Retrieved March 8, 2012, from www.roeper. org/RoeperInstitute/index.aspx

Thorndike, E. L. (1910). *Educational psychology* (2nd ed.). New York, NY: Teachers College, Columbia University.

Thorndike, R. L. (1975). Mr. Binet's test 70 years later. *Educational Researcher, 4*, 3–4.

Thorndike, R. L., Hagen, E. P., & Sattler, J. M. (1986). *The Stanford-Binet Intelligence Scale: Fourth edition. Technical manual*. Itasca, IL: Riverside.

Tolan, S. S. (1992). Only a parent: Three true stories. *Understanding Our Gifted, 4*(3), 1, 8–10.

Tolan, S. (1994/1995). Discovering the ex-gifted child. In L. K. Silverman (Ed.), *Advanced development: A collection of works on giftedness in adults* (pp. 13–20). Denver, CO: Institute for the Study of Advanced Development. (Reprinted and updated from *Roeper Review*, 1994, *17*, 134–138.)

Tolan, S. (1996). *Is it a cheetah?* Retrieved August 4, 2012, from www.stephanietolan.com/is_it_a_cheetah.htm

Tolan, S. (1999). Self-knowledge, self-esteem and the gifted adult. *Advanced Development, 8*, 147–150.

Torrance, E. P. (1974). *Torrance tests of creative thinking.* Bensenville, IL: Scholastic Testing Service.

Treffinger, D. J., & Feldhusen, J. F. (1996). Talent recognition and development: Successor to gifted education. *Journal for the Education of the Gifted, 19*, 181–193.

Tucker, C. C. (2012, February). Twenty plus years and not counting. *Gifted Development Center Newsletter.* Available from www.gifted-development.com

VanTassel-Baska, J. (1989). The role of the family in the success of disadvantaged gifted learners. *Journal for the Education of the Gifted, 13*, 22–36.

VanTassel-Baska, J. (2012a). The importance of teaching strategies in the education of the gifted. In T. L. Cross & J. R. Cross (Eds.), *Handbook for counselors serving students with gifts & talents: Development, relationships, school issues, and counseling needs/interventions* (pp. 495–510). Waco, TX: Prufrock Press.

VanTassel-Baska, J. (2012b, March/April). The role of parents in helping gifted children with learning problems. *2e Twice-Exceptional Newsletter, 51*, 3–4.

VanTassel-Baska, J., & Brown, E. F. (2007). Toward best practice: An analysis of the efficacy of curriculum models in gifted education. *Gifted Child Quarterly, 51*, 342–358.

VanTassel-Baska, J., & Little, C. (Eds.). (2011). *Content-based curriculum for high ability learners* (2nd ed.). Waco, TX: Prufrock Press.

Vernon, P. E. (1987). The demise of the Stanford-Binet Scale. *Canadian Psychology/Psychologie Canadienne, 28*(3), 251–258.

Vygotsky, L. S. (1962). *Thought and language.* Cambridge, MA: M.I.T. Press.

Vygotsky, L. S. (1978). *Mind in society: The development of higher psychological processes.* Cambridge, MA: Harvard University Press.

Wallach, M. (1995). The courage to network. In L. K. Silverman (Ed.), *Advanced development: A collection of works on giftedness in adults* (pp. 35–41). Denver, CO: Institute for the Study of Advanced Development.

Wasserman, J. (2003). Assessment of intellectual functioning. In J. R. Graham & J. A. Naglieri (Eds.), *Handbook of psychology, Volume 10: Assessment psychology* (pp. 417–442). Hoboken, NJ: Wiley.

Wasserman, J. (2007). Intellectual assessment of exceptionally and profoundly gifted children. In K. Kay, D. Robson, & J. F. Brenneman (Eds.), *High IQ kids: Collected insights, information, and personal stories from the experts* (pp. 48–65). Minneapolis, MN: Free Spirit.

Watkins, M. W. (2000). Cognitive profile analysis: A shared myth. *School Psychology Quarterly, 15,* 465–479.

Webb, J. T., Gore, J. L., Amend, E. R., & DeVries, A. R. (2007). *A parent's guide to gifted children.* Scottsdale, AZ: Great Potential Press.

Webb, J. T., Gore, J. L., Karnes, F. A., & McDaniel, A. S. (2004). *Grandparents' guide to gifted children.* Scottsdale, AZ: Great Potential Press.

Wechsler, D. (2003). *The WISC-IV technical and interpretive manual.* San Antonio, TX: Pearson Assessments.

Wells, R., Lohman, D., & Marron, M. (2009). What factors are associated with grade acceleration? *Journal of Advanced Academics, 20,* 248–270.

West, T. G. (2009). *In the mind's eye: Creative visual thinkers, gifted dyslexics, and the rise of visual technologies* (2nd ed.). Buffalo, NY: Prometheus Press.

Whipple, G. M. (1924). Historical and introductory. In G. M. Whipple (Ed.), *Report of the society's committee on the education of gifted children,* (Part I, pp. 1–24). National Society for the Study of Education 23rd Yearbook. Bloomington, IL: Public School.

White, B. (1985). Competence and giftedness. In J. Freeman (Ed.), *The psychology of gifted children: Perspectives on development and education* (pp. 59–73). New York, NY: Wiley.

Whitmore, J. R. (1980). *Giftedness, conflict, and underachievement.* Boston, MA: Allyn & Bacon.

Winner, E. (2000). The origins and ends of giftedness. *American Psychologist, 55,* 159–169.

Witty, P. A. (1930). A study of one hundred gifted children. *University of Kansas Bulletin of Education, 2*(7), 3–44.

Witty, P. A. (1940). Contributions to the IQ controversy from the study of superior deviates. *School & Society, 51,* 503–508.

Witty, P. A. (1958). Who are the gifted? In N. B. Henry (Ed.), *Education for the gifted* (Part II, pp. 41–63). The 57th Yearbook of the National Society for the Study of Education, Part II. Chicago, IL: The University of Chicago Press.

Wood, S. (2010). Best practices in counseling the gifted in schools: What is really happening? *Gifted Child Quarterly, 54,* 42–58.

Wood, S., Portman, T. A. A., Cigrand, D. L., & Colangelo, N. (2010). School counselors' perceptions and experience with acceleration as a program option for gifted and talented students. *Gifted Child Quarterly, 54,* 168–178.

Wu, E. H. (2008). Parental influence on children's talent development: A case study with three Chinese American families. *Journal for the Education of the Gifted, 32,* 100–127.

Yoshinaga-Itano, C., Sedey, A. L., Coulter, D. K., & Mehl, A. L. (1998). Language of early- and later-identified children with hearing loss. *Pediatrics, 102,* 1161–1171.

Yssel, N. (2012). Twice-exceptional students. In T. L. Cross & J. R. Cross (Eds.), *Handbook for counselors serving students with gifts & talents: Development, relationships, school issues, and counseling needs/interventions* (pp. 245–257). Waco, TX: Prufrock Press.

Zhu, J., Cayton, T., Weiss, L., & Gabel, A. (2008). *Wechsler Intelligence Scale for children* (4th ed.). *Technical report #7.* Upper Saddle River, NJ: Pearson Education. Retrieved from http://pearsonassess.com/NR/rdonlyres/C1C19227-BC79-46D9-B43C-8E4A114F7E1F/0/WISCIV_TechReport_7.pdf

Zigler, E., & Farber, E. A. (1985). Commonalities between the intellectual extremes: Giftedness and mental retardation. In F. D. Horowitz & M. O'Brien (Eds.), *The gifted and talented: Developmental perspectives* (pp. 387–408). Washington, DC: American Psychological Association.

찾아보기